Guten Morgen, Abendland

Bernd Ulrich

Guten Morgen, Abendland

Der Westen am Beginn
einer neuen Epoche

Kiepenheuer & Witsch

MIX
Papier aus verantwortungsvollen Quellen
FSC® C083411

Verlag Kiepenheuer & Witsch, FSC® N001512

1. Auflage 2017

Umschlaggestaltung: Rudolf Linn, Köln
Autorenfoto: © Vera Tammen
Gesetzt aus der Minion
Satz: Buch-Werkstatt GmbH, Bad Aibling
Druck und Bindung: CPI books GmbH, Leck
ISBN 978-3-462-05049-3

Meinen Kindern Franziska, Fritz und Luise

Inhalt

Vorwort

Woran merkt man, dass die Welt sich wirklich ändert? Das ist wahrscheinlich bei jedem anders. Bei mir begann es damit, dass ich anfing, meinen Kindern andere Geschichten zu erzählen. Bis vor wenigen Jahren ging die Story vom Großen und Ganzen so: Deutschland ist nach einer schwierigen Geschichte mittlerweile ein ziemlich liberales, offenes, freundliches, recht friedliches Land geworden, das auf die Umwelt achtgibt, Minderheiten anständig behandelt und all das. Die Generation Eurer Eltern hat dazu beigetragen, dass es so geworden ist, darauf ist sie stolz, auch wenn man »stolz« nicht sagt. Außerdem ist dieses Land sehr reich, es verfügt über eine stabile Demokratie und liegt inmitten eines friedlichen Kontinents, es ist fest eingebunden in die EU und in den Westen. Gewiss, vieles gibt es noch zu verbessern, aber wirklich sorgen müsst ihr Euch nur um die Details, das Fundament steht.

Diese Geschichte hatte einen ungewollten Subtext, der lautete: Euer Vater war zeit seines Lebens ein ziemlich politischer Mensch, wäre also schön, wenn Ihr zumindest auch wählen geht und ein Freiwilliges Soziales Jahr macht. Aber zwingend nötig ist das nicht.

Diese Erzählung ist mittlerweile ins Stocken geraten, wenn nicht ganz verstummt.

Und eine neue gibt es noch nicht. Behelfsweise müsste man den Kindern sagen: Dies ist ein gutes Land, aber ob es das bleibt, können wir nicht sagen. Innerhalb von wenigen Jahren sind sehr viele Gewissheiten zerstoben, nichts ist stabil, was nicht ständig stabil gehalten wird. Institutionen – im Grunde war das immer klar – basieren auf Vereinbarungen und Gewohnheiten, die jeden Tag neu getroffen und unterzeichnet werden müssen, nichts funktioniert, was nicht von Menschen gemacht und bejaht wird. Wir vererben Euch vielleicht keine für immer stabile Demokratie und EU, wir übergeben Euch allerdings die Chance, beides zu erhalten. Wir haben Euch geliebt und gelehrt, wir haben Euch stärker werden lassen, als es für ein Leben in einem sorgenarmen Deutschland nötig gewesen wäre, nun werdet ihr diese Stärke brauchen, mehr als wir es für möglich gehalten hätten. Haben wir Fehler gemacht, dass nun alles so fragil geworden ist? Vielleicht ja, sogar sicher. Aber wir entschuldigen uns nicht, wir kämpfen um dieses Land, aber nicht an Eurer Stelle, höchstens mit Euch.

So etwa müsste die Geschichte gehen. Ist es eine traurige? Oder war die vorherige nicht viel trauriger? Tatsächlich waren wir doch an einem toten Punkt angekommen. Die alte Idee, dass es den Kindern einmal besser gehen soll als einem selbst, war doch eh schon etwas mürbe. Heimlich dachten viele, jedenfalls in der gebildeten Mittelschicht, bereits: noch besser als uns? Das kann doch nur in Verwöhntheit enden! Das Ende der Geschichte, hier mal ganz persönlich.

Vielen erscheint die Entwicklung der letzten Jahre als eine Verdunkelung der Welt. Und ja, man kann Terroranschlägen oder dem Krieg in Syrien nichts abgewinnen außer Wut und Traurigkeit. Manchmal ist für mich Verstehen der einzige Trost, zuweilen ist es auch in diesem Buch so. Ich bestehe auf der Verstehbarkeit der Welt. Verstehen ist schließlich auch eine Zumutung, denn es wäre verführerisch zu sagen »Ich versteh' die Welt nicht mehr« und deswegen die Flucht in die Resignation anzutreten oder in die Nostalgie. Stattdessen will ich hier zu zeigen versuchen, dass im Kern des Weltbebens, das wir zurzeit erleben, etwas bewegend Neues und sogar viel Gutes steckt. Und man darf auch nicht vergessen, dass die westlichen Demokratien, die vielen hier eine angenehme und schöne Heimat waren und sind, vom Rest der Welt in ihrer internationalen Rolle durchaus als autokratisch empfunden wurden. Dort erscheinen wir als die Herrschenden, denen die Kontrolle entgleitet.

Doch die Kritik oder sogar die Schadenfreude der anderen mindert ja nicht den eigenen Schaden. Die Frage ist also, was es mit uns macht, wenn die liberale Demokratie von innen und von außen unter Druck kommt.

Und noch etwas ändert sich beim Blick auf die Welt.

Kritische, aufgeklärte Geister sehen ihre Aufgabe darin, der Selbstgefälligkeit der herrschenden Verhältnisse etwas entgegenzusetzten, mit scharfer Skepsis zu entlarven und zu geißeln. Falsch wird das auch heute nicht, aber unzulänglich. Denn es genügt nicht mehr, das Schlechte anzuprangern, man muss auch dem Guten ans Licht helfen. Was, wenn die Wirklichkeit selbst eine apokalyptische Gestalt annimmt, wenn das Gute sich noch mehr verbirgt als das Böse? Wo das Negative hegemonial wird, da ist die Zuversicht plötzlich subversiv. In diesem Sinne ist dies ein positives, ermutigendes Buch, das auf die Chancenseite der Wirklichkeit schaut.

Mehr noch hat sich geändert durch den Umsturz unserer Welt: Das Leben ist intensiver geworden. Man hätte sich sicher nicht gewünscht, dass etwa Donald Trump Präsident wird oder dass Hunderttausende Flüchtlinge nach Europa kommen – aber da es nun mal geschehen ist, muss man sagen: So viel Leben war selten.

Auch das wird man diesem Buch anmerken. Ich habe in den vergangen beiden Jahren so viele Gespräche geführt wie noch nie zuvor und – fast keines war langweilig. Mein Beruf als politischer Redakteur einer bekannten Zeitung gibt mir das Privileg, fast jeden Menschen treffen zu können, der mich interessiert. Das habe ich nach Kräften genutzt. Und ich gab dem Zufall, der beiläufigen Begegnung, jede Chance. Darüber hinaus gibt es in meinem privaten Leben Menschen aus allen sozialen Schichten und mit biografischen Wurzeln in allen möglichen

Ländern. Sie alle, die Freunde und Bekannten, habe ich ausgefragt und mit meinen Gedanken konfrontiert, manchmal sicher zu sehr, aber sie haben mitgemacht und – mal gewollt, mal ungewollt – auch zu diesem Buch beigetragen. Dafür möchte ich mich hier bedanken:

Die Redaktion der *ZEIT*, vor allem das politische Ressort, war eine unerschöpflich Quelle von Erkenntnis, Solidarität, Emotion und Streit. Sodann meine Freundin Luisa Seeling, mein mich unermüdlich unterstützender Widerpart. Dann meine Kinder, die mich zwangen, die Welt neu zu erzählen und mir ihre Sicht auf diese Welt anzuhören. Darüber hinaus in willkürlicher Reihenfolge: Maybrit Illner, Walid Kamarieh, Adam Tooze, Joschka Fischer, Shimon Stein, Ercan Aslan, Udo Hock, Harald Schäfer, Zeljko Ristic, Tine Stein, Bernd Rheinberg, Helge Malchow, Samira El Ouassil, Rainer Forst, Anton Troianowski, René Obermann, Jonathan Brackett, Katja Kraus, Thea Dorn, Michael Wollny, Peter Frey, Kübra Gümüsay, Rainer Baake, Wolfgang Blau, Teresa Bücker, Tamar Tsvaigrach, Kathy Meßmer, Beklan Coscun, Felix Ensslin, Meron Tadesse, Klaus Mertes, Philipp Johner, Thelse Godewert, Dirk Kurbjuweit, Walid Nakshbandi, Philipp Ruch.

Diese Gespräche sind hoffentlich nicht abgeschlossen, sie haben nur jetzt zwischendurch die Form eines Buches angenommen.

Bernd Ulrich, im Mai 2017

Im Zentrum des Bebens – warum gut ist, was geschieht

Irgendwann im Laufe des Jahres 2015 wurde hierzulande die Formulierung populär, die politische Welt sei »aus den Fugen«. Das hatte zu tun mit der russischen Annexion der Krim, mit der andauernden, ungeklärten Eurokrise, mit dem schrecklichen Krieg in Syrien, mit zahlreichen grausamen Terroranschlägen, die in Europa und im Nahen Osten vom IS verübt oder reklamiert wurden.

Und dann kamen noch die Flüchtlinge in großer Zahl.

Lange spielten sich die tiefen Konflikte, die Kriege und die Krisen nur außerhalb von Deutschland ab, doch das Jahr 2015 brachte eine Wende, der Aggregatzustand des Landes änderte sich, fortan bekam das Lebensgefühl etwas Banges, auch etwas Aufgekratztes.

Ich selbst spürte den Unterschied besonders deutlich bei einem Besuch in Tel Aviv. Israelische Freunde hatten zum Abendessen eingeladen, alles war laut und fröhlich, bis dann die Sprache unweigerlich auf die Lage in Israel kam. Es hatte Anschläge gegeben und Messerattacken, eine Lösung des Konflikts mit den Palästinensern rückte in immer weitere Ferne. Hinzu kam – für meine säkularen Freunde ein besonderes Ärgernis – die weitere Radikalisierung der ultraorthodoxen Juden und damit der innenpolitische Fundamentalismus. Irgendwann stellte ich die Frage, die ich schon oft gestellt hatte in diesem Land:

»Wie haltet ihr das bloß aus?«

Die Antwort kam prompt und mit einem spöttischen Lächeln: »Und ihr so?«

Ja, und wir so?

Damals, Mitte 2015, hatte diese Replik noch eine ironische Note, schließlich ließ es sich in Deutschland nach wie vor sehr gut leben, man war, jedenfalls im Vergleich zu Israel und Palästina, ziemlich sicher.

Aus heutiger Sicht bleibt einem die Ironie dann eher im Halse stecken. Denn das Jahr 2016 hatte noch einmal einen Schub an Verunsicherung gebracht, wie ihn wohl niemand für möglich gehalten hätte. Der Brexit, Donald Trumps Wahlsieg und sein erratisch-autoritäres Regieren, überhaupt der internationale Aufmarsch der Autoritären, das geht schon an die politisch-seelische Substanz der Menschen im Westen – jenem Westen, den es überdies in ein, zwei Jahren womöglich gar nicht mehr gibt, man weiß es nicht genau. Und was ist, nebenbei gefragt, mit der nuklearen Sicherheitsgarantie der NATO? Wird Europa von einem Trump-Amerika noch geschützt?

Das sind mittlerweile die Fragen, unerhörte, verstörende Fragen.

Ein weiteres Mal noch musste ich mich danach bei meiner Irritation irritieren lassen. Ein aus dem Libanon stammender Freund zuckte nur mit den Schultern, als ich ihm etwas atemlos beschrieb, wie sehr unsere Welt neuerdings aus den Fugen sei. »*Unsere* Welt war schon immer aus den Fugen«, gab er zurück.

Ja, so kann man es sehen. Der Gedanke lässt sich – zumindest aus der Sicht eines Arabers – sogar noch böser fassen: Das Chaos, das vom Westen überall auf der Welt geschaffen wurde, kehrt nun zu euch heim.

Gegen diese Sichtweise lässt sich manches einwenden, etwa dass vieles vom Chaos im Mittleren Osten auch hausgemacht ist, ja dass die Ausrede, der Westen sei schuld, zu den wichtigsten Ursachen arabischer oder islamischer Fehlentwicklung gehört.

Eigentlich jedoch verfehlt der libanesische Freund aus einem anderen Grunde den springenden Punkt. Nicht nur der Westen und der Mittlere Osten sind aus den Fugen, vielerorts auf der Welt scheinen, wie auf Kommando, gleichzeitig die Ordnungen zu wanken. Auch die westöstliche Türkei beispielsweise hat sich destabilisiert. Und im Afrika der Subsahara mag es widersprüchliche Tendenzen geben, unterm Strich wächst jedoch auch dort die Unsicherheit, nicht zuletzt deswegen erlebt die Welt jetzt die größten Fluchtbewegungen ihrer Geschichte.

In Ostasien hat derweil ein Kampf der Nationalismen begonnen, von dem man nicht weiß, wo er endet.

Die Philippiner haben einen Mann zum Präsidenten gemacht, der mit dem Wort »durchgeknallt« noch freundlich umschrieben ist. Und natürlich dreht in einem solchen Umfeld auch der junge nordkoreanische Diktator Kim Yong Un, dessen ganzes politisches Kapital sich in der eigenen nuklear bewaffneten Unberechenbarkeit erschöpft, kräftig mit an der Irrsinnsschraube. Man will schließlich weiterhin auffallen als kleiner Teilstaat in einer großen, rasenden Welt.

Und Lateinamerika? Brasilien, Mexiko, Venezuela? Eben.

Nein, es handelt sich durchaus um ein globales Phänomen, nennen wir es vorerst: das Wüten der Welt.

Aber warum bloß? Natürlich sind sogleich Dutzende von Erklärungen zur Hand. Die Globalisierung, der Kampf der Kulturen, die wachsende Ungleichheit, der Hunger, die Arbeitslosigkeit. Manche lehnen sich in erkennbarer Abwehr der eigenen Verunsicherung tief zurück im Ledersessel der Geschichte, es habe doch seit alters her immer wieder Phasen von Stabilität und Instabilität gegeben, verkünden sie Pfeife paffend. Ja, das kann schon sein. Die letzte »Phase der Instabilität« indes ergab zwei Weltkriege, sie brachte Verwüstung, unendliches Leid, zig Millionen Tote und den Holocaust mit sich. Wenn es sich also tatsächlich um die »normalen« Rhythmen der Geschichte handeln sollte, dann wäre jetzt allerdings der Moment für den Aufstand gegen diese Rhythmen gekommen.

Doch ganz abgesehen davon, dass aus dem Ledersessel der Geschichte schnell ein Schleudersitz werden kann – solcherlei geschichtsphilosophische Betrachtungen erklären in Wahrheit nichts, sie kleben nur einen Namen auf die Ereignisse. Was allerdings auch für die anderen genannten Ursachen gilt. Vor allem für jene, die einen materiellen Niedergang für die subjektive Wut verantwortlich machen. Denn den Afrikanern beispielsweise geht es neuerdings besser, sie hungern seltener, sie sind besser ausgebildet und weniger krank als vor Jahren. Noch spektakulärer sind die Fortschritte in Asien, wo gleichwohl der Nationalismus immer aggressiver wird, wo die religiöse Intoleranz – siehe Indien – genauso schnell zunimmt wie das Bruttoinlandsprodukt. In den USA hat eine relative Mehrheit zu einem Zeitpunkt die Wut ins Weiße Haus gewählt, als die Arbeitslosigkeit sank und die Löhne endlich wieder anzogen. Und beim Brexit haben viele durchaus mit vollem Bewusstsein *gegen* ihre mutmaßlichen ökonomischen Interessen abgestimmt.

Nein, die ökonomischen Entwicklungen sind in den verschiedenen Ländern einerseits zu unterschiedlich und andererseits unterm Strich zu positiv, um das weltweite Phänomen der Wut damit erklären zu können. Selbst die umfassende Verunsicherung durch die Globalisierung vermag nicht plausibel zu machen, warum nun allenthalben Menschen – Männer – an die Macht kommen, die mit ihrer wilden Politik nur noch mehr Verunsicherung schaffen.

Die Antwort auf die Frage nach dem Warum sprang mich im Sommer 2016 an. Um Urlaub zu machen und aus Neugier auf den amerikanischen Wandel reiste ich mit meiner Freundin für fünf Wochen durch die USA. Florida, Washington, New York, Massachusetts, New Hampshire, Maine. Ich habe dabei viel gelernt über Trump- und Sanders-Wähler, über die amerikanische Zerknirschung, über ultra-aggressives Autodesign und über die zunehmend verzweifelte Selbstheroisierung der Amerikaner.

Die Wut der Welt begegnete mir an einem Sommerabend in Manhattan, Upper Eastside. In einer Stadt, in der man alles machen kann, ist das, was man dann macht, zuweilen etwas willkürlich. An diesem Abend war es nach einiger Sucherei im Netz schließlich Slam-Poetry. Trotz Reservierung mussten wir lange in der Schlange stehen; Zeit, das Publikum zu beobachten. Vor uns ein offenbar chinesischstämmiger Junge, den ich in Zeiten, da mit Adjektiven noch etwas laxer umgegangen wurde, als »dick« bezeichnet hätte. Hinter uns ein dünner junger Mann, ebenfalls asiatisch aussehend. An der immer länger werdenden Schlange lief derweil unentwegt mit großen Schritten ein Latino entlang, der, so flüsterte mir mein Vorurteils-Ich ein, in schwierigen sozialen Verhältnissen zu leben schien, auch er allenfalls Mitte zwanzig. Ebenso die Frau, die später die Tickets überprüfte.

Nach dem Einlass in den hohen ziegelroten Saal dann

die erste Blamage – für mich. Alle, über die ich innerlich ein bisschen gelästert hatte, waren: Poeten. Und was für welche!

Zuerst trat der beleibte Chinese auf und slamte sich die Seele aus dem Leib. Er erzählte dabei so intensiv von seiner Rolle als Migrantenkind, von seinen Drogenproblemen und dem überforderten Elternhaus, dass es mich rührte. Und verstörte.

Dann der lange dünne Chinese. Er sprach schnell, der erste Satz, der bei mir hängen blieb, hieß: »Michelle Obama is not my mother.« »Ich wache nicht jeden Morgen in einem Haus auf, das von Sklaven gebaut wurde.« Damit griff er eine Formulierung der damaligen First Lady auf – und an –, die diese zu der Zeit häufig verwendete, um die Seltsamkeit ihres Daseins im Weißen Haus zu beschreiben, aber auch den Triumph, den das für eine Afroamerikanerin wie sie bedeutet. Genau in diese Opfer- und Erfolgsgeschichte wollte und konnte der junge Mann hier nicht einsteigen. Er sei Chinese, man erwarte von ihm, dass er gefälligst fleißig sei. Und gut in Mathe. »But I am not good at math«, schrie er mehr, als er es sagte.

Das alles trug er mit einer ungeheuren Kraft vor und mit einer poetischen Versiertheit, bei der man sich fragen konnte, wo er das mit seinen vielleicht 17 Jahren herhatte. Der Saal tobte, als er völlig verausgabt zum Ende kam.

Es folgte der Latino mit den großen Schritten, dessen Vortrag mehr gerappt als geslamt war. Tatsächlich lebte er in einem »Project«, also einer sozial brenzligen Siedlung mit besonderer staatlicher Betreuung. Und er arbeitete bei McDonald's, nicht als Ferienjob, sondern zum Leben. »Aber ich will das nicht, das ist nicht mein Leben.« Äußerste soziale Ungeduld sprach aus ihm.

Schließlich die Ticket-Frau. Da war ich schon fast nicht mehr aufnahmefähig für all diese Intensität, diese Schicksale, diese, ja: Klasse.

Ihr Gedicht hieß: »I'm your modern house nigger«. Es handelte von ihrem dunkelhäutigen Vater aus der Dominikanischen Republik, der zum Zwecke eines »rassischen Upgrades der Familie« eine weiße Frau geheiratet hat. »Das Ergebnis bin ich. Nicht schwarz genug für die Schwarzen, nicht weiß genug für die Weißen, aber gut genug für die Hausarbeit.« Und wieder der Refrain: »I'm your modern house nigger.«

So ging das noch eine Weile, den Wettbewerb gewonnen hat schließlich eine junge Afroamerikanerin, die mit bezwingender Leichtigkeit und Eleganz ihre Diskriminierungserfahrungen erzählte und geschliffen dagegen andichtete.

Dieser Abend hatte mich überwältigt, aber was sollte ich damit anfangen, was blieb als Erkenntnis? Eine Menge. Zunächst mal: Diese Menschen waren nicht mehr bereit, irgendeine Art von Diskriminierung zu dulden, sei sie rassisch motiviert, sexuell oder sozial. Null, zero, keine verdammte Sekunde lang. Sie wehrten sich und sie waren gut darin, wortgewaltig und gefühlsmächtig.

Nebenbei fiel noch eine für mich recht unbequeme Erkenntnis ab: Für einen privilegierten weißen heterosexuellen älteren Mann gab es hier kaum einen moralischen Bewegungsraum. Ein einziger Slammer von meiner Sorte war aufgetreten, auch er brillant, doch flüchtete sich dieser Mann in reine Poesie, kein politisches Anliegen, kein identitärer Anspruch. Heimlich fragte ich mich, wie ein minder eloquenter und weniger privilegierter weißer Trucker wohl mit diesem Sturm der Begabten umgehen würde. Die Antwort erhielt ich dann einige Monate später, am 8. November, sie hieß: Trump.

Denn, das sollte ich auf meiner Reise noch erfahren, auch außerhalb von New York und auch bei weißen, älteren, nicht sehr gebildeten Männern wuchs die Ungeduld gewaltig, wenn auch in entgegengesetzte politische Richtung. Aber auch sie haben eine Form erschaffen, sich auszudrücken, ungereimt, vielleicht auch ungeschlacht, aber was soll's: In Donald Trump haben sie einen Mann gefunden, der ihnen wieder Gehör verschafft. Jahrzehntelang waren sie von den Demokraten, im Grunde also: von ihrer Partei, mehr und mehr ignoriert worden. Die Republikaner wiederum hatten dieses Milieu mit dem amerikanischen Traum getränkt und mit religiösen Argumenten dazu gebracht, wieder und wieder gegen die eigenen ökonomischen Interessen zu wählen. Nun hatten diese so oft betrogenen Weißen, jedenfalls sehr viele von ihnen, genug. Bernie Sanders, den Sozialisten, boten ihnen die Demokraten nicht zur Wahl an, und bei den Republikanern stand plötzlich ein Etablierter gegen das Establishment, einer, der erkennbar nicht christlich lebte oder auch nicht leben wollte. Egal, Hauptsache, Revolte.

In den Hügeln der Appalachen und in einem alternativen Klub der Upper East Side also dieselbe Botschaft: Es reicht.

Hier lag es, das Epizentrum des Weltbebens. Menschen, die nicht mehr bereit waren zu dulden, sich zu gedulden. Und die ohne Weiteres in der Lage waren, ihren im Kern ohnehin kaum bezweifelbaren Ansprüchen Gehör zu verschaffen. So wie der Afrikaner, der ohne jede Perspektive in Liberia lebt oder in Nigeria. Oder im Tschad. Er kann jetzt vergleichen, weil er ein Handy hat. Und er kann weg, weil er ein bisschen Geld und ein bisschen Bildung und – wiederum – ein Handy hat.

Diese New Yorker Abendgedanken brachten mich zurück zum Gespräch mit einem außenpolitischen Berater der Bundeskanzlerin. Der hatte mir wenige Wochen zuvor eine kleine Anekdote erzählt. Beim Besuch des Präsidenten des Tschad, Idriss Déby, habe der seit Jahrzehnten regierende Diktator des Landes zu Angela Merkel gesagt, er überlege neuerdings wegen dieser sozialen Medien, Sie wissen schon!, ob er sein Volk künftig nicht doch ein wenig am politischen Prozess beteiligen müsse. Die Kanzlerin soll aufmunternd genickt haben.

Als ich mich an jenem Abend in Manhattan aus der Überwältigung gelöst und das Erlebte sortiert hatte, fiel mir ein, wo ich etwas Ähnliches schon einmal erlebt hatte, wenn auch nicht ganz so intensiv. Das war im deutschen Wahljahr 2013. Da hatten einige junge Feministinnen den damaligen Spitzenkandidaten der FDP, Rainer Brüderle, politisch gewissermaßen schachmatt gesetzt. Unter dem Hashtag »#Aufschrei« hatten sie eine Twitter-Kampagne gegen eine sexistische Bemerkung von Brüderle gestartet, die alsbald über diesen Einzelfall weit hinausging – eben weil sexuelle Belästigung auch im fortschrittlichen Deutschland noch immer kein Einzelfall ist.

Mich überraschte damals nicht die Stoßrichtung der Kampagne, wohl aber die Wut, die darin spürbar wurde. Also traf ich mich mit einigen der »Aufschrei«-Frauen. Ich wollte wissen, woher die Vehemenz kam. Schließlich, so mein Gedanke, hatte es in den letzten Jahrzehnten doch immense Fortschritte gegeben auf dem Felde der Emanzipation. In meiner Jugend im Ruhrgebiet wurden Frauen noch routinemäßig geschlagen, Abtreibung stand unter Strafe, Vergewaltigung in der Ehe hingegen nicht. Warum also jetzt so viel Theater um so wenig Diskriminierung? Die Aufschrei-Frauen wunderten sich nur über meine Verwunderung. Denn sie verglichen das, was sie erlebten, nicht mit den 60er-Jahren, sondern mit dem Idealzustand, für sie der umgehend herbeizuführende Normalzustand. Und natürlich:

Warum sollten junge Frauen unter dreißig bereit sein, überhaupt irgendeine Art von Herabsetzung oder Benachteiligung zu akzeptieren, einen Euro Gehalt zu wenig, eine sexistische Bemerkung zu viel? Und Geduld? Warum denn Geduld? Und zu wessen Nutzen?

Selbstverständlich: Die Lebenslagen eines Schwarzen im Tschad, einer Latina in Manhattan und einer Mittelschichtsfrau aus Berlin könnten ungleicher kaum sein, doch das Prinzip ist ähnlich. Sie vergleichen nicht mehr mit der Vergangenheit, sondern mit dem, was ihnen als Optimum vor Augen steht; sie sehen nicht ein, warum sie warten sollten und worauf; sie sind in der Lage, sich zu artikulieren, sich zu bewegen, zu agieren; und sie lassen sich von all den Ideologien nicht länger beeindrucken, die ihnen einreden, dass es eben ihre Bestimmung oder ihre Natur oder der Wille eines Gottes sei, da zu bleiben, wo sie sind, dass Ertragen edel sei oder fromm oder unausweichlich. So erklärt sich auch der Widerspruch, dass in den USA Menschen, die sich als streng gläubig definieren, millionenfach einen Mann gewählt haben, der ostentativ lügt und dessen Reden und Denken von Sex erfüllt zu sein scheint. Den Glauben, das kann man ihnen abnehmen, haben diese Amerikaner nach wie vor, aber selbst sie lassen sich davon nicht mehr in die Demut drängen.

Diese, wie soll man sagen, revolutionäre Ungeduld hat noch längst nicht alle Menschen erfasst – aber schon zu viele, als dass es in absehbarer Zeit wieder so stabil werden könnte, wie es einmal war. Und es gibt so viele Ungeduldige, dass diejenigen, die fürchten, dabei etwas zu verlieren, zum Gegenaufstand blasen. Was in gewisser Weise auch zu verstehen ist. Denn die Rebellion gegen jedwede Diskriminierung lässt sich nicht so leicht als ein Angebot zu einem neuen Wir interpretieren. Und die Aufmerksamkeit, um die alle nun miteinander ringen, ist keine unendliche Ressource, die Beachtung des einen erscheint leicht als Missachtung des anderen.

Die Stabilität von Staaten und Religionen beruht, das zeigt sich jetzt in aller Einfachheit und Klarheit, nicht in erster Linie auf Institutionen, nicht mal auf Macht und Gewalt, sondern auf etwas ganz anderem: auf der Demut der Gedemütigten. Und damit geht es nun zu Ende, diese Ressource ist fast völlig aufgebraucht.

Darum bebt die Erde.

Man kann es auch schlichter ausdrücken: Die Ansprüche der Menschen steigen schneller als alles, was die Politik ihnen bieten kann. Barack Obama, nebenberuflich einer der klügsten Zeitdiagnostiker Amerikas, hat es am 8. Oktober 2016 im *Economist* so auf den Punkt gebracht: »Die Erwartungen steigen schneller, als die Regierungen liefern können, ein tief greifendes Gefühl von Ungerechtigkeit unterminiert den Glauben der Menschen an das System.«[1]

Ist das nicht alles furchtbar und heillos und erschreckend? Nein, nicht nur, es ist auch wunderbar.

Angesichts der neuen Unsicherheiten fällt es wohl jedem schwer, das so zu empfinden, aber dennoch: An der Basis dieses Bebens explodieren legitime Ansprüche. Die politische Urgewalt, die da losbricht, ist etwas Gutes, eine Befreiung. Wenngleich sie sich, vorerst, als eine Überforderung aller durch alle darstellt.

Die ganze Welt, zumindest der Teil, der durch das Internet verknüpft ist, wird gerade mit hohem Tempo zu einer Eins-zu-eins-Gesellschaft. Jeder muss darauf gefasst sein, dass derjenige, über den man redet, jederzeit auch mitreden oder gar vor der Tür stehen kann. Daraus ergibt sich eine Diskursregel, die bescheiden daherkommt, aber Systeme zum Einsturz bringen und Menschen in Panik versetzen kann: Nur was ich jemandem direkt ins Gesicht sagen kann, vermag auch Anspruch auf Geltung zu erheben.

Es ist leicht, bei einem wirtschaftlichen Symposium vom Trickle-down-Effekt zu schwärmen, also von der Idee, dass man den Reichen nur genug geben müsse, dann würde für die Armen auch irgendwann was abfallen – oder zu begründen, warum Manager 500 mal mehr verdienen müssen als ein gewöhnlicher Angestellter. Sogar von Professoren geäußerte Gegenpositionen tun da dem Ganzen keinen Abbruch, im Gegenteil, sie runden den Diskurs noch ab. Aber wie will man das einem einfachen Arbeiter erklären? Da stocken dann die Argumente, und der Schweiß tritt auf die Stirn.

Gewiss lässt sich die stimulierende Wirkung einer niedrigen Erbschaftssteuer wissenschaftlich herleiten.

Aber wenn ein 15-jähriger einem anderen 15-jährigen erklären soll, warum der in seinem ganzen Leben nicht einmal einen Bruchteil dessen wird verdienen können, was der andere bereits hat, ohne je einen Finger dafür gerührt zu haben, dann wird es haarig.

Ohne Zweifel ist es menschlich und legitim, wenn deutsche Eltern klagen, dass ihre Kinder schon seit Wochen keinen Sportunterricht haben, weil die Turnhalle von Flüchtlingen belegt ist – bis ein Flüchtling aufsteht und sagt, dass seine Kinder im Mittelmeer ertrunken sind. Doch auch wenn die Klage der Privilegierten zwischendurch verstummt, wenn ihr Leiden relativiert ist, so sind ihre Probleme dadurch noch nicht verschwunden.

Es hat ja keinen Zweck mehr, drumherum zu reden: Tatsächlich beruhte die Wirkung vieler Argumente, die soziale, geschlechtliche oder rassische Diskriminierung erklären oder sogar legitimieren sollten, weniger auf innerer Logik als auf äußerem Abstand, darauf also, dass die je Benachteiligten nicht im (öffentlichen) Raum präsent waren. Oder dass sie schüchtern waren. Oder dass ihnen die Worte fehlten. Oder dass ihnen das Hirn verklebt war von Unterwerfungsideologien.

Das ist es vielleicht, was an diesem Umbruch unserer Welt am meisten beunruhigt, aber auch bewegt: Die Wirkung vieler Argumente beruhte weniger auf Plausibilität als vielmehr auf Macht. Das gilt, wie noch zu zeigen sein wird, auch für die westliche Außenpolitik, für ihren scheinbaren Realismus. Es gilt in gewissem Maße allerdings auch für die liberalen Eliten, die im Westen, gerade in Deutschland, für lange Zeit unangefochten hegemonial waren. In dieser Hegemoniephase gewöhnten sie sich etwas zu sehr an die Wirkung der eigenen Argumente, verstanden nicht, dass sie durch Macht verstärkt waren oder durch die Angst vieler Menschen, bloßgestellt zu werden von den Wortmächtigen. Sie glaubten auch etwas zu häufig, ihre Wahrheiten seien so selbstverständlich, dass jene, die sie nicht verstehen, dumm oder böse sein müssten. Die Tabuzone wurde ausgedehnt, anstatt das Argument zu schärfen.

Das bedeutet nun natürlich nicht, dass alles Hierarchische sogleich verdampft, dass jedes Tabu falsch ist, dass jeder Unterschied zu Unrecht wird. Aber es bedeutet, dass alles unter einen nie da gewesenen Legitimationsdruck kommt. Vieles wird darunter zerbröseln, gewiss der Trickle-down-Effekt.

Alle spüren heute die immense Kraft der Veränderung, die in dieser globalen Eins-zu-eins-Gesellschaft steckt – entsprechend stark sind die Gegenkräfte. Denn so kann man es selbstverständlich auch drehen: Wenn Privilegien weniger auf Plausibilität beruhen denn auf dem Abstand zu den Unterprivilegierten, dann muss eben der Abstand wiederhergestellt werden, notfalls mit Gewalt. Gegen die neue Nähe durch das Internet, den globalen Handel, die räumliche Mobilität werden dann Mauern gebaut. Aus Beton gegen die Migration;

aus Geld gegen die ohne Geld; aus Bildungsdünkel gegen die ohne Abitur; aus religiösem Fundamentalismus gegen die Zweifel, die aus dem Vergleichen erwachsen.

Die Revolution der Nähe und die Konterrevolution des Abstands schicken ihre Schockwellen über den Globus – und gegeneinander. Und wir können sagen, wir sind dabei gewesen.

Noch ein Mauerfall – was uns die Flüchtlinge bringen

Was sich vollzieht, ist so etwas wie eine Revolution. Sie wird (hoffentlich) anders ablaufen als jene historischen Revolutionen, die einem sofort einfallen, wenn man das Wort hört – also ohne Sturm auf die Bastille, ohne Jakobiner an der Macht und ohne Guillotine; ohne Sturm auf das Winterpalais mit anschließender Diktatur der Arbeiterführer; ohne parallel mitlaufende Sklaverei und blutige Eroberung eines Kontinents.

Eine Revolution ist es gleichwohl, weil sich zu viel auf einmal wandelt, mehr, als von den bestehenden Systemen so schnell absorbiert werden kann. Von der Explosion der Ansprüche war schon die Rede, auch von der zur Neige gehenden Stabilitätsreserve »Demut der Gedemütigten«. Eine dritte große Bewegung auf diesem Feld stellt der neueste, vielleicht der letzte große Mauerfall dar, der zwischen der vormals Ersten und der vermeintlich Dritten Welt. Er ist vielleicht noch bedeutender, noch fundamentaler als der Mauerfall zwischen Erster und Zweiter Welt, zwischen westlichem Kapitalismus und östlichem Kommunismus in den Jahren 1988 bis 1990. Fundamentaler unter anderem deswegen, weil diesmal nicht nur die eine Seite ins Wanken gerät, sondern beide Seiten, also auch jene Nationen und Mächte, die seit 500 Jahren den Globus beherrschen.

Der Westen, keine Frage, wankt.

Formal ging der Kolonialismus schon in der Mitte des vergangenen Jahrhunderts zu Ende, wenngleich das die meisten Kolonisierten bestreiten oder als heuchlerisch bezeichnen würden. Denn auch nachdem die nichtwestlichen Länder ihre staatliche Souveränität erlangt hatten, blieb das ökonomische, militärische und politische Machtgefälle so ungeheuer groß, dass von echter, sachhaltiger Souveränität keine Rede sein konnte. Bis vor Kurzem konnte der Westen sich aus dem Süden noch einseitig holen, was er brauchte, seien es Drogen, Arbeiter oder Prostituierte. Er konnte dort arbeiten lassen, zu Bedingungen, die daheim niemand akzeptieren würde. Er konnte dorthin exportieren, was ihm beliebte, von Waren über Waffen bis zum Tourismus und dem Müll. All dies, ohne dass die massiven Auswirkungen dort zu vergleichbar massiven Rückwirkungen hier geführt hätten. Globalisierung war eine Einbahnstraße.

Das ändert sich seit einer Weile rapide. Zum einen wachsen die vormals verlängerten Werkbänke der westlichen Industriegesellschaften besonders in Asien zu echten Konkurrenten auf. Zum anderen führte das vom Westen mit verursachte Chaos im Mittleren Osten dazu, dass islamistischer Terrorismus immer öfter auch nach

Europa und in die USA getragen wird. Die dritte Rückwirkung auf den Westen ist die wichtigste, die aufregendste, die revolutionärste: Flucht und Migration.

Es kommen Menschen in großer Zahl, die man nicht bloß als ökonomische Konkurrenz abtun kann und die sich nicht wie Terroristen moralisch und militärisch abwehren lassen. Diese Flüchtlinge sind Menschen mit allem Drum und Dran. Sie stellen sicher auch eine wirtschaftliche Herausforderung dar, vor allem aber eine kulturelle und moralische.

Kontrollieren lässt sich diese Bewegung offenkundig nur sehr schwer, denn sonst würden nicht in den USA, ein Land, das im Westen und Osten von zwei Ozeanen sowie im Norden von 35 Millionen wenig auswanderungswilligen Kanadiern umgeben ist, elf Millionen illegale Einwanderer leben. Sonst würde Europa sich nicht mit Millionen Flüchtlingen und Einwanderern aus Afrika und dem Mittleren Osten so unendlich schwertun.

Mit all diesen Menschen wird die globale Eins-zueins-Gesellschaft für jeden greifbar. Sie sind die Verkörperung eines Gezeitenwechsels, der sich zwischen Erster und vormals Dritter Welt vollzieht. Politisch lässt sich der Kern dieser Revolution leicht benennen. Es geht um das Ende der rücksichtslosen Ausbeutung, aber auch des bloß karitativen Helfens. Denn auch das gehörte ja komplementär zusammen, die gnadenlose Ausbeutung und das gnadenvolle Geben.

Die kopernikanische Wende im Verhältnis der beiden Welten lässt sich so auf eine Formel bringen: Heute hat der Westen erstmals in der Geschichte ein massives, dringendes und materielles Interesse daran, dass es den Menschen »da unten« mindestens so gut geht, dass sie nicht in zu großer Zahl kommen.

Die Flüchtlinge von Lampedusa oder von den griechischen Inseln, die Hispanics, die den Rio Grande überqueren oder über das Karibische Meer kommen, sie erzwingen eine völlig neue Nachbarschaftlichkeit – oder aber einen neuen Grad von Abschottung mit bisher nicht gekannter Brutalität und Rigorosität.

Die obszöne Ungleichheit zwischen Erster und Dritter Welt lässt sich nicht länger verdrängen oder vernebeln. Entweder sie wird nun rasch verringert oder aber der gewalttätige Kern dieser Ungleichheit tritt offen zutage. Keine angenehmen Alternativen sind das, aber vielleicht steckt in alldem eine Chance auf Befreiung auch für den Westen.

Das Potenzial, das darin steckt, überhaupt zu erkennen oder gar zu erleben, scheint zurzeit fast unmöglich. Das wiederum liegt zuallererst an den Umständen, unter denen sich diese Bewegung vollzieht. Denn ausgerechnet in der Phase, in der nun die Menschen außerhalb des Westens auf die eine oder andere Weise ihre Ansprüche geltend machen, ausgerechnet jetzt haben auch viele Menschen im Westen von erfahrener und gefühlter Ungleichheit innerhalb ihrer eigenen Gesellschaften genug. Zweierlei Ungerechtigkeiten prallen aufeinander, die nur schwer miteinander zu vermitteln sind. Denn diejenigen in den USA oder in Europa, die sich als Verlierer der Globalisierung fühlen, sehen die Migranten zunächst mal als Menschen mit konkurrierenden Gerechtigkeitsansprüchen. Wer andersherum aus einem korrupten und verarmten Kaff in Mexiko in die USA kommt oder aus dem von Kriegen verheerten Irak nach Deutschland, der wird die Armen des Westens selbstverständlich als relativ Reiche empfinden.

Revolutionäre Zeiten mögen sich ihre eigenen Mythen schaffen, aber sie enthüllen auch immer Wahrheiten über die Welt, die sie gerade umstürzen. »Die Eule der Minerva beginnt ihren Flug erst bei einbrechender Dämmerung«, hat der Philosoph Hegel gesagt. Sie ist schon losgeflogen. Zu den neuerdings freigelegten Wahrheiten gehört eine bittere Erkenntnis über den Westen, vor allem über die USA. In den vergangenen beiden Jahrzehnten, als die Globalisierung bereits auf Hochtouren lief, wurden die daraus entspringenden gigantischen Surplusgewinne für den Westen nicht etwa dazu genutzt, den Armen zu helfen oder die Mittelschichten zu stabilisieren, sondern in erster Linie dazu, die Reichen noch viel reicher zu machen, so reich, dass sie nun ihrerseits – jedenfalls in den USA – genug Macht haben, um die Demokratie zu obstruieren, zu delegitimieren und de facto zu unterwandern.

Besonders sinnfällig wurde das nach der Wahl von Donald Trump. Der hatte sein Kabinett aus Militärs und Milliardären schon weitgehend nominiert, als die sonst so scheuen Fürsten des Silicon Valley dem President-Elect im Trump-Tower ihre Aufwartung machten. Zwanzig von ihnen an einem Tisch, das hat man sonst auch nicht oft. Vor ihnen stand ein Mineralwasser der Marke »Trump«. Manchen Beobachter mag das verwundert haben, weil die multikulturellen, stets gern menschheitelnden, politisch superkorrekten Chefs von Facebook, Google und Apple kulturell doch so weit vom groben Trump entfernt zu sein schienen und ihn auch politisch bekämpft hatten. Diese unterschiedlichen Interessen bestehen selbstverständlich fort, etwa wenn es um Einwanderung geht. In einem jedoch sind sie ihm ganz nah: Auch die digitalen Weltmarktführer fühlen sich oft über die Demokratie erhaben, sie missachten ihre Regeln und glauben an ihre eigene Mission. Vielleicht war noch nie zuvor so viel postdemokratische Macht in einem Raum wie an diesem denkwürdigen Tag in New York.

Doch auch ein genauerer Blick auf das Kabinett Trump zeigt, dass die Ungleichheit einen Grad erreicht hat, der auf Dauer kaum mehr haltbar sein wird, jedenfalls nicht mit demokratischen Mitteln. Die Männer und Frauen an der Spitze der neuen Administration sind zusammen so reich wie das untere Drittel der amerikanischen Bevölkerung insgesamt. Und auch im Kongress verfügen mittlerweile die Millionäre über eine absolute Mehrheit. Wann je haben die Reichen in einer neuzeitlichen Demokratie so offen herrschen können? Und wie lange soll das gut gehen?

Die gefühlte oder reale Ungleichheit im Westen befindet sich auf einem Höhepunkt, während die offene Rechnung zwischen Erster und Dritter Welt fällig wird – keine besonders günstige Konstellation für Willkommenskulturen. Dennoch gibt es ein Land, das die Arme zeitweilig weit geöffnet hat für die Flüchtlinge, stellvertretend für Europa und mit Folgen für die ganze Welt. Dieses seltsame Land heißt: Deutschland.

Als im Frühsommer 2015 immer mehr Menschen aus dem Nahen Osten und anderen Regionen über die bayerische Grenze einsickerten, schickten einige Zeitungen, auch die *ZEIT*, ihre Reporter los, um die mutmaßlich heraufziehenden Probleme und Konflikte zu beobachten und darüber zu schreiben. Zur allgemeinen Überraschung verursachten die eintreffenden Syrer und Iraker aber wenig Probleme, auch die heimische Bevölkerung verhielt sich nicht aggressiv, sondern überaus hilfsbereit. Man gab den Flüchtlingen zu trinken und zu essen, achtete dabei darauf, dass auf den Semmeln keine Wurst aus Schwein lag. Mit anderen Worten: Die Willkommenskultur wuchs zunächst organisch von unten. Wenige Monate später hat nicht zuletzt diese Erfahrung die deutsche Kanzlerin zu einer historischen Entscheidung motiviert, da wurde es Willkommenskultur – auch – von oben.

Viele haben sich gefragt, warum die Deutschen so reagiert haben. Manche sahen als Grund das schlechte historische Gewissen – 2. Weltkrieg und Holocaust –, das Bedürfnis nach moralischer Reinwaschung. Das ist eine ziemlich akrobatische Argumentation. Denn dass siebzig Jahre nach den Verbrechen der Großeltern, junge Menschen, die dafür keine persönliche Verantwortung tragen, nun freundlich sind zu Arabern, weil ihre Vorfahren Juden getötet haben, das hört sich nun wirklich etwas überkonstruiert und kurzschlüssig an. Doch selbst wenn man eine Art historisches Kollektivgedächtnis unterstellt, wenn man also glaubt, dass die Deutschen sich so sehr mit dem Holocaust beschäftigt haben, dass sie dringend nach einer Gelegenheit suchten, diese Schuld zum Verschwinden zu bringen, wird die Sache nicht plausibler. Schließlich wird den Deutschen in den Schulen eingeschärft, dass jeder Versuch, einen endgültigen Schlussstrich unter die Geschichte zu ziehen, zur Wiederholung derselben führen kann. Abgesehen davon – das wird in diesem Buch noch eine Rolle spielen – hat den Deutschen nichts so gutgetan wie die sorgfältige Beschäftigung mit dem Nationalsozialismus und der deutschen Schuld.

Was am Ende von der These übrig bleibt: Ja, eine gewisse Hemmung, offen brutal zu sein, hat sich bei den Deutschen aufgrund ihrer kollektiven Geschichte herausgebildet. Na und? Soll nun etwa die Fähigkeit zur Härte zum Maßstab deutscher Normalität werden?

Heinrich August Winkler, einer der bekanntesten deutschen Historiker und Autor einer mehrbändigen Studie über den »langen Weg nach Westen«, hat die deutsche Flüchtlingspolitik in diversen Artikeln und Interviews als »moralischen Imperialismus« bezeichnet. Da irrt er auf besonders kluge Weise. In seiner Lesart hat sich Deutschland immer mehr in den Westen integriert, man könnte auch sagen hineinzivilisiert. Die deutsche Erfolgsgeschichte ist so gesehen eine Integrationsgeschichte. Weicht die deutsche Politik dann einmal – wie eben in der Flüchtlingspolitik – signifikant vom Verhalten anderer westlicher Staaten ab, dann muss es sich dabei für Winkler um die Rückkehr alter deutscher Krankheiten handeln, wenngleich diesmal nicht in Knobelbechern, sondern in Birkenstocksandalen, das allzu Böse also neuerdings in Gestalt des allzu Guten. In Winklers Gedankengebäude ist die Möglichkeit einer strategisch richtigen, aber nur von den Deutschen getroffenen Entscheidung quasi denkunmöglich. Diese in den politischen und publizistischen Milieus sehr verbreitete Auffassung macht die deutsche Politik geistig unfrei und hindert sie, eine neue Rolle wahrzunehmen, wenn dies die Vernunft gebietet.

Ist die Weltkrieg-Willkommenskultur-Begründung vielleicht etwas zu pompös, so hatte die Sache dennoch eine Vorgeschichte. Zunächst eine böse. Das sogenannte Dublin-Verfahren hat es dem in der Mitte des Schengenraumes gelegenen Deutschland jahrelang erlaubt, sich mit der Flüchtlingsproblematik nur am Rande zu beschäftigen. Ertrunken sind die Menschen weit entfernt im Mittelmeer, gelandet sind sie überwiegend nicht in Deutschland, Asyl durften sie hier offiziell nicht beantragen, sondern nur in den Ländern, in denen sie zuerst europäischen Boden betraten. Noch im Jahr 2011 hatte der damalige deutsche Innenminister Friedrich (CSU) die Flüchtlinge zu einem italienischen Problem erklärt: »Italien muss sein Flüchtlingsproblem selbst regeln.« »Sein Problem« – auch die wachsende Zahl ertrunkener Menschen führte zunächst keineswegs zu einer anderen Politik. Deutschland blieb in Sachen Flüchtlinge ein eher hartherziges, unsolidarisches Land, konnte diesen Umstand aber ganz gut vor sich selbst (nicht vor den Italienern) verbergen. Das ganze Thema war hierzulande also gewissermaßen unterpolitisiert, man könnte auch sagen, das Land war etwas naiv, sodass weite Teile der Bevölkerung im Spätsommer 2015 erst einmal humanitär reagiert haben: Sie fragten sich weniger, wo das enden soll, als danach, was jetzt im Moment zu tun wäre.

Der zweite Teil der Vorgeschichte, der jener sprichwörtlich gewordenen Willkommenskultur vorausging, wirkt zunächst etwas paradox, weil er mit dem Erfolg eines migrationskritischen, in Teilen rassistischen Buchs zu tun hat. 2010 veröffentliche Thilo Sarrazin seinen Bestseller *Deutschland schafft sich ab.* Darin vertrat der Sozialdemokrat die These, dass durch die Einwanderung aus dem arabischen Raum die Leistungsfähigkeit

Deutschlands mittelfristig abnehmen würde. Er meinte offenbar, dass Menschen aus dem Nahen Osten oder der Türkei nicht nur schlechter gebildet sind (was sich ja beheben ließe), sondern auch weniger bildungs*fähig*.

Die sogenannte Sarrazin-Debatte beendete eine bleierne integrationspolitische Phase in der Geschichte der Republik, besser, sie sprengte sie geradezu in die Luft. Bis dahin wollten, grob gesagt, die Konservativen nicht gern darüber reden, dass Deutschland längst ein Einwanderungsland war, während die Linken nur sehr zögerlich und unter Druck die enormen Probleme eingestanden, die damit verbunden waren. Unterdessen spielten die wirklichen, lebendigen Migranten zwischen diesen Fronten komplementärer Verleugnung kaum eine Rolle, ihre Stimme in der Öffentlichkeit war schwach.

All das änderte sich mit Thilo Sarrazins Buch, auf allen Seiten zog mehr Realismus ein, wenngleich zu einem hohen Preis. Mit einem Mal wurde ein Maß an Polemik allgegenwärtig, das vorher nur selten aufgeblitzt war. Sarrazin selbst sprach beispielsweise abschätzig von den »Kopftuchmädchen« – so als wären die nicht mit im Raum, könnten also nicht selbst etwas sagen. Damit hat er sie provoziert, plötzlich reichte es den Muslimas mit und ohne Kopftuch, sie standen auf und sprachen und saßen überall in den Talkshows, und siehe da, das deutsche Fernsehvolk staunte: So gut sind die also.

Zugleich wurde diese neue Sichtbarkeit, dieser beginnende Integrations- und Buntheitsstolz auf einem anderen Feld deutlich, nämlich auf dem Fußballplatz. Die deutsche Nationalmannschaft wurde, das ließ sich nicht leugnen, im gleichen Maße besser, spielte schöner, in dem sie gemischter wurde. Und so wurde, zumindest für eine Mehrheit, aus »Deutschland schafft sich ab« ein »Deutschland schafft sich neu«. Auf dieses neue deutsche Diversitätsbewusstsein trafen die Flüchtlinge des Jahres 2015.

Eine gewisse flüchtlingspolitische Naivität mischte sich also mit dem gewachsenen integrationspolitischen Selbstbewusstsein. Stabil konnte das ohnehin kaum sein, es kam jedoch noch etwas Drittes hinzu. Deutschland war in den Jahren vor 2015 zu einer friedlichen, überwiegend freundlichen, höchst stabilen, reichen Gesellschaft mit überschaubaren Problemen geworden – und spürte doch zugleich das Weltbeben drum herum: Syrienkrieg, Krim-Annexion, Euro-Krise, alles bedrohlich, doch nichts kam richtig an, nirgendwo konnten die Deutschen anpacken. Die deutsche Insellage bekam etwas Gespenstisches. Erst mit den Flüchtlingen überschritt die neue Wirklichkeit die deutschen Grenzen, endlich kam berührbare, bearbeitbare Geschichte herein. – Dann aber gleich weit mehr, als man sich das je gewünscht hätte. Immerhin, der politische Phantomschmerz der Deutschen verschwand, es tat nun wirklich weh.

In der Nacht vom vierten auf den fünften September

2015 traf die deutsche Bundeskanzlerin dann eine Entscheidung, die auch in zehn Jahren noch umstritten und Gegenstand historischer Forschung sein dürfte. Sie ließ angesichts Tausender Flüchtlinge, die sich verzweifelt aus Budapest Richtung Österreich und Deutschland aufgemacht hatten, die heimischen Grenzen offen, bis schließlich fast eine Million Flüchtlinge und Migranten im Land waren.

Gegner dieser Entscheidung stellen den Vorgang anders dar; für sie hat Angela Merkel »die Grenzen geöffnet«. Das allerdings ist nicht richtig, denn Deutschland hatte zu dem Zeitpunkt nur locker kontrollierte Grenzen, es gab keine irgendwie geartete Abschottungsinfrastruktur. Als das Land in der Mitte des Schengenraumes brauchte man das auch nicht oder glaubte dies zumindest. Die Vorstellung, man hätte gewissermaßen nur die Schlagbäume unten lassen müssen, ist naiv – oder polemisch. Die real existierende Alternative lautete: unkontrollierte Einwanderung oder unorganisierte, wilde Abschottung.

Dahinter stand freilich noch eine andere Frage, es ging nicht nur darum, wer darf rein, sondern auch: Wer wollen wir sein? Unter den gegebenen Umständen konnten die Deutschen sich nur überfordern: in ihrer Fähigkeit, Empathie zu zeigen, oder in ihrer Fähigkeit, erbarmungslos und hart zu sein. Deutsche, die sich im Hartsein üben – das allerdings hätte man im Ernst nicht gern erleben wollen.

Einen Weg der Mitte und des Maßes gab es nicht, dafür hatte man das Problem zu lange von sich weggeschoben. Es fehlte sowohl eine leidlich zivile Abschottungsinfrastruktur für das Kontrollieren, Registrieren, Internieren und Abschieben von Flüchtlingen in dieser Größenordnung wie auch auf der anderen Seite eine Integrationsinfrastruktur, also genügend Flüchtlingsheime, Sozialarbeiter, Lehrer, Polizisten, Dolmetscher und arabisch sprechende Verfassungsschützer.

Die Staaten auf dem Balkan haben sich damals nach und nach dazu entschlossen, improvisiert neue Zäune zu errichten und mit Grenzpolizei gegen die flüchtenden Menschen vorzugehen. Sie, kleine Länder an der Peripherie des Kontinents, haben damals für sich selbst entschieden, Deutschland jedoch hatte für Europa zu entscheiden. Einige haben die Kanzlerin dafür gelobt, so die Ehre Europas gerettet zu haben, Wolfgang Schäuble äußerte sich so, auch der Franzose Emmanuel Macron. Das kann man so sehen, dieses Lob übergeht jedoch die ungeheure Provokation, die Angela Merkels Entscheidung für Europa und für die Deutschen bedeutete.

Denn die humanitäre war zugleich eine historische Entscheidung von erheblicher Tragweite, eine Entscheidung, die bis dahin niemals zur Diskussion gestanden hatte: Angela Merkel hat im Herbst 2015 die arabische Welt und das Schicksal Nordafrikas zu einer deutschen Sache gemacht. Was sie vorher durchaus nicht waren. Anders als die großen europäischen Kolonialmächte Frankreich, Großbritannien, Niederlande, Belgien, Spanien und Portugal hat Deutschland mit seinem eigenen kolonialen Erbe wenig zu schaffen. Die muslimisch geprägte Minderheit in Deutschland besteht ganz überwiegend aus Türken – die Folge einer im Großen und Ganzen gewollten Arbeitsmigration. Außerdem war die Türkei der 60er- und 70er-Jahre ein säkulares, laizistisches Land, die Einwanderer waren an das Leben in einem »ungläubigen«, jedenfalls nur privatreligiös geprägten Staat gewöhnt. Die Türken, das waren mit der Ankunft der neuen Flüchtlinge plötzlich die »leichteren« Muslime.

Mit der merkelschen Entscheidung passierte nun zweierlei. Zum einen machte sie Deutschland zum einzigen Land in Europa *ohne* bedeutende koloniale Vergangenheit, aber *mit* einer nennenswerten arabischen Minderheit. Darin liegt vielleicht in der Zukunft eine besondere Chance. Zum anderen jedoch kamen eine Million arabisch geprägte, also mutmaßlich »schwierigere« Muslime ins Land, die auch Deutschland mit den arabischen Heimatregionen eng verbinden. Denn die, die schon hier sind, und die, die dort unten leben, sind ja keine zwei verschiedenen Arten Araber, vielmehr sind sie verwandt, verschwägert, befreundet. Wie Europa oder Deutschland die Araber behandelt, die in Nordafrika leben, oder jene, die hierher fliehen wollen, berührt unmittelbar jene Araber, die schon bei uns leben. Aggressive Gleichgültigkeit gegenüber dem Mittleren Osten oder brutale Abschottung gegen dort in Not geratene Menschen wirkt sich sofort auf die Integrationsbereitschaft und -fähigkeit der deutsch-arabischen Community bei uns aus. Noch hat Deutschland hier keinen Vergiftungsgrad wie Frankreich, das kann sich aber ändern.

Damit ist für Deutschland und für Europa eine Utopie vom Tisch: dass es nämlich möglich sein könnte, diese neue oder zumindest sehr verschärfte Nachbarschaftlichkeit, dieses Zuständigsein, wieder abschaffen zu können, indem die Grenzen dichtgemacht werden. Spätestens seit dem Herbst 2015 muss jede rationale und realistische Politik zwischen verschiedenen konfligierenden Zielen navigieren: Kontrolle des Zustroms, moralische und kulturelle Integrationsfähigkeit, Terrorabwehr an den Grenzen durch polizeiliche Maßnahmen sowie Terrorprävention im Inneren durch Versöhnung, Humanität und Respekt. Man kann innerhalb dieser Ziele verschiedene Prioritäten setzen, darum wird der politische Streit gehen, mehr Öffnung oder mehr Abschottung, mehr Integration oder mehr Abschreckung. Doch den Wechselwirkungen kann sich niemand entziehen: Wer besonders brutal abschottet, der muss im Inneren mit Desintegration bis hin zum Home-grown-Terrorismus rechnen. Wer die Grenzen nicht kontrolliert, der erhöht die kriminellen Gefahren und senkt die Akzeptanz für Flüchtlinge. Wer im Inneren die

Flüchtlinge so behandelt, dass weitere Flüchtlinge abgeschreckt werden, der wird sie nicht zugleich integrieren können, jedes Gelingen ist auch ein Anreiz, jedes Misslingen eine Gefahr.

Auf Facebook verfolge ich die Entwicklung einiger junger deutsch-arabischer Männer, die ich schon in ihrer Kindheit kennengelernt habe. An ihren Äußerungen kann man ablesen, wie sehr aggressives Verhalten gegenüber Migranten oder auch nur polemische Diskussionen über Muslime ihren eigenen Radikalitätsgrad ansteigen lassen. Ob diese jungen Männer zu »guten Deutschen« werden oder auf einen islamistischen Abweg geraten, hängt von ihren beruflichen Chancen hierzulande ab, aber auch von der politischen Kultur, mit der sie konfrontiert sind. Moralisch gesehen rechtfertigen Diskriminierungserfahrungen so wenig wie ein hartes Grenzregime oder die deutsche Unterstützung blutiger Diktaturen in der Region ein Abdriften in den Islamismus und erst recht nicht in den Terrorismus. Aber Moral allein hilft hier nicht weiter. Politisch muss man sich einfach eingestehen, dass so was von so was kommt.

Es ist äußerst misslich, dass oft gerade diejenigen, die wenige Erfahrungen mit muslimischen Einwanderern haben, diesen besonders feindlich gegenüberstehen. Denn sie werden so nicht erfahren, unter welch ungeheurem moralischen Druck die stehen, die es bis hierher geschafft haben, wenn »dort unten« ihre Vettern und Cousinen im Bombenhagel sitzen oder am

Hungertuch nagen oder im Mittelmeer ertrinken. Wie ihre neue Heimat Deutschland sich zu den Nöten dieser Verwandten stellt, davon hängt ganz entscheidend ab, wie friedlich, versöhnlich oder bereichernd das Leben hier künftig sein kann.

Vor der historischen Entscheidung von Angela Merkel mag die Behandlung der Flüchtlinge eine moralische Frage gewesen sein, eine, bei der es um »die« geht. Seither ist daraus schiere Realpolitik geworden, es geht um »uns«. Um ein neues Wir, um genau zu sein.

Vor diesem Hintergrund ist im Übrigen verständlich, warum kaum ein europäisches Land sich an einer gerechten Verteilung der Flüchtlinge beteiligt hat. In Osteuropa fehlte und fehlt die praktische Erfahrung mit Muslimen, und in Frankreich glaubte man, mit den Menschen, die aus dem Maghreb schon da sind, mehr als genug zu tun zu haben. Insbesondere für die französischen Nachbarn lag in der deutschen Willkommenspolitik allerdings noch eine zusätzliche Provokation. Mehr oder weniger freiwillig eine so große Zahl von Arabern aufzunehmen, das konnte nur zweierlei bedeuten: Entweder die Deutschen sind gefährlich naiv oder aber sie glauben, dass ein besseres Zusammenleben möglich ist, als es die Franzosen mit »ihren« Algeriern, Marokkanern und Tunesiern bisher geschafft haben. Worin dann eine Kritik an der postkolonialen Geschichte und Politik Frankreichs enthalten wäre. Man wird sehen, was zutrifft.

Viele, die, wie man so sagt, »gegen Flüchtlinge sind«, fürchten sich vor einer Islamisierung Deutschlands. Das klingt merkwürdig verzagt angesichts der realen Macht- und Mehrheitsverhältnisse in diesem Land. Für wie schwach und porös muss man diese Gesellschaft halten, wenn man vier Millionen Muslimen zutraut, eine kulturelle Hegemonie zu erlangen? Andererseits spüren sie etwas Richtiges: Diese neu hinzugekommenen Menschen stellen uns andere vor Herausforderungen, wie man sie lange nicht kannte in einem saturierten Land. Mit einem Mal treffen auf die feinen Unterschiede die groben, auf die filigranen Probleme die existenziellen.

Ein persönliches Beispiel: In Hamburg gibt es ein schönes, gemütliches Restaurant mit einer Besonderheit. Jeder, der dort essen geht, lädt zugleich einen Flüchtling ein. Dort hat das politische Ressort der *ZEIT* im Februar 2016 seine verspätete Weihnachtsfeier abgehalten, zur Hälfte etablierte deutsche Mittelschicht also, zur Hälfte Flüchtlinge aus dem Irak, aus Eritrea und vor allem aus Syrien.

An einem Tisch sitzen so ein paar jüngere Redakteure und sprechen mit Rado, 22 Jahre alt und seit fünf Monaten in Deutschland. Er wohnt in einer Containerunterkunft nicht weit vom Flughafen. Es sei nicht schlecht dort, behauptet er. Seine Mutter sei mit ihm zusammen aus Damaskus geflohen, sein Vater sei dort geblieben. Warum ist der nicht mitgekommen? Seine Eltern haben sich scheiden lassen, als er 13 war, erzählt er. Die Trennung habe ihm zugesetzt, die weinende Mutter, die Aggressionen des Vaters.

Rado erzählt die unglückliche Geschichte eines Scheidungskindes: eine Jugend mit Trauer, Schuldgefühlen, Zerrissenheit, Einsamkeit, es scheint überall auf der Welt gleich zu sein. Eine Kollegin warf beinahe erleichtert ein: Ich bin auch Scheidungskind!

Rado wurde dick, er war mit 17 Jahren schon kurz davor, »das mit den Mädchen« wieder aufzugeben, so schwierig gestaltete es sich. Er spielte *World of Warcraft*. Nur, die Gewalt, die er sich nachts auf dem Bildschirm ansah mit der Nervosität der vielen Energydrinks im Blut, war keine Vorbereitung auf die Gewalt, die er dann tatsächlich erlebte. Und was die Angst betrifft, die alle immer vor Assad hatten, sodass man seinen Namen nur flüsternd erwähnte – in der Fantasie war nichts so schlimm, wie es dann in Wirklichkeit wurde.

Die Deutschen fragen ihn interessiert nach seinem Leben in Syrien. Er kann sehr gut erzählen. Aber hat er verstanden, dass seine Geschichte hier jedes Tischgespräch sprengt? Unter Syrern ist es etwas anderes, jeder hat jemanden verloren, jeder weiß, was Gewalt ist, eine Andeutung genügt, und im anschließenden Schweigen entfaltet sich der Schrecken. Den Deutschen aber will Rado erklären, wie das alles war. Aber er möchte auch Rücksicht nehmen und achtet darauf, nicht zu anschaulich zu erzählen. Denn die Deutschen wissen ernsthafte Gespräche zwar zu schätzen, doch sein Leben ist eine

Art Splatter-Horror-Film, eine Aneinanderreihung von Szenen sinnloser Gewalt, die dem Zuhörer nicht mehr aus dem Kopf gehen.

Um es leichter begreiflich zu machen, hat er sich eine Art Gliederung für seine Geschichte überlegt: Genau viermal, sagt er, habe er in seinem Leben deutlich gespürt, dass der Tod nahe ist.

Dazu müsse man wissen, dass man sich nicht an Todesangst gewöhnt. Das heißt: Wenn man einmal Todesangst hatte und es ging noch mal gut aus, hat man beim nächsten Mal trotzdem noch genau so viel Angst zu sterben. Auch ist der Mensch nicht gewöhnungsfähig, was körperliche Schmerzen betrifft. Es tut einfach immer weh. Dass man abhärtet, sei leider die naive Hoffnung derer, die noch nicht so viel erlebt haben: Man kann nicht abhärten, sagt Rado.

Das erste Mal glaubte er, sterben zu müssen, als bei einer Demonstration gegen Assad in Zamalka, dem Stadtviertel von Damaskus, in dem er aufgewachsen ist, neben ihm eine Autobombe explodierte. Er ist nicht gestorben, aber 85 Menschen, darunter viele seiner Freunde. Das Bild ihrer Leichen ist er nicht mehr losgeworden.

Das zweite Mal dachte er, er würde sterben, als er in einem Assad-Gefängnis gefoltert wurde. Er sagt, es gebe im Prinzip zwei Foltermethoden: zum einen Demütigung, indem man zum Beispiel dem Gefangenen nicht die Möglichkeit gibt, aufs Klo zu gehen, und zum anderen Schmerzen, die wiederum den Gefolterten glauben lassen, er müsse sterben.

Das dritte Mal war vergleichsweise harmlos, sagt Rado. Es war nur ein Erdbeben in der Türkei, wohin er geflohen war und wo er sklavenartig Tag und Nacht in einer Schreinerei arbeitete. Der Boden wankte, aber es war schnell wieder vorbei.

Das vierte Mal: Die Schlepper zwangen ihn mitten in der Nacht in einen Kastenwagen, wo er im Laderaum zwischen den anderen Flüchtlingen stehend meinte, er würde nun schlicht und einfach bei einem Autounfall ums Leben kommen, so schnell fuhren sie. Als sie an den Strand kamen, schubsten die Schlepper ihn auf das Schlauchboot. Vor ihm lag schwarz das offene Meer. Die Kinder weinten, die Erwachsenen beteten. Das Boot ging nicht unter, weshalb Rado jetzt in einem Land lebt, das seit sieben Jahrzehnten nur den Frieden kennt, und mit Leuten am Tisch sitzt, die niemals Gewalt und Willkür erlebt haben und erschüttert schweigen, während er erzählt.

Wenn man so friedlich aufwächst, kann man leicht den Eindruck bekommen, es gebe eine Art Obergrenze für Unglück, über deren Einhaltung irgendjemand wacht. Aber nein, sagt Rado, das ist durchaus nach oben offen.

In Begegnungen dieser Art wird bei »den Deutschen« die Fähigkeit zur Empathie herausgefordert. Aber eben nicht nur, auch das Recht auf ihr Unglück trotz Reichtum, Sicherheit und Freiheit steht bei denen infrage, die bei der Geburtsort-Lotterie die Hauptgewinne gezogen haben und die allesamt auf einem sehr hohen Niveau von Sicherheit, Freiheit und Konsum leiden, wenn sie leiden. Was erwächst daraus? Die Pflicht zu teilen? Oder zumindest die Pflicht zu einer größeren Glückseffizienz, also mehr Zufriedenheit aus so viel Wohlstand zu generieren? Auf solche Fragen gibt es keine fertigen Antworten, sie schwirren nun einfach durchs Leben.

Die Moral unserer Gesellschaft wird durch die Flüchtlinge, die gekommen sind, wie auch durch die, die ferngehalten werden sollen, auf den Prüfstand gestellt: ob Christentum bedeuten kann, nur unter Christen und Atheisten, nicht aber mit Muslimen leben zu wollen – oder aber, ob Christentum bedeutet, zu helfen, wo man kann. Das ist eine schwere Entscheidung, darum spaltet diese Frage auch ganze Gemeinden. Und dann ist da noch die Sache mit Sankt Martin, eigentlich das Sinnbild fürs Teilen und Helfen. Dachte man. Nun weiß man, was schräg daran ist: Einer liegt am Boden in der Kälte, einer sitzt auf einem Pferd im warmen Mantel. Dann teilt er seinen Mantel, erwartet Dankbarkeit und wird heiliggesprochen. Das ist die Geschichte, die Gegenwart ist anders: Da wird gefragt, wie diese ungleiche Situation überhaupt zustande gekommen ist, wie sie sich legitimiert, und wenn der Mantel geteilt ist, stellt sich sofort die Frage: Was ist mit dem Pferd? In der Phase des massenhaften Helfens, der vielen freiwilligen Dienste in Flüchtlingsheimen, wurde immer wieder eine Beobachtung von Gutwilligem zu Gutwilligem geraunt: Sonderlich dankbar sind viele von denen ja nicht. Das wird so gewesen sein. Wer als heimlicher Sankt Martin reingegangen ist, kommt oft ohne Pferd wieder raus.

Rechtspopulisten behaupten immer wieder, die Muslime wollten uns den Sankt-Martins-Zug wegnehmen und ihn zum Lichterfest herabwürdigen. Viel schlimmer. Sie stellen Fragen an den Geist dieser rührenden Geschichte, die nicht leicht zu beantworten sind.

Schon lange hat kein politisches Ereignis mehr so viele Freundschaften zerbrechen, so viele Familien streiten lassen wie die Flüchtlingspolitik, eben weil es sich nicht einfach um Politik handelt, sondern um Begegnungen und Konfrontationen mit Weltbildern und Seelenzuständen. Umgekehrt haben die Flüchtlinge auch Menschen aus ihrer Lethargie gerissen, die vorher nicht recht wussten, wohin mit sich. Lange verschlossene Lippen fingen unversehens an zu sprechen. Hier geborene Migrantenkinder aus dem Iran oder aus dem Libanon fragten ihre Eltern: Und wie war es bei euch? Und auch in vielen deutschen Familien wurde erstmals wirklich oder endlich mal wieder über Flucht und Vertreibung am Ende des Zweiten Weltkriegs geredet.

An vielen Beispielen kann man sehen, wie diese neue Migration nicht nur zur Verunsicherung, sondern auch zur Selbstvergewisserung der deutschen Gesellschaft führen kann. Wer sind wir im Angesicht »der Neuen«, was unterscheidet uns von ihnen und von einander? Geistige und moralische Schlampigkeiten werden nun vielleicht aufgeräumt. Die laxe Abschiebepraxis beispielsweise war eine faule Ausrede zwischen Härte und Barmherzigkeit, die man sich nur leisten konnte, solange die Zahlen insgesamt minimal waren. Nun muss man sich ehrlich machen, so oder so. Auch das liberale, weltoffene Milieu kann sich heute nicht mehr damit begnügen, für Einwanderung, für Ökologie, für die Rechte der Schwulen und für Feminismus zu sein, für, für, für. Nun muss die Gleichberechtigung der Frauen und der Homosexuellen im Zweifel auch gegen viele Migranten verteidigt werden. Das Liberale wird entweder zu einer fordernden Leitkultur oder es zerfällt.

Horst Seehofer hat mit Blick auf die Flüchtlinge einmal etwas sehr Trotziges und Trauriges gesagt: »Unser Land darf sich nicht verändern, Deutschland muss Deutschland bleiben.« Nur die Neuen müssten sich anpassen. Und wie sollte das gehen? Deutschland ändert sich unentwegt; ob es dabei offen bleiben und sich seiner selbst mehr bewusst werden kann, wird man noch sehen. Aber dass der Status quo nicht mehr ist als eine müde gewordene Utopie, das ist offensichtlich.

Abschied von Amerika – Befreiung vom Atlantizismus

> *Wenn Amerika aufhört, gut zu sein,*
> *hört es auch auf, groß zu sein.*
> – Alexis de Toqueville –

Die Bereitschaft, Ungleichheit und Demütigung zu ertragen, schwindet in den westlichen Ländern und sie schwindet im Verhältnis zwischen dem Westen und allen anderen Ländern. Angesichts dessen ist der Zusammenbruch des amerikanischen Imperiums, den wir gerade erleben, alles andere als ein Wunder. In den USA haben die Reichen so viel Macht wie wahrscheinlich in keinem anderen demokratischen Staat. Und die USA sehen sich – oder sahen sich sehr lange – als die moralisch, politisch und militärisch weit überlegene globale Ordnungsmacht. Vielleicht ist es sogar so, dass nur die Dominanz in der Welt die Ungleichheit daheim lebbar gemacht hat, wirtschaftlich und moralisch. Wenn die Welt bebte, dann lag das Epizentrum dieses Bebens in den USA.

In diesem Jahrhundert scheint beides nicht mehr

zu funktionieren. Trat das amerikanische Imperium nach dem 11. September 2001 zeitweilig als Hypermacht auf, so erwies sich doch recht schnell, dass die USA lediglich in ihre Supernova-Phase eingetreten war: maximale Ausdehnung als Vorstufe des nahenden Kollapses.

Die These vom Ende der amerikanischen Vorherrschaft wird von vielen bestritten. Und sie haben gute Argumente. Denn nach wie vor sind die USA die militärisch stärkste Macht; ihre Softpower, selbst ihre ethische Kraft ist noch immer nicht ganz aufgebraucht und wird zumindest auf mythologisch-künstlerischer Ebene z. B. von Hollywood tagtäglich erneuert. Auch bei der Software, die wir alle unablässig benutzen, liegen die USA weit vorn. Nicht zuletzt gibt es in keinem Land auch nur annähernd so viel außenpolitische Expertise, angefangen von den Geheimdiensten über das Netz von Diplomaten bis hin zu den Thinktanks.

Dennoch hat das Land im vergangenen Jahr nicht nur einen neuen Präsidenten gewählt, sondern auch eine andere Art von Präsident. Barack Obama selbst hat diesen Unterschied im Wahlkampf immer wieder herausgestellt: Dieser Mann, Trump, sei konstitutionell unfähig für dieses Amt, es gehe nicht um Republikaner oder Demokraten, sondern um alles oder nichts. Dass Obama nach der Wahl zeitweilig auf Normalisierung umschaltete und den gewählten neuen Präsidenten ins Weiße Haus einlud, dabei sogar sehr freundlich war, zeigt seine staatspolitische Disziplin, nicht jedoch, dass er seine Meinung geändert hätte. Ob Donald Trump die USA innenpolitisch tatsächlich in eine autoritäre Richtung lenken will und kann, bleibt abzuwarten, möglich ist so ein Systemwechsel. Schon allein damit, dass ein Absterben der amerikanischen Demokratie denkbar wurde, verliert das Land seinen Status als Anführer der freien Welt, als letzte Zuflucht aller Menschen, die vor Unterdrückung fliehen. Doch begnügt sich der neue Präsident nicht mit solchen indirekten Wirkungen, er gibt den globalen Anspruch der letzten hundert Jahre schlicht auf. Aus einer menschheitlichen Mission wird rohes, unverhülltes nationales Interesse, Universalismus wird Egoismus, und anstelle von internationalen Ordnungen setzt er auf bilaterale Deals.

Adam Tooze, Volkswirt und Geschichtsphilosoph an der New Yorker Columbia Universität, hat Trumps neuen Ansatz in einem Essay für die *ZEIT* so auf den Punkt gebracht: »Was er verspricht, ist *to make America great again.* Damit wird nicht nur der Absturz Amerikas anerkannt, sondern Trump begibt sich auf eine Ebene mit Leuten wie Tayyip Erdoğan und Wladimir Putin. Nach neuer, alter Größe streben sie schließlich alle. In seinem Prunk aber war das amerikanische Jahrhundert durchdrungen von etwas Höherem, nicht nur von der Idee seiner Größe, sondern von seiner Überlegenheit, von der Gewissheit, berufen zu sein, egal ob diese Auserwähltheit nun gottgegeben oder säkular verstanden wurde, berufen eine Rolle zu spielen, die nicht nur einzigartig war, sondern über allen anderen stand.«[1]

Man ist versucht, diese historische Wende als Missverständnis, als vorübergehende Irritation abzutun. Schließlich hatte der Anspruch der USA, für die Freiheit auf der Erde, für Menschlichkeit und Anstand zu stehen, soeben noch in Barack Obamas öffentlichen Reden ihren stilistischen und rhetorischen Höhepunkt erreicht so wie in den Jahren nach 2001 ihren militärischen Gipfel. Keiner verkörperte (oder verkaufte) das Beste an Amerika besser als Barack Obama. Und doch liegt im scheinbar abrupten Wechsel von Obama zu Trump, von Eleganz zu Vulgarität, von moralischem Anspruch zu geschäftlichem Interesse, mehr Kontinuität, ja Unausweichlichkeit, als es auf den ersten Blick scheint. Trump ist weniger ein Ausreißer als vielmehr ein Vollstrecker. Anders ist sein Sieg auch schwerlich zu erklären. Niemals hätte ein Mann mit so begrenzten Fähigkeiten und so schlechten Eigenschaften Präsident der größten Macht der Welt werden können – wären nicht gewaltige historische Kräfte auf seiner Seite gewesen.

Zunächst mal ist der Himmel eingestürzt. Nicht mit einem Mal, sondern Stück für Stück. Wer als Europäer, gar als Deutscher, die USA bereist, dem fällt bis heute auf, dass die Amerikaner sich unablässig Mut zufächeln, sich immerzu und immer noch der eigenen Besonderheit versichern, der Mission, der Auserwähltheit. Ganz offenkundig ist das in Washington, der Welthauptstadt der Demokratie, wo an jeder Ecke Freiheitskämpfer ihr marmornes Abbild in die Höhe recken. Auch die großen, nicht immer rühmlichen Kriege werden in spektakulären Denkmälern veredelt oder wenigstens erträglich gemacht. All das steht in merkwürdigem Kontrast zum in den vergangenen Jahren immer giftiger gewordenen Hass auf Washington. Die Demokratie wird mythologisiert, aber ihr Hauptsitz wird verachtet.

Barack Obama, seine Frau Michelle und auch Hillary Clinton haben im letzten Jahr noch einmal alles getan, um den Himmel wieder aufzuspannen. Regelmäßig schlugen sie den ganz hohen Ton an, sprachen sie von der »Greatest Nation on Earth«. Eine Formulierung, die im Rest der Welt ohnehin immer öfter mit Kopfschütteln quittiert wurde, schien aber endlich auch bei vielen Amerikanern nicht mehr zu zünden. Doch war es gerade diese Mission, die eine sozial und ethnisch zerklüftete Nation zusammengehalten hat, jeder Amerikaner, auch der ärmste, auch der Schwarze und der Latino konnte sich als Teil eines überlegenen Projekts fühlen, als die Spitze der menschlichen Entwicklung.

Einer jener Orte, die das seelische Betriebsgeheimnis der Amerikaner beherbergen, heißt Cape Canaveral. Von dort startete die NASA ihre Flüge ins All. In den 60er- und 70er-Jahren, als die Raumfahrt zumindest in Teilen noch ein idealistisches Projekt war, konnten die Amerikaner – und gewiss auch eine Mehrheit der Menschen andernorts, die Zugang zu einem Fernseher hatten – sehen, dass die USA im Namen der Menschheit handeln. Dass der erste Mensch auf dem Mond ein Amerikaner war, hatte etwas völlig Selbstverständliches, wer denn sonst?

Und heute? Wer dieser Tage Cape Canaveral besucht, läuft zunächst mal zwischen allerlei Raketen umher, die den Charme von Oldtimern haben. In großen 3-D-Shows wird dann mit maximalem Pathos die Eroberung des Weltraums in eine Reihe gestellt mit der Besiedelung Amerikas (das freilich schon besiedelt war). Räume zu entdecken und einzunehmen, das scheint hier als etwas Uramerikanisches und zugleich Urmenschliches. Wenn dann die Weltraumgeschichte allmählich entfaltet wird, füllt sich das All mehr und mehr mit amerikanischen Helden, bis vor lauter Helden kein Himmel mehr zu sehen ist.

Der Weltraum erwies sich als die beste und größte Projektionsfläche für den amerikanischen Traum – als ein endlicher Traum jedoch, wie sich herausstellen sollte. Der Autor J. D. Vance hat in *Hillbilly Elegy*, einem auf leise Weise spektakulären Buch, über seine Herkunft im Rust Belt der USA berichtet, es ist ein Trauerbuch über die armen Weißen Amerikas. Darin finden sich alle wichtigen Bruchstücke des amerikanischen Traums. Einer der großen, man könnte fast sagen, spirituellen Verluste vollzog sich selbst für die überwiegend armen »Hillbillys« der Appallachen-Staaten im All: »Das Raumfahrtprogramm, lange eine Quelle des

Stolzes, war den Bach runtergegangen und mit ihm die prominenten Astronauten.«[2]

Barack Obama hat versucht, den Geist amerikanischer Raumeroberung mit allerdings weit abstrakteren und unbemannten, wenig fotogenen Mars-Missionen wiederzubeleben. Doch was einmal säkularisiert ist, gewinnt seine Aura nur schwer zurück. Auch nicht, wenn man wie der neue Präsident möglichst schnell wieder Astronauten auf den Mond bringen will. Die Wiederholung der 70er-Jahre macht keinen Mythos lebendig.

Das Gleiche geschah auch mit dem Militär, ebenfalls ein Medium missionarischer Überhöhung. Dabei liegt der letzte große amerikanische Krieg, der solche Überhöhung verdient hätte, schon mehr als ein halbes Jahrhundert zurück. Was danach kam, eignete sich kaum zur Heroisierung, manches nur zum Schämen. Allerdings kann wohl kein Volk aus so wenig Heldentat so viel Heldentum generieren wie die Amerikaner. Doch auch diese Fähigkeit erwies sich in diesem Jahrhundert als endlich, nicht nur in den Augen der anderen Völker, sondern auch für die meisten Amerikaner selbst. Da war es dann mit einem Mal ein falscher oder falsch geführter Krieg zu viel. Dieser Verlust wiegt womöglich noch schwerer als die Profanisierung der Raumfahrt, weil die Kriege nicht nur als Projektionsfläche dienten, sondern auch als ein Betätigungsfeld, auf dem sogar die Armen zu allgemein anerkannten Helden werden konnten. Das fällt nun weg, wie Vance mit Blick auf die Invasionen in Afghanistan und im Irak bitter notiert: »Nichts verband uns mehr mit dem inneren Gewebe der USA. Wir fühlten uns gefangen in zwei offenbar ungewinnbaren Kriegen, in denen ein überproportional hoher Anteil an Kämpfern aus unserer Nachbarschaft kam.«[3] Man kann sich den moralischen Verlust nicht groß genug vorstellen. Vance, der aus einer desolaten Familie kam und weitgehend bei seiner »Mamaw« genannten Großmutter aufgewachsen ist, zieht hier einen Schlussstrich: »Mamaw hatte immer zwei Götter: Jesus Christus und die Vereinigten Staaten von Amerika. Und ich war genauso, und jeder, den ich kannte, auch.«[4] Vorbei.

Die Religion, namentlich das Christentum, spielte lange eine verbindende Rolle für die USA. Doch auch das hat gefährlich nachgelassen, und zwar nicht nur bei denjenigen, die ohnehin nicht mehr an Gott glauben, sondern auch bei jenen, die sich als fromm bezeichnen. Gerade bei den weißen Arbeitern hat der Kirchgang nachgelassen, die Kenntnis über die eigene Religion schwindet. Die Wahl von Donald Trump war auch ein Ausdruck dieser entleerten Gläubigkeit. Der konnte im sogenannten Bible Belt sehr viele Stimmen gewinnen, obwohl er sich so ostentativ ungläubig, ja geradezu sündenstolz zeigt. Bei dieser Wahl war es vielen Christen anscheinend wichtiger, ihre Wut zu zeigen als gemäß ihrem Glauben zu wählen.

Die Raumfahrt, das Militär, der Glaube – Amerika

hat seinen spirituellen Zusammenhalt verloren. All das mag heilbar sein, doch wenn, dann nicht schnell.

Der Himmel über Amerika ist also ziemlich entleert. Was darunter liegt, das bedürfte einer Fülle von Reformen, so vieler, dass man das, was nötig wäre, auch eine Revolution nennen könnte. Das Bildungssystem ist zu elitär, der Bildungsgrad der breiten Massen für ein so fortgeschrittenes Land bedenklich bis erschreckend, beim OECD-Ranking beispielsweise liegen die USA unter dem Durchschnitt. Das Gesundheitssystem ist zu teuer und zu ungerecht, für allzu viele Menschen stellt die Krankenversicherung eine Quelle unablässiger existenzieller Verunsicherung dar. Die Struktur der Öffentlichkeit löst sich auf, einander feindlich gesonnene diskursive Sonderwelten sind entstanden – das alles in einem bisher nicht bekanntem Maße. Zur Spaltung trägt auch das Wahlsystem bei, weil die Distrikte mittlerweile so geschnitten sind, dass von vornherein feststeht, ob ein Demokrat oder ein Republikaner gewählt wird, Wettbewerb gibt es da nur noch innerhalb der jeweiligen Partei. Das führt wiederum dazu, dass die je Radikalsten gewählt werden, die dann in Washington Kompromisse verunmöglichen, und das ganze demokratische Getriebe ins Stocken gerät. Auch die Spannungen zwischen den ethnischen Gruppen haben sich in den letzten Jahren weiter verschärft, ein Problem, das jedenfalls von der sehr weißen Regentschaft Trumps mit großer Wahrscheinlichkeit nicht zu dämpfen sein wird.

Schon dies alles zu ändern wäre ungeheuer schwierig. Dabei ist das größte Problem noch nicht einmal benannt: die Kluft zwischen Arm und Reich. Hier hat sich mit dem Wahljahr 2016 ein Knoten geschnürt, der in den kommenden Jahren eher noch fester werden dürfte. Schließlich haben viele schon Hillary Clinton nicht gewählt, weil sie zu sehr mit der Wallstreet verbunden war. Nach allen Erfahrungen, die man mit dem Finanzkapital in diesem Jahrhundert gemacht hat, verwundert das wenig. An die Macht kam allerdings dank dieses Anti-Wallstreet-Votums noch mehr Wallstreet. Donald Trump, der versprochen hatte, den Washingtoner Lobbyisten-Sumpf trockenzulegen, berief zahlreiche Lobbyisten in seine Regierung, die anschließend dahin zurückgehen werden, wo sie herkommen, um sich die Belohnung für ihr Regierungshandeln abzuholen. Das gilt wohl auch für den Großunternehmer Trump selbst. Wie werden die ärmeren Wähler reagieren, wenn sie merken, dass sie erneut betrogen wurden, nur auf noch höherer Stufenleiter?

Wie sehr die politische Kultur der USA verfallen ist, in welchem Ausmaß ihre Demokratie auf den Hund gekommen ist, lässt sich allerdings weniger am Zustand der Republikaner ablesen. Sie sind in gewisser Weise nur an einem moralischen Tiefpunkt angelangt, auf den sie sich seit Jahrzehnten hinbewegt haben. Wirklich dramatisch ist die Niederlage der Demokraten und aller liberalen Kräfte im Jahre 2016. Sie hatten mehr Geld, mehr Expertise, mehr Erfahrung, sie hatten einen amtierenden Präsidenten und seine Frau auf ihrer Seite. Sie hatten Hollywood, das Silicon Valley, die meisten seriösen Medien und die Elite-Unis, und sie hatten Stil und Brillanz, ja sie strotzten geradezu vor Brillanz. Und trotzdem oder deswegen haben sie gegen einen Mann verloren, gegen den man niemals hätte verlieren dürfen. Offenbar haben sie sich so weit von ihrer Basis entfernt, anscheinend ist ihr Pathos so hohl geworden, dass dies trotzdem geschah. Es wird lange brauchen, bis die Demokraten diese Niederlage ganz akzeptieren und verstehen können. Denn sie haben nicht bloß wegen ihrer Fehler verloren, sondern wegen ihres kompletten Mindsets. Die schamlose Nähe zum großen Geld, sei es New Yorker oder saudischer Provenienz, ist da nur ein Punkt unter vielen, wenngleich ein besonders wichtiger und ein besonders zäher. Die meisten führenden Demokraten lassen sich nicht nur einfach von den Superreichen unterstützen, sie gehören sozial und kulturell schlicht dazu.

Faktisch existiert im demokratischen System der USA heute keine Alternative zur Hegemonie der Reichen, abgestimmt wird lediglich darüber, welche der Dynastien regiert und welche Investmentbank sie berät. Im Moment sieht es danach aus, dass die USA sich einem Punkt nähern, an dem China und Russland schon sind: an der völligen Verschmelzung von politischer und ökonomischer Macht – mit dem Unterschied, dass sich in Russland und China die politisch Mächtigen reich gemacht haben, während sich in den USA die Reichen immer unverstellter politische Macht holen. Trumps Basiskonzept besteht nun darin, die Lage der amerikanischen Armen und der Mittelschicht nicht etwa zulasten der Reichen in den USA zu verbessern, sondern zulasten der Armen und der Mittelschicht in China, in Mexiko oder in Europa.

Wer noch tiefer bohrt, stößt hier auf eine Frage, die sich für die USA besonders scharf stellt, aber beileibe nicht nur dort auf der Tagesordnung steht: Stößt der Kapitalismus seine demokratische Hülle ab?

Wer im Bundesstaat New Hampshire lange genug durch die dicht bewaldeten White Mountains fährt, der trifft irgendwann in all dem Grün auf ein riesiges schneeweißes Gebäude am Fuße des Mount Washington. Bei dem im Empirestil gebauten Komplex handelt es sich um das Hotel von Bretton Woods. Noch heute erinnert es mit seinem leicht abgeblätterten Weiß an eine bessere, größere Zeit. In die Geschichte ging das abgelegene Hotel ein, weil die amerikanische Regierung im Sommer 1944 vierundvierzig Staaten, ihre Finanzminister sowie international führende Ökonomen dorthin einlud, um eine neue Weltwirtschaftsordnung zu schaffen. Der Zeitpunkt schien günstig, der Zweite Weltkrieg kam absehbar zum Ende, die USA der größte Sieger und mehr als jemals zuvor die unumstrittene Führungsmacht auf der Welt. Nach langen Diskussionen wurde eine Weltbank gegründet (mit Sitz in Washington, D.C.), deren Vorsitz bis zum Jahr 2007 stets an die Amerikaner ging. Man einigte sich außerdem auf eine Leitwährung, natürlich den Dollar, der wiederum von den Goldreserven gestützt wurde, die zum großen Teil in Fort Knox (Kentucky) lagerten. Man sieht die Herren förmlich auf den weitläufigen Hotelterrassen stehen und mit Blick zum Berggipfel auf dieses großartige Abkommen anstoßen. Großartig war es auch, denn es legte für die folgenden drei Jahrzehnte den Grundstein für eine prosperierende Weltwirtschaft. Und für ein davon überproportional profitierendes Amerika.

Bretton Woods steht in der Tat für ein allgemeineres Prinzip: Die USA sorgen für internationale Institutionen und Abkommen, schaffen Ordnung, wo es nötig scheint, sichern Handelswege und stürzen Regime, wenn sie die Abläufe stören – und im Gegenzug ziehen sie daraus ihre Sonderprofite. Die wiederum den Zusammenhalt der US-amerikanischen Gesellschaft sicherstellen.

Es hätte noch ewig so weitergehen können, ging es aber nicht. Die Präsidentschaften von George W. Bush und von Barack Obama markieren – das kann man im Nachhinein gut erkennen – das Ende dieses Modells, die Ära Trump ratifiziert das nur – und eskaliert es.

Der 11. September 2001 hat der damaligen amerikanischen Regierung gezeigt, dass sie den Mittleren Osten, Afghanistan und Pakistan mit den herkömmlichen Mitteln der Außenpolitik und mit entsprechend überschaubaren Hegemonialkosten nicht in den Griff bekommen würde. Sonst, so dachte man seinerzeit in Washington, wäre es zu einem derartig verheerenden Anschlag auf amerikanischem Boden niemals gekommen. Folglich wollte man mit einem ins Gigantische gesteigerten Einsatz an Macht und Militär eine tragfähige Lösung kreieren, die darin bestand, mittels Invasion und Druck demokratische und dem Westen gewogene stabile Staaten zu schaffen. Warum das nicht gelungen ist und was die Europäer aus dem Scheitern lernen können, darüber wird noch zu sprechen sein. Hier ist vorerst nur wichtig, dass diese Interventionen das Chaos nur vergrößert haben. Das bedeutet: Auch mit maximalem Einsatz sind die USA unfähig, in einer weit entfernten, ökonomisch und militärisch drittrangigen Region Ordnung zu schaffen.

Bei diesem vergeblichen Versuch der Regierung Bush ist jedoch mehr geschehen, als zunächst absehbar war. Zum einen wurde international insbesondere wegen des auf Lügen basierenden Einmarschs im Irak amerikanische Glaubwürdigkeit verbrannt. Zum anderen hat man im Irak und in Afghanistan bis auf Weiteres die Opferbereitschaft des amerikanischen Volkes aufgebraucht. Seither hat sich eine neue, die Möglichkeiten der USA eng limitierende Militärdoktrin herausgebildet: »No boots on the ground!« Was eigentlich bedeutet, dass keine militärische Maßnahme mehr das Leben von Amerikanern in größerem Maße aufs Spiel setzen darf.

(Man wird noch sehen, welche Nebenfolgen diese fehlende Opferbereitschaft etwa für die Sicherheitsgarantie der NATO oder für die nukleare Abschreckung zeitigt.) Dabei gilt diese radikale Minimalisierung militärischer Risiken ausdrücklich auch für menschenrechtliche Notfälle. In seinem wichtigsten außenpolitischen Interview in der Zeitschrift *The Atlantic* ließ sich Barack Obama von seinem Gesprächspartner Jeffrey Goldberg folgendermaßen zitieren: »Obama glaubt generell, dass ein Präsident amerikanische Soldaten keinem Risiko aussetzen sollte, um ein humanitäres Desaster zu verhindern, es sei denn, dieses Desaster stellt eine direkte Bedrohung für die Sicherheit der Vereinigten Staaten dar.«[5] Eine strategische Abwendung vom übernationalen Interesse gab es also schon bei dem am globalsten wirkenden Präsidenten.

Barack Obama zog aus dem hegemonialen Scheitern seines Vorgängers dann den Schluss, dass die USA ihre schwindenden Kräfte konzentrieren müssten. Im Mittleren Osten wollte er sich nur noch sehr wenig engagieren, was ihm ohnehin recht leichtfiel, weil er die arabische Welt für einen hoffnungslosen Fall hielt. Zudem waren die Ölinteressen der USA dort nicht mehr so stark. Der Terrorismus ließ sich auch durch Homeland-Security auf dem eigenen Territorium und mit sparsamem Einsatz gegen den IS unter Kontrolle halten. Israel hatte sich sicherheitspolitisch weitgehend selbstständig gemacht. Wozu also noch Mittlerer Osten?

In der Region selbst führte Obamas Politik der Sparsamkeit und des relativen Rückzugs vorderhand zu weiterem Chaos, er trug bei zu einem grausamen Krieg in Syrien und dazu, dass Europa in bisher nicht gekannter Weise mit dem Flüchtlingsproblem konfrontiert ist. Schließlich konnte Russland deutlich an Macht gewinnen.

Alles in allem ist das eine katastrophale Bilanz, jedenfalls für jeden, der sich für den Mittleren Osten interessiert, weil er dort lebt oder weil er dessen Nachbar ist – das gilt für Europa. Für die USA ist es möglicherweise nicht ganz so wichtig. Die Frage lautet dort eher, ob sich die Konzentration der Kräfte denn gelohnt hat. Hat die Hinwendung nach Asien, der berühmte »pivot to Asia«, denn etwas gebracht, konnten sich die USA wenigstens dort als Hegemon behaupten? Im leicht zu verängstigenden Europa, insbesondere in Deutschland, wurde Obamas Entschluss für die Tat genommen, sogleich fürchtete man, dort entstünde eine pazifische Allianz, Europa sei von Stund an abgehängt.

Dafür spricht indes sehr wenig. Als beispielsweise Barack Obama im vergangenen Jahr seine Abschiedsbesuche in Ostasien machte, konnte man sehr gut die Grenzen dieses strategischen Wechsels erkennen. Diese Grenze setzte dem mächtigen US-Präsidenten nämlich sein weniger mächtiger, dafür etwas verrückter und sehr autoritärer Amtskollege von den Philippinen. Rodrigo Duterte beschimpfte Obama vor dessen Besuch in Manila so sehr, dass der seine Reisepläne änderte. Hinter dem auf den ersten Blick skurril scheinenden Vorgang steckt etwas sehr Ernstes, das Duterte nachher auch offen aussprach: Für die Länder Ostasiens gibt es zum hegemonialen Schutz der USA nämlich mehr und mehr eine gar nicht so unattraktive Alternative – den traditionellen Kotau vor China. Kotau bedeutet dabei nicht einfach Unterwerfung, sondern etwas durchaus Freundlicheres: Man unterwirft sich symbolisch, zahlt seine Abgaben und wird ansonsten geschont.

In Asien ist Obamas Problem – und jeder seiner Nachfolger wird es erben –, dass der amerikanische Schutz vor einem zu seiner eigenen Größe aufwachsenden China keineswegs sicher ist und dementsprechend immer weniger geglaubt wird. Würden die Amerikaner wirklich das Risiko einer militärischen Eskalation mit China eingehen, nur wegen z. B. ein paar im südchinesischen Meer aufgeschütteten Inseln? Würden sie einen Krieg wagen, um die staatliche Souveränität Taiwans zu garantieren? Wo sie sich doch sogar von Nordkorea auf der Nase herumtanzen lassen müssen?

Natürlich sind die Amerikaner militärisch noch immer um Längen stärker als China, nur kommt es allein darauf nicht an. Jeder weiß, dass die Chinesen im Zweifel zu weit mehr Opfern bereit wären, zumal – siehe oben – angesichts der gesunkenen Bereitschaft Washingtoner Politik, Risiken für das Leben amerikanischer Bürger einzugehen.

Europäer neigen dazu, die Amerikaner grundsätzlich für fähig zu halten, Kontinente wieder zur Vernunft zu bringen oder sie vor aggressiven Imperien zu schützen. Immerhin haben sie das bei zwei Interventionen gegen Deutschland und im Kalten Krieg gegenüber der Sowjetunion schon erlebt. Nur ist China ein anderer Fall, es ist weit größer als Deutschland und wirtschaftlich unvergleichlich stärker, als es die Sowjetunion jemals war.

Macht aber, die nicht geglaubt wird, verfällt. Der Politologe Ulrich Menzel hat kürzlich ein weit ausgreifendes Buch, *Die Ordnung der Welt*, zum Unterschied zwischen einem eher gutartigen Hegemon und einem eher bösartigen Imperium verfasst. Mit Blick auf die USA kommt er zu folgendem Schluss: »In dem Maße, wie sich die der Kontrolle entzogenen oder gar unkontrollierbar gewordenen Zonen ausdehnen, ist dies ein Indikator für nachlassende globale Ordnungskraft, für eine (...) Art von American Decline, die anzeigt, dass (...) die USA trotz der Verdopplung des Militärhaushalts zwischen 2002 und 2009 den Zenit ihres (...) Machtzyklus überschritten haben.«[6]

Im Angesicht dieses Niedergangs hat Donald Trump einen weitreichenden Entschluss gefasst: Er will große Teile der Hegemonialkosten einsparen. Das heißt zum einen, die USA sollen keine großen Kriege mehr führen, die nicht im unmittelbaren eigenen, messbaren Interesse liegen. Menschenrechte, Genozide, die Glaubwürdigkeit der UN, überhaupt alle universalistischen Ansprüche können aus diesem Blickwinkel keine Gründe sein, sich kostspielig zu engagieren. Bestenfalls dienen kleinere, universalistisch drapierte Militäraktionen den Zustimmungswerten daheim. Daher rührt Trumps Bemerkung, dass man sich im Irak doch wenigstens die Ölquellen hätte einverleiben sollen, wie es dem Sieger gebührt. Außerdem hat er erkannt, dass Hegemonialmächte immer allgemeine Güter zur Verfügung stellen müssen, für die sie nicht direkt und in Heller und Pfennig bezahlt werden. So entsteht systemnotwendig immer ein gewisser Mitnahmeeffekt, Trittbrettfahren lohnt sich. Deswegen macht Trump nun unter anderem die Sicherheitsgarantie für die anderen NATO-Staaten direkt von deren Beiträgen zum Militärhaushalt abhängig. Er verlässt sich nicht mehr auf die indirekten Vorteile und letztendlichen Profite einer Hegemonialmacht, weil er den Eindruck hat, dass diese Rechnung nicht mehr aufgeht. Denn die Hegemonialkosten explodieren, die Ordnungseffekte lassen nach, die Gewinne fließen nicht mehr so wie früher.

Gesetzt den Fall, dass Donald Trump überhaupt strategische Vorstellungen hat und in der Lage ist, sie kontinuierlich zu verfolgen, dann will er diesen Knoten offenbar durchschlagen. Künftig muss jede Leistung für die Allgemeinheit gewissermaßen in bar bezahlt werden. Die USA sind fortan ein Dienstleister ohne missionarischen Anspruch, eine Nation wie jede andere. Nur stärker.

Für die USA bedeutet das, dass sie ihre missionarische Aura verlieren, dass moralische Überlegenheit in aller Regel durch materielle ersetzt wird, diese Entheiligung hat schon begonnen. Hier ist Donald Trump konsequent. Er will die Militärausgaben drastisch erhöhen, denn künftig werden die USA ihre Kriege vermutlich allein gewinnen müssen. Die Gefahr, die von diesem Prinzip – weniger westliche Allianz, mehr Militär – ausgeht, kann indes kaum überschätzt werden, ebenso wie die Brisanz von Trumps Bemerkung, dass »die USA wieder Kriege gewinnen müssen«. Fast jeder US-Präsident hat mindestens einen Krieg geführt, viel spricht dafür, dass der von Trump zu den dümmsten und gefährlichsten gehören würde. (Abgesehen davon haben die USA ihre Kriege zuletzt immer gewonnen, nur den Frieden haben sie verloren.)

Für Europa und die Deutschen hätte die Renationalisierung des Militärischen enorme Konsequenzen, von denen die Erhöhung der Wehretats noch die kleinste wäre. Denn zum Konzept einer Regierung Trump gehört es allem Anschein nach nicht nur, teure Abenteuer zu vermeiden, sondern sich auch unnötiger Feinde zu entledigen, indem man sie zu Freunden erklärt. Gemeint ist hier vor allem Wladimir Putin. Dass dabei europäische und sowieso ukrainische Interessen geopfert werden, liegt auf der Hand. Aber auch das andere Extrem amerikanischer Russlandpolitik, die ideologische Angriffsfreude gegenüber Russland, wäre gefährlich. So oder so droht von den USA her eine Russlandpolitik ohne Maß und Verstand.

Doch sollte man sich hier vor einem allzu einfachen Urteil hüten, schließlich spricht Trump außenpolitisch trotz oder sogar wegen seiner mangelnden Expertise oft Wahrheiten aus. So war es, als die taiwanesische Präsidentin ihn anrief und er dieses Telefongespräch auch annahm. Das außenpolitische Establishment war sofort in heller Aufregung, weil solches mit Rücksicht auf China seit Jahrzehnten nicht geschehen war. Nur, und da hatte Trump einen Punkt, handelt es sich bei der traditionellen amerikanischen Chinapolitik um Diplomatie im infinitesimalen Bereich. Schließlich könnte ein gewählter Präsident Trump auch fragen: Verstehe ich das richtig? Ich darf den Anruf der Präsidentin eines Landes nicht annehmen, das wir nicht offiziell anerkennen, für dessen Souveränität wir aber im Ernstfall einen militärischen Konflikt mit China wagen würden? Auch solch verstiegene Außenpolitik zeigt die versteckten Widersprüche einer überforderten Supermacht.

Mit Blick auf Europa könnte der neue Präsident auch fragen, warum denn die USA, die kein größeres Bruttoinlandsprodukt als die EU haben, überhaupt nur einen einzigen Dollar für die Sicherheit der Europäer ausgeben sollen. Dafür existieren tatsächlich keine Gründe, die in der Gegenwart wurzeln würden. Das gibt schon einen kleinen Hinweis darauf, dass es kein Zurück mehr gibt zu einer amerikanischen Außenpolitik, wie wir sie kennen. Denn einmal ausgesprochene Tatsachen lassen sich nicht zurück in die diplomatische Zahnpastatube bringen. Unaufhaltsam fliegen die Wahrheiten auf die Wirklichkeit zu.

In Deutschland neigt man dazu, Trump als unvernünftigen Hasardeur zu sehen, was im Allgemeinen auch stimmen mag. In der Außenpolitik allerdings spricht einiges dafür, dass bei ihm das Rationale in irrationalem Gewande daherkommt – während es sich bei Hillary Clinton und damit bei der ganzen konventionellen Außenpolitik genau umgekehrt verhält: Da wird auf ganz vernünftig scheinende Art einer irrationalen, ideologischen Politik gehuldigt, einer Politik der Unfehlbarkeit und Überlegenheit. Dies zu erkennen ist ganz besonders für Deutschland von überragender Bedeutung, weil dieses Land von der amerikanischen Außenpolitik in einem Maße abhängig war und geführt wurde, dass es dazu neigt, die spezifische, zeitgebundene US-Außenpolitik mit der Außenpolitik der USA an sich zu verwechseln.

Was also hatte es mit dieser Außenpolitik auf sich und wie wirkt sie bei uns nach?

Im Sommer 2016, als ein Wahlsieg Hillary Clintons noch wahrscheinlich schien, traf ich in Berlin einen Amerikaner zum Essen, der auf höchstem Level für Barack Obama gearbeitet hatte und nun als kommender Mann einer Regierung Clinton galt. Das Gespräch war vertraulich, weswegen sein Name hier ungenannt bleiben muss. Wir sprachen über sein Spezialgebiet, den Mittleren Osten. Er kritisierte, für einen Demokraten wenig erstaunlich, die falsche Politik der Regierung Bush in der Region. Allerdings ging ihm auch die Zurückhaltung von Obama zu weit, gerade in Syrien hätte er sich mehr Engagement erhofft. Das wiederum hätte er auch einer Präsidentin Clinton nahegelegt.

Letztes, so wandte ich ein, wäre doch seltsam, weil es ja die Außenministerin Clinton gewesen ist, die den Libyen-Einsatz vorangetrieben hatte, der auch nicht eben mit einem Erfolg endete, sondern mit dem Zerfall des Landes.

Daraufhin enthüllte sich bei meinem Gesprächspartner seine ganze mittelöstliche Resignation. Alles habe man schon probiert, Intervention, Nichtintervention, Intervention nur aus der Luft, Stürzen von Regimen, Stützen von Regimen, Befeuern von Rebellion, Ignorieren von Rebellion. Offenbar sei den Menschen da nicht zu helfen, allenfalls könne man das Chaos eindämmen.

Man muss seine Resignation, seine Auffassung, dass den arabischen Staaten nicht zu helfen sei, nicht rassistisch nennen, aber eine geistige Blockade zeigt sich schon in seiner Unfähigkeit, auch nur die Frage zu stellen, ob nicht womöglich auch mit der US-Politik etwas nicht stimmt. Es war für ihn, der sich anschickte, sehr viel Macht in Washington zu übernehmen, geradezu denkunmöglich, dass an der gesamten amerikanischen Politik im Mittleren Osten etwas falsch sein könnte, an der republikanischen *und* der demokratischen, an der von Bush, Clinton *und* Obama.

Ich schlug ihm eine Erklärung vor: Die Amerikaner und in ihrem Gefolge auch die Europäer waren nie wirklich an den Menschen in der Region interessiert, sondern nur an Geschäften, an Öl, an Einfluss, an Israel und an der Abwehr von Terror. Für dieses eindimensionale Interesse waren die Interventionen dann aber zu massiv, man wusste nicht gut genug, was man tat, weil man sich nicht für die interessierte, denen man es antat.

Dann, so antwortete der Berater mit wegwerfender Handbewegung, könnten ja jetzt die Europäer den Schlamassel übernehmen.

Und was würde ein solcherart resignierter Berater einer Präsidentin Clinton dann für diese Region raten?

Mehr vom selben, Eindämmung ohne große eigene Risiken, aber mit ein bisschen mehr Einmischung und einer wieder verstärkten Partnerschaft mit Saudi-Arabien.

Warum, so fragte ich mich, will jemand, der so wenig an eine Lösung glaubt, der keine Fantasie und keine Neugier zeigt, überhaupt an die Macht?

Diese Mischung aus Resignation und Arroganz ist ganz typisch für die klassische amerikanische Außenpolitik, nicht nur im Mittleren Osten, sei sie republikanisch oder demokratisch geprägt. Es brauchte einen schwarzen Präsidenten, um mit dieser alles bestimmende Tradition zu brechen. Diesen Schritt vollzog Barack Obama in seiner zweiten Amtszeit.

In seinem schon erwähnten ausführlichen Gespräch mit Jeffrey Goldberg schildert der Präsident mit einigem Stolz seinen Abschied vom, wie er es nennt, »Washington Playbook«. Diesen Abschied vollzog er mit letzter Gültigkeit im Syrienkrieg, als er sich dem Drängen der außenpolitischen Gemeinde widersetzte, massiv zu intervenieren. Er hielt an dieser Weigerung sogar fest, als die von ihm persönlich gezogene rote Linie – keine Giftgaseinsätze – von Assad überschritten wurde. Den Schaden für die amerikanische Glaubwürdigkeit nahm er in Kauf.

In Obamas Umfeld wurde die herrschende Lehre amerikanischer Außenpolitik seither mit Skepsis und Spott betrachtet. Wie Goldberg berichtet, nannte man im Weißen Haus die Thinktanks in der Massachusetts Avenue »arabisch besetztes Territorium«. Tatsächlich fließt viel Geld vom Golf in die außenpolitischen Denkwerkstätten. Das erklärt aber nur einen Teil ihres verschrobenen Weltbildes. Wiewohl einen wichtigen: dass durch alle mittelöstlichen Irrungen und Wirrungen hindurch parteiübergreifend am »strategischen Partner« Saudi-Arabien festgehalten wurde. Immerhin handelt es sich um einen islamistischen Staat, der um seiner eigenen Stabilität willen seine fundamentalistische Ideologie mit extrem hohem Einsatz von Geld in alle Welt exportiert. Wenn es also eine geistige oder geistliche Quelle für islamistische Ideologie gibt, die bekanntlich oft in Terror mündet, dann ist es Saudi-Arabien. Die ideologische Fixierung auf das Königshaus in Riad war von jeher ein Webfehler amerikanischer Politik in der Region und hätte allein schon ausgereicht, um sie gründlich zu verderben.

Doch ist das Washington Playbook nicht bloß von Saudi-Arabien merkwürdig besessen, auch Pakistan ist so ein Verbündeter, ein »desaströs dysfunktionales Land«, wie Obama in dem Interview sagt.

Die konventionelle amerikanische Außenpolitik führt allerdings nicht nur im Mittleren Osten zu immer neuem Chaos. Auch für Europa hätte dieses Denken äußerst gefährlich werden können. Nach dem Einmarsch der Russen auf der Krim im März 2014 und der anschließenden Destabilisierung der Ostukraine haben Amerikaner und Europäer beschlossen, Sanktionen zu verhängen. Damit haben sie Putin gezeigt, dass sie sein völkerrechtwidriges Verhalten nicht akzeptieren werden. Zugleich wurde aber auch die Gefahr einer militärischen Eskalation vermieden. Dieses Risiko wiederum wollten wichtige, außenpolitisch dominante US-Senatoren eingehen. John McCain und Lindsey Graham beschimpften die deutsche Kanzlerin bei der Münchener Sicherheitskonferenz Anfang 2015 geradezu, weil sie sich weigerte, Waffenlieferungen an die Ukraine zuzustimmen. Sie unterstellten ihr, sich nicht wirklich für das Schicksal der Ukrainer zu interessieren, sie sei demgegenüber gleichgültig, »dass Menschen in der Ukraine abgeschlachtet werden«. So sprach McCain. Merkel zeigte sich jedoch völlig unbeeindruckt, dies offenbar auch gegenüber den Bemühungen Joe Bidens, hinter den Kulissen Waffenlieferungen zu arrangieren. Bis zum Vizepräsidenten der USA ging also dieses gefährliche Spiel der amerikanischen Außenpolitik. Aus heutiger Sicht kann man nur heilfroh sein, dass die Kanzlerin sich davon nicht beeinflussen ließ und im Weißen Haus zumindest ein Mann saß, der an diesen arroganten Interventionismus nicht mehr glaubte, sonst stünde Europa heute wahrscheinlich an der Schwelle zu einem Krieg mit Russland. Das jedenfalls darf annehmen, wer das Verhalten Putins seither beobachtet und seine Eskalationsbereitschaft studiert hat. Der hätte eine westliche Aufrüstung Kiews mit noch mehr Aufrüstung der Separatisten beantwortet, eine Spirale mit offenem Ende wäre in Gang gesetzt worden.

Neben speziellen Obsessionen wie im Falle Saudi-Arabien besteht eine weitere Fehlerquelle amerikanischer Außenpolitik offenkundig darin, dass die USA von den Konflikten, die sie dominieren, geografisch so weit entfernt sind. Die schlechte, amerikanisch dominierte Politik im Mittleren Osten müssen in Gestalt der Flüchtlinge nun die Europäer allein ausbaden. Bei einer Eskalation mit Russland wäre das genauso der Fall gewesen.

Entfernung macht offenbar zugleich tollkühn und liderlich.

Eine weitere Quelle fehlgeleiteter US-Außenpolitik ist – nein: war – ihre militärische, politische und ökonomische Übermacht. Wer nur ein wenig stärker ist als sein Gegenüber, der muss sehr sorgfältig vorgehen, Fehler vermeiden, weil sie sofort zur Niederlage führen könnten. Wer hingegen übermächtig ist, kann jederzeit einen Fehler durch einen noch größeren zum Verschwinden bringen. Und es dauert lange, bis man bei diesem Spiel am toten Punkt angekommen ist, im Falle der amerikanischen Politik in Nordafrika und am Golf hat es ein halbes Jahrhundert gedauert – von der Suezkrise im Jahr 1956, als die USA die Region von den Europäern gewissermaßen übernommen haben, bis zum Irakkrieg von 2003, als ihnen das Chaos vollends über den Kopf wuchs.

In seiner ersten Amtszeit hat Barack Obama sich noch zu einer Intervention in Nordafrika motivieren lassen. Die Rede ist von Libyen und von seiner damaligen Außenministerin Hillary Clinton. Die *New York Times* hat mit großem Aufwand recherchiert, wie Clinton die USA (und ihren Präsidenten) in diesen Krieg geführt hat. Das Ergebnis wurde im Februar 2016 veröffentlicht und enthält zwei wichtige Erkenntnisse. Zum einen waren die Informationen, auf deren Grundlage diese Entscheidung getroffen wurde, äußerst dürftig. Mit so wenig Wissen über die Kräfteverhältnisse in Libyen und über den Charakter der Rebellen hätte man niemals einen Regimewechsel betreiben dürfen oder hätte danach ein aufwendiges Stabilisierungsprogramm gebraucht. Zum anderen geben die Recherchen einen tiefen Einblick in das traditionelle außenpolitische Denken, das kaum jemand so lupenrein verkörpert wie eben die damalige Außenministerin. Michael Mandelbaum zitiert sie in seinem Buch *Mission Failure* so: »Amerikaner haben sich stets zu den Herausforderungen aufschwingen können, die uns gestellt waren. Das ist in unserer DNA. Dem, was wir erreichen können, sind keine Grenzen gesetzt.«[7] Wären solche Aussagen nicht durch einen lange Zeit wirkenden und aus vielen gut dotierten Thinktanks gespeisten Mythos geschützt und gedeckt, so würde man an ihrem politischen Verstand zweifeln. Clintons Motto, wiedergegeben in dem besagten Artikel der *New York Times,* lautete auf den Punkt gebracht so: »Once we have made a decision, we can't fail.«[8] Besser könnte man den selbstgerechten Wahn, das wunschgetriebene Verhältnis zur Wirklichkeit, nicht ausdrücken, das der konventionellen amerikanischen Außenpolitik seit Jahrzehnten zugrunde lag.

Wer zu mächtig ist, das zeigt sich daran, dem entgleitet leicht der Bezug zur Realität, schließlich kann er sie ja stets selbst neu schaffen. Bis zum nächsten Mal.

Das erzeugt den Raum für Ideologie oder auch für Religion. Henry Kissinger, der aufgrund einer gewissen Skrupellosigkeit in seiner Zeit als aktiver Außenpolitiker fälschlicherweise als Realist und immer noch als die Ikone des »Washington Playbooks« gilt, hat kürzlich den quasireligiösen Kern seines Denkens offengelegt. In einem Gespräch – wiederum mit Jeffrey Goldberg – reagierte er auf Obamas Abkehr von seinen Lehren. Zunächst mal unterstellt er dem Häretiker Obama Arroganz, weil Abweichung nur Anmaßung sein kann: »Meiner Meinung nach sieht sich Obama anscheinend nicht als Teil eines politischen Prozesses, sondern als ein einzigartiges Phänomen sui generis mit einzigartigen Fähigkeiten.«[9] So verächtlich spricht ein Mann über seinen Präsidenten, der sich schon Sarah Palin und Donald Trump als außenpolitischer Berater angeboten hat. Im weiteren Verlauf des Gesprächs wird dann klar, warum Obamas alternative Auffassungen nicht als Bereicherung gesehen werden dürfen, sondern als Blasphemie zu gelten haben. Goldberg stellt Kissinger eine Frage, die selbst schon von Weihrauch umweht zu sein scheint:

»Was sind Amerikas dauerhafte, ewige Interessen?«

»Ich würde als Erstes sagen, dass wir den Glauben in uns selbst haben müssen. Das ist die absolute Voraussetzung.«[10]

Die Frage nach dem Interesse wird hier also so beantwortet: Die amerikanische Außenpolitik dient zuallererst dazu, sich selbst stark zu fühlen.

Dass dies keineswegs dahergesagt ist, zeigte schon Kissingers Handeln als außenpolitischer Chefberater von Präsident Richard Nixon. Obwohl Kissinger genau wusste, dass der Vietnamkrieg nicht zu gewinnen war, rannte er einem Gespenst hinterher, das da lautete: Diese Niederlage darf erst eintreten, wenn sie allein den Südvietnamesen angelastet würde. Dieser völlig unrealistischen Idee einer Niederlage ohne Niederlage, eines gesichtswahrenden Ausgangs, wurden in der Folge Zehntausende Vietnamesen, Kambodschaner und auch amerikanische Soldaten geopfert. Kissingers Politik diente weder den Vietnamesen noch den GIs, ja nicht einmal einem militärischen Erfolg, sondern nur sich selbst – Stärke zeigen sogar da, wo keine Stärke mehr ist.

Wenn das die ideologischen Voraussetzungen sind, muss man sich über die langfristig bescheidenen Ergebnisse bei steil ansteigenden Kosten nicht wundern. Darum auch spottete Obama so über die Kissinger-Haltung: »Anders als Kissinger werde ich nicht auf jemanden Bomben schmeißen, um zu beweisen, dass ich gewillt bin, auf ihn Bomben zu schmeißen.«[11]

Bei allem Spott sollte allerdings nicht übersehen werden, dass die amerikanische Sonderstellung, der Exzeptionalismus, eine der großen geschichtsmächtigen Erzählungen des vergangenen Jahrhunderts war – so machtvoll, dass mitunter vergessen wurde, dass es sich überhaupt um eine Erzählung, um verdichtete, mitunter erdichtete Geschichte handelt. Adam Tooze hat in seinem Buch *Sintflut* über die Phase von 1916 bis 1931 darauf hingewiesen, »dass Amerikas eigener Eintritt in die Moderne, der von den meisten Darstellungen der internationalen Politik des 20. Jahrhunderts als problemlos dargestellt wird, genauso gewaltsam, verwirrend und zwiespältig verlief wie der aller anderen Staaten im Weltsystem.«[12] Gleichwohl blieb im kollektiven Gedächtnis das Bild von der einzigartigen, zivilisatorisch immer höher strebenden USA haften. Warum? Auch hier gibt Tooze einen Hinweis: »Als dieses amerikanische Gefühl der Auserwähltheit gepaart wurde mit massiver Macht, wie es nach 1945 der Fall war, wurde daraus eine wahrhaft weltverändernde Kraft.«[13]

Die amerikanische Außenpolitik entwickelte sich seither jedoch mehr und mehr zu einem sich selbst dienenden System, ideologisch, elitär, realitätsfern und äußerst ineffizient – bis zur zweiten Amtszeit von Barack Obama. Dennoch war sie wegen der Übermacht der USA lange Zeit stark genug, den Westen zu dominieren, Alternativen gab es anscheinend nur innerhalb des geschlossenen Systems, nicht aber zum System. Diese Hegemonie endete zunächst außen, als Deutschland und Frankreich sich weigerten, in den Irakkrieg zu ziehen, dann, mit Obama, auch im Inneren.

Mit Donald Trump regiert nun schon der zweite Präsident in Folge, der die klassische Außenpolitik seines Landes mehr oder weniger verachtet. Und wenn zwei so gegensätzliche Typen wie Trump und Obama zu einem ähnlichen Schluss kommen, dann einfach, weil das Prinzip, Fehler durch größere Fehler zum Verschwinden zu bringen, nicht mehr trägt, anscheinend ist es an seine moralischen, militärischen und nicht zuletzt finanziellen Grenzen gekommen.

Barack Obama hat es allerdings nicht verstanden, eine neue amerikanische Außenpolitik zu entwickeln, wahrscheinlich ist das nach 70 Jahren Pfadabhängigkeit auch zu viel verlangt. Im Gespräch mit Goldberg jedenfalls endet seine Analyse mit lauter Enttäuschungen. Der Präsident ist von Europa enttäuscht und von den Arabern, aber natürlich auch von den Russen. Letztere hat Obama übrigens immer kleinzureden versucht, um die Obsession vieler amerikanischer Außenpolitiker zu konterkarieren, die Russland wieder, wie schon die Sowjetunion im Kalten Krieg, als das große böse Gegenüber ansehen. Mit dieser demonstrativen Herablassung hat er die russische Wut indes nur vergrößert. Und für waffenstarrende Wut reicht die Kraft des Kreml allemal noch.

Michael Mandelbaum, außenpolitischer Vordenker von der Hopkins-Universität in Washington, veröffentlichte im vergangenen Jahr die schon zitierte große Abrechnung mit der amerikanischen Außenpolitik in der Phase nach dem Kalten Krieg. *Mission Failure* handelt von all den fehlgeleiteten Idealismen, den Ungenauigkeiten und Besessenheiten der Jahre 1989 bis 2015. Mandelbaum seziert das alles vom Standpunkt eines Ultrarealisten aus, darin Barack Obama nicht unähnlich. Allerdings begnügt er sich bei der Frage nach den künftigen Perspektiven nicht damit, enttäuscht zu sein, sondern entwirft zwei auf den ersten Blick gegensätzliche Konzepte. Zum einen begrüßt er es, dass mit China wieder ein echter Gegner da ist, der Amerikas Außenpolitik noch einmal eine Richtung geben kann und sie aus der Phase hochherziger Überhebung befreit.

Zum anderen schlägt der harte Machtpolitiker Mandelbaum für den Mittleren Osten vor, die Architektur der Region zu verändern, indem man sich darauf konzentriert, vorsichtig kulturelle und politische Entwicklungen zu fördern, er nennt es »Gardening«. Genau dafür jedoch, für bescheidene, minimalinvasive, geduldige Mitgestaltung ist die amerikanische Politik bislang nicht gebaut (und es sieht nicht wirklich danach aus, als wäre Trump ein weltpolitischer Gärtner …). Die Methode beschreibt eher das, was Europa tun könnte. Zumal die Europäer eben die Nachbarn sind und bei Weitem nicht über das Übermacht-Portfolio der Amerikaner verfügen.

Für eine eigene strategische Nachbarschaftspolitik mit eigenen Zielen und Methoden müssten sich die Europäer jedoch zuerst aus der geistigen Hegemonie amerikanischer Außenpolitik befreien. Man sollte nicht glauben, dass das von allein passiert, nur weil Washington selbst einen Wechsel vornimmt. Ideologien haben ein Eigenleben, sie sind zäh. Und es liegt ja auch ein gewisser, wenn auch schaler Trost in der Vorstellung, dass die Amerikaner sich irgendwann beruhigen werden und sich dann wieder wie eh und je um die Nachbarschaftsprobleme der Europäer im Süden und im Osten kümmern. Das wird zwar aller Voraussicht nach nicht geschehen – und es wäre auch fraglich, ob man sich das nach den Erfahrungen der letzten Zeit wünschen soll –, aber es erspart einem noch für eine Weile die Zumutungen eigener Politik.

Wahrscheinlich gibt es kein Land auf der Erde, das so an die amerikanische Suprematie glaubt, das ihren Führungsanspruch so verinnerlicht hat wie Deutschland. Selbst der deutsche Antiamerikanismus ist in der Vorstellung befangen, dass die USA die Nation sind, die alles zum Guten fügen könnte, stattdessen aber leider das Gegenteil tut. In der politischen Klasse der Bundesrepublik dominieren allerdings nicht die passionierten Gegner der USA, sondern seine besten Freunde, die sogenannten Atlantiker. Ihr Weltbild leitet sich historisch ab und fußt auf folgendem Gedankengang: Deutschland ist ein stets gefährdetes und latent gefährliches Land. Diese deutsche Krankheit kann von Europa allein nicht völlig geheilt werden, schließlich hat der Kontinent bei dieser Aufgabe schon zweimal versagt. Dann mussten die Amerikaner den dunklen Kontinent retten, und auch heute garantieren nur sie europäische Stabilität und den Bestand der Demokratien. Die zivilisatorische Überlegenheit wirkt sich auch technologisch und kulturell aus, weswegen die Atlantiker stets behaupteten, alles, was in den USA passiere, geschehe wenige Jahre später auch bei uns. Bei dieser Überlegenheitsideologie handelte es sich jedoch nie nur um ein Weltbild, sie war stets auch ein politisches und publizistisches Geschäftsmodell. Die Suprematie der USA garantierte selbstredend auch eine starke Stellung seiner besten Kenner und gläubigsten Anhänger in der deutschen Debatte. In ihren Artikeln und Aufsätzen ist denn auch stets von einem Deutschland (und Europa) die Rede, das endlich erwachsen werden, Lektionen lernen und Realitäten zur Kenntnis nehmen müsse. Tatsächlich allerdings geht es nicht um Realismus, sondern um die Akzeptanz der häufig illusionären US-Außenpolitik.

Bevor ausführlicher von den deutschen Atlantikern die Rede sein soll, muss hier der Transparenz halber meine eigene Geschichte kurz skizziert werden. Zwar gehörte ich nie zur Gemeinschaft der Atlantiker, beeinflusst war ich von diesem Denken aber schon. So fand ich es nach 9/11 legitim und plausibel, dass die USA in Afghanistan einmarschiert sind und dabei von der Bundesregierung unterstützt wurden. Auch heute würde ich diese Intervention nicht als völlig sinnlos interpretieren, sondern als die bittere Erfahrung, die vielleicht nötig war, um zu sehen, dass Terrorbekämpfung und Systemwechsel durch Kriege keine gute Idee sind. Als sich beim Irakkrieg die Deutschen und die Amerikaner erstmals seit dem Weltkrieg gegeneinanderstellten, hat mich das tief verstört, mehr, das muss ich gestehen, als die Bedenken, die ich gegen diesen Krieg hegte. Ich fürchtete mich viel zu sehr vor dem Weg, der damals begann, der Emanzipation Deutschlands von der amerikanischen Außenpolitik. Heute sehe ich eher den Segen in dem Heroismus des rot-grünen Neins, damals sah ich die Gefahren.

Was mich hat umdenken lassen, das waren die Hunderte von Stunden, die ich zwischen 2003 und 2013 wegen der Fußball-Leidenschaft meines Sohnes am Rande von Berliner Fußballplätzen zugebracht habe. Über die Stange gelehnt hatten wir Fußballväter und -mütter eine Menge Zeit, über alles Mögliche zu reden. Auch über Politik. Immer wenn es um das Handeln des Westens vor allem im Nahen Osten ging, fühlte ich mich berufen, diese Politik zu verteidigen. Schon weil die anderen, so verschieden sie sonst waren, geschlossen dagegen waren: der Ägypter, der Algerier, der Libanese, der Omani, die Türken. Sie waren Taxifahrer, Fabrikarbeiter, Botschaftsmitarbeiter oder Dönerbudenbesitzer, und sie waren alle empört über »den Westen«, keiner nahm mir auch nur eines meiner Argumente ab. In einigen Fragen blieb ich standhaft, immer dann, wenn es gegen Israel ging oder um die Mitschuld der Araber an ihrer eigenen Misere, auch beim Islamismus. Dennoch merkte ich, dass diese Mittelostpolitik nur in einem kleinen Zirkel von atlantisch beeinflussten Außenpolitikern plausibel erscheinen konnte, hier draußen, in der wirklichen Welt, war sie chancenlos. Übrigens auch bei den deutschen Fußballeltern.

Im Laufe der Zeit lösten sich meine Befürchtungen auf, was eine gegenüber den USA eigenständige deutsche Außenpolitik angeht. Insofern traf es mich nicht unvorbereitet, was in den Jahren 2015 und 2016 geschah. Zunächst ließen die Amerikaner unter Führung von Barack Obama die Europäer mit den von ihnen an vorderster Stelle zu verantwortenden Flüchtlingen allein. Im Jahr darauf zeichnete sich im US-Wahlkampf ab, dass dort entweder wieder eine übertriebene fahrlässige Interventionspolitik obsiegen würde (Clinton) – oder aber, dass die Politik von Obama, die Europäer mit ihren Nachbarschaftskonflikten mehr und mehr alleinzulassen, noch brutalisiert würde (Trump).

In dieser Phase traf ich den oben schon einmal zitierten Adam Tooze in einem alten Berliner Café. Durch sein Buch *Sintflut* war ich auf ihn aufmerksam geworden. Und nun saßen wir im Sommer 2016 da und sprachen über ein Europa und ein Deutschland ohne die USA. Adam Tooze ist eigentlich Brite, hat seine Jugend aber in Deutschland verbracht und lehrt jetzt in den USA. Vielleicht ist es diese dreifache Identität, die ihm seine präzise Leichtigkeit bei dem Thema gab. Die politische Klasse in Deutschland zumindest würde ihm bis heute in seinen Überlegungen nicht folgen: Ökonomisch, so meinte er, ist Europa ohnehin sehr stark, vor allem Deutschland könnte ohne Weiteres auch allein gegen Russland bestehen. Aber, so wandte ich gleich ein, militärisch? Auch da könne die EU, wenn sie denn wolle, auf eigenen Füßen stehen. Und die Atomwaffen? Da würden die britischen und französischen wohl ausreichen. Ich konnte ihm nicht in allem zustimmen, und doch markierte dieses Gespräch für mich einen politisch-biografischen Wendepunkt, sozusagen das geistige Ende meiner Nachkriegszeit.

Für die deutschen Atlantiker mit ihrem Überich in Übersee hingegen war 2016 ein traumatisches Jahr, weil da ein Mann auf die Bühne trat, an den sich keinerlei Suprematie mehr würde heften lassen. Deswegen behaupteten die Atlantiker auch durchweg, dass so einer in dem gesunden amerikanischen System niemals Präsidentschaftskandidat der Republikaner werden könne. Und erst recht niemals Präsident werden könne. Als es dann doch etwas anders kam, zeigten sich die Vertreter amerikanischer Suprematie nicht etwa zerknirscht, sondern sagten sogleich voraus, dass die checks and balances (jene Mechanismen also, die schon Trumps Kandidatur und seinen Sieg hätten verhindern sollen) umgehend dafür sorgen würden, dass der Mann zur Vernunft kommt, wenn er erst im Amt ist. Mit ungebrochener Chuzpe wurden wieder Noten an europäische Politiker verteilt, die sich kritisch gegenüber Trump geäußert oder ihn auch nur an die westlichen Werte erinnert hatten.

Letzteres tat etwa Angela Merkel, was für das atlantische Weltbild einer Revolution gleichkam: Die deutsche Bundeskanzlerin mahnte den amerikanischen Präsidenten, die demokratische Façon zu wahren! Unerhört, die Nachkriegsgeschichte steht auf dem Kopf.

Dies und die Vorstellung, dass es eine Welt, einen

Westen, geben könnte, in dem die Amerikaner ihren Führungsanspruch verwirkt haben, bringt viele Atlantiker schier um den Verstand. Richard Herzinger etwa macht sich am 17. Januar in der transatlantisch geprägten *Welt* Luft: »Es gilt zu begreifen, dass die Nachkriegsdemokratie Europas im Wesentlichen eine amerikanische Idee und ihre Realisierung konstitutiv der Präsenz der USA auf dem Kontinent geschuldet war. Bis heute steht und fällt das Projekt eines geeinten, demokratischen Europa damit, dass die USA ein integraler Teil von ihm ist.«[14] Ein wenig apokalyptisch wirkt das: Wenn Amerika schwankt, muss auch Europa fallen, wenn Vater auszieht, bringe ich mich um. Zurzeit kann man jedenfalls nur hoffen, dass das außen- wie innenpolitisch in einer tiefen Krise steckende Trump-Amerika gerade kein integraler Bestandteil Europas sein wird. Ganz abgesehen davon zeigt sich der neue amerikanische Präsident eher daran interessiert, dass Europa sich desintegriert, weswegen er zu den separatistischen und autoritären Kräften auf dem alten Kontinent besonders gute Kontakte pflegt.

Als letzte argumentative Rückzugsmöglichkeit stellen deutsche Atlantiker gern die Frage, ob eine Welt unter amerikanischer Führung denn nicht doch besser sei als eine ohne. Allerdings stellt sich die Frage unglücklicherweise gar nicht, denn es waren ja nicht die Europäer, die diesen strategischen Rückzug beschlossen haben, es waren nicht die Europäer, die Amerikas Demokratie in die

Systemkrise gestürzt haben. Es sind eben nur die Europäer, die damit jetzt fertigwerden müssen – weitgehend auf sich selbst gestellt.

So ist ein Weltbild, in dem die USA unverrückbar an der Spitze stehen und stehen sollen, heute nicht mehr haltbar. Allerdings ist auch hier nicht so schnell ein neues zur Hand, nicht zuletzt, weil große Teile derer, die hierzulande über Außenpolitik schreiben und forschen, fest im traditionellen amerikanischen Denken verankert, viele sogar immer noch in transatlantischen Lobbyorganisationen und Thinktanks organisiert sind. Um eine weder proamerikanische noch antiamerikanische, sondern schlicht postamerikanische Politik entwickeln zu können, müsste sich die deutsche politische Klasse also aus ihrer jahrzehntealten Gewohnheit lösen, nach Westen hin *auf*zublicken. Da oben ist nichts mehr.

Für Deutsche ist das leichter gesagt als getan. Wer die tiefe seelische Beziehung zu den USA nicht begreift, wird sich aus dieser Klammer nur schwer lösen können. (Für die Jüngeren gilt das übrigens nicht, sie fühlen die Schwere des Deutschseins viel weniger, ihr Verhältnis zu den USA ist von vornherein freier.) Keines seiner zahlreichen Nachbarländer hat Nachkriegsdeutschland so geprägt wie die Freunde jenseits des Atlantiks. Die USA haben das Land befreit, gerettet, erzogen und unterstützt, sie haben den Deutschen den Weg gewiesen aus größter Schande und verdienter Niederlage. Deutschland durfte und musste sich um seiner selbst willen den

USA anverwandeln, ihnen ähnlicher werden. Das Erste also, was Deutschland in seinem Verhältnis zu den USA prägt, ist Dankbarkeit. Die gilt in gewisser Weise ewig, wurde aber noch mal erneuert und vertieft, als es Ende der 80er-Jahre wiederum die Amerikaner waren, die den Weg zur deutschen Einheit erleichtert haben, viele europäische Nationen haben mehr oder weniger heimlich dagegen gearbeitet. Dankbarkeit ist ohne Zweifel eine angemessene Haltung – aber eine, die heute keine politische Orientierung mehr bietet.

Außenpolitisch haben die USA Deutschland noch weit über die Einheit hinausgeführt. Ausgerechnet dem stärksten europäischen Land blieb die volle Last internationaler Verantwortung lange erspart, die Grundlinien der deutschen Außenpolitik gegenüber der Sowjetunion, später Russland, wie auch im Mittleren Osten ließ man sich von den Amerikanern – nein, nicht vorschreiben, sondern – vorzeichnen, so viel Zwang war in alldem gar nicht enthalten. Gewisse Abweichungen blieben möglich; selbst Maßstäbe setzen, das konnte und brauchte Deutschland nicht. Deutsche Vergangenheit und amerikanische Betreuung setzten dem außenpolitischen Denken hierzulande Grenzen der Fantasie und der Verantwortung, das hatte etwas sanft Entmündigendes, aber auch etwas Entlastendes.

Es läge nahe, die Entwicklung in diesem Jahrhundert als einen Prozess der Emanzipation zu interpretieren, aber das wäre zu pathetisch und in gewisser Weise auch falsch. Denn der Prozess der Entfremdung und Loslösung ging nicht von Deutschland aus, sondern von den USA. Deutschland zog nicht zu Hause aus, es wurde vor die Tür gesetzt. Das Bild von der Emanzipation oder eben der Zwangsverwaisung verdeckt allerdings eine viel tiefere Entwicklung der letzten Jahrzehnte, eine seelische Entfremdung. Sie rührt von den gegensätzlichen Antriebskräften der beiden Nationen her. Deutschland hat sich seit 1945 aus seiner Sünde heraus entwickelt oder von ihr weg. Auschwitz – und alles, was damit zusammenhängt –, das war der schwarze Leuchtturm, von dem sich das Land mit aller Kraft entfernen wollte und entfernt hat. Auch für die Amerikaner ist 1945 ein prägendes Jahr, eine wesentliche Quelle ihrer Identität und ihrer Erzählung von sich selbst, nur eben umgekehrt. Sie definieren sich nicht aus einer Schande, sondern aus einer Heldentat.

Können die tiefsten Entwicklungswege von zwei Völkern verschiedener sein? Und weil die Geschichte selten gerecht ist, aber immer dialektisch, kann man heute sogar die Frage stellen, was auf Dauer besser ist, Heldentat abwärts oder Schande aufwärts. Was beispielsweise haben die USA gelernt aus dem richtigen, legitimen und heldenhaften, dem vielleicht wirklich menschheitsrettenden Krieg gegen Hitler-Deutschland? Sie haben seither eine solche Menge sinnloser, falscher, verheerender, illegitimer Kriege geführt, dass man darüber weinen könnte – Korea, Vietnam, Afghanistan, Irak –, und auf der anderen Seite so wenige, die gerecht oder wenigstens gerechtfertigt waren, vielleicht Bosnien und der erste Irakkrieg.

Wieder und wieder haben die Amerikaner ihren jeweiligen Gegnern oder Feinden die Maske des absolut Bösen aufgesetzt und damit ihre eigene Analyse korrumpiert, sei es in der McCarthy-Ära mit ihrem ins Wahnhafte tendierenden Antikommunismus, sei es die willkürlich zusammengestellten »Schurkenstaaten«, sei es der wenig erklärende, aber alles legitimierende Kampfbegriff »Islamofaschismus«.

Zu ihrem eigenen Unglück und zum Schaden aller anderen haben die Lehren aus dem Zweiten Weltkrieg Amerika immer wieder auf die falsche Fährte und zu Pyrrhussiegen geführt. Auch die zahlreichen mit Waffengewalt erzwungenen Regierungswechsel haben nicht noch einmal so gute Ergebnisse gezeitigt, wie das bei Deutschland und Japan nach dem Krieg der Fall war.

Doch wirkte die Heldentat des Zweiten Weltkriegs auch nach innen nicht durchgehend positiv. Kein anderes Land verfügt über eine so anrührende, wirkungsvolle, mitunter erhabene Selbstverheldungsmaschinerie wie die USA. Mittlerweile scheint das Land unter diesem Druck mürbe geworden zu sein. Man erkennt es an dem Niedergang der öffentlichen Präsidentenbilder: Selbst Ronald Reagan war noch ein echter Heldentypus und Heldendarsteller, wenn auch nicht nach europäischem Geschmack. Sogar George W. Bush konnte zwischenzeitlich durch die Größe seiner (fehlgeleiteten) Taten einen gewissen Eindruck machen. Nun jedoch steht jemand an der Spitze einer heldenhaften und heldenbesessenen Nation, der von vornherein mit dem Gebaren eines Schulhofschlägers Eindruck zu machen sucht.

All das ist für die Deutschen ein Schock, weil sie sich nun auf unnötig brutale Weise und in rasendem Tempo aus ihrer atlantischen Geborgenheit lösen müssen. Jetzt tritt das Unverwandte zwischen beiden Nationen hervor. Das schamgeborene Deutschland hat sich in vielen Dingen eher entgegengesetzt entwickelt, keine Helden, keine (selbst gewählten) Kriege, kein Nationalismus, wenig Prahlerei und gewiss keine Suprematie.

Die Entfremdung zwischen der stolzaversen und der stolzgetriebenen Nation führen beide nun vorerst in einen strategischen Konflikt, wie man ihn noch vor Kurzem nicht für möglich gehalten hätte: Keine zwei westlichen Politiker sind so verschieden wie Donald Trump und Angela Merkel, beide wollen auf vielen entscheidenden Feldern das glatte Gegenteil: Sie will die EU erhalten, er will sie zerstören; sie will Freihandel, er will Protektionismus; sie will Putin in Schach halten, er will ihn am liebsten umarmen oder übertreffen oder besiegen; er verhält sich wie ein Macho, sie agiert sachlich und bescheiden; er will allen seinen Willen aufzwingen, sie will alle verstehen; sie bedenkt das Ende, ihn bestimmt der Impuls.

Das ist der Stand der Dinge: ein neuer Aggregatzustand, das Ende der Nachkriegsordnung. Zeit, auch das eigene Land, dieses merkwürdige Deutschland, besser zu verstehen.

Deutschland – ein Land wie keines, so schön, so seltsam

Das Bild, das die Deutschen von sich selbst und von ihrer Rolle in der Welt derzeit haben, ist, vorsichtig gesprochen, ungenau. Ehrlicher gesagt: verquer.

Man muss das verstehen, es ging auch alles viel zu schnell. Eben noch war das Land ein Freigänger der Geschichte, leidlich respektiert, aber immer noch auf Bewährung unterwegs. Es war beispielsweise auf eine sehr merkwürdige Art pazifistisch, noch beim Bosnienkrieg (1992–95) hielt sich Deutschland mit der Begründung heraus, dass nie wieder deutsche Militärstiefel da marschieren sollten, wo sie unter Hitler schon einmal waren. Wiewohl nicht recht plausibel ist, dass man nicht ein halbes Jahrhundert nach einem verbrecherischen Krieg an einem Militäreinsatz gegen einen verbrecherischen Angriff teilnehmen kann. In den Kosovokrieg wurden die Deutschen, vor allem die Grünen unter ihnen, dann vom damaligen Außenminister Joschka Fischer mit der moralischen Brechstange hineingezwungen. Er behauptete, dieser Einsatz gegen ethnische Säuberungen sei als »Lehre aus Auschwitz« zu verstehen, was völlig übertrieben war. So oder so: Erst 1998 wurde mit der Kosovokrise Krieg überhaupt wieder zu einer Kategorie für Deutschland.

Wenige Jahre später verweigerte sich eine deutsche Regierung erstmals einem dringlichen, einem geradezu ultimativ und mit unterschwelligen Drohungen vorgetragenen Begehren aus Washington und trat der Koalition für eine Invasion in den Irak nicht bei, dabei schielte man in Berlin unablässig nach Paris, innig hoffend, dass Deutschland am Ende nicht allein dastünde. Was auch klappte.

Nur ein paar Jahre später flog ein anderes Tabu auf. Stets hatte die Bundesrepublik versucht, in Europa nicht allzu offen Führung zu zeigen, doch als die EU ab dem Jahr 2010 in ihre Währungskrise schlitterte und Frankreich ökonomisch angeschlagen war, trat die deutsche Regierung plötzlich und widerwillig als ausschlaggebende europäische Macht in Erscheinung. Der Effekt verstärkte sich im März 2014 ein weiteres Mal, nachdem Russland die Krim annektiert hatte. Die westlichen Gegenmaßnahmen wurden von Deutschland dirigiert, Angela Merkel mutierte bei den Verhandlungen mit Putin nicht nur zur europäischen, sondern gleich zur Anführerin des gesamten Westens, auch Barack Obama vertraute ihr dabei.

Mit Euro- und Ukrainekrise machten die Deutschen eine bestürzende neue Erfahrung, sie waren plötzlich wieder unbeliebt, jedenfalls bei vielen internationalen

Medien. Führende deutsche Politiker wurden mit Nazisymbolen behaftet oder in entsprechenden Uniformen gezeigt. Die deutsche Öffentlichkeit beruhigte sich notdürftig damit, dass Deutschland nun eben »das Amerika Europas« sei, die Nation also, von der alles erwartet wird, auf die man aber auch alles schieben kann. Auch das ist ein Preis, den jeder Hegemon zu zahlen hat, selbst ein unfreiwilliger.

Kaum aber hatte Deutschland den Gedanken auch nur ansatzweise gefasst, eine unverhüllte Führungsmacht sein zu wollen, da verließen die Amerikaner Europa, indem sie Donald Trump zum Präsidenten wählten. Und Angela Merkel galt plötzlich als die einzige Hoffnung des Westens, Deutschland avancierte für viele zur letzten Zuflucht der Demokratie. Vom Paria zum Primus binnen siebzig Jahren – die Nachkriegsgeschichte verkehrte sich in ihr Gegenteil.

Das war denn doch ein bisschen viel auf einmal.

Und natürlich auch in der Sache herzhaft übertrieben, solche Erwartungen konnte Deutschland niemals erfüllen, die Befürchtungen auch nicht. Dennoch hatte all das einen realen Kern. Deutschland hatte in recht kurzer Zeit ganz wesentliche Maßstäbe seines außenpolitischen Handelns, aber auch wesentliche Kriterien für die Bewertung seiner selbst verloren. Internationale Politik ausschließlich im westlichen Verbund, mindestens aber aufgehoben in der EU, allerwenigstens schließlich im deutsch-französischen Synchronschwimmen zu machen – das ging nun nicht mehr. Erst mal schauen, was die anderen tun, hat wenig Sinn, wenn zunächst mal alle schauen, was Deutschland macht.

Dabei waren diese außenpolitischen Maßstäbe stets auch innenpolitische Gradmesser. Wir haben das bei Heinrich August Winkler gesehen, für den nach wie vor jede Abweichung von den USA nur gefährlich sein kann. Bloß sagt der Grad deutscher Verwestlichung nichts mehr über den Stand deutscher Zivilisation aus, wenn die jahrzehntelange westliche Führungsmacht plötzlich selbst die demokratische Fassung verliert. Und die EU, das schützende Gehäuse, befindet sich in einer existenziellen Krise, die sie nur überstehen kann, wenn Berlin endlich öffentlich formuliert, was für ein Europa es denn will. Die EU schützt Deutschland vor nichts mehr, sie braucht selbst Schutz.

Und Frankreich? Als ich kurz nach der deutschen Einheit im Berliner *Tagesspiegel* einen Kommentar schrieb, der die Bundesregierung mahnte, jetzt nicht arrogant zu werden, sondern Rücksicht zu nehmen auf die kleineren Nachbarn wie zum Beispiel Frankreich, brachte mir das umgehend eine Essenseinladung des französischen Botschafters ein. Das Essen war hervorragend, das Gespräch sehr unbequem, man war – zu Recht – pikiert über die Formulierung »kleinerer Nachbar«. Heute hingegen kreist die innenpolitische Debatte unseres großen Nachbarn darum, wie deutsch das Land denn nun werden oder ob man sich, umgekehrt, von deutscher Dominanz befreien müsse.

Dieser Wandel ist für die Deutschen deshalb so fundamental, weil sie den Maßstab ihres eigenen Handelns nicht mehr außerhalb, sondern in sich selbst finden müssen, in *ihrer* Geschichte, in *ihren* Prinzipien, in *ihren* Diskursen, in *ihren* Institutionen, in *ihren* Führungsfiguren. Ja, Führung.

Leicht wird das den Deutschen mit ihrer tief eingeschriebenen Skepsis gegen sich selbst sowieso nicht fallen, jetzt aber kommt noch eine besondere Herausforderung hinzu: Da die Rolle Deutschlands sich gerade so radikal wandelt, muss praktisch die ganze Nachkriegsgeschichte noch einmal neu gelesen werden. Neben die immer währende Frage – Wie weit haben wir uns von 1945 entfernt? – tritt eine zweite, noch dringlichere: Hat uns die Zeit nach 1945 befähigt, die führende demokratische Nation Europas zu sein?

Jahrzehntelang existierte vornehmlich unter deutschen Linken ein tiefer Vorbehalt gegen die eigene Bevölkerung. Stets hatte man die Mehrheit im Verdacht, das Gen des Untertanen – eigentlich das des Nazis – noch in sich zu tragen. Eine in der frühen Nachkriegszeit übrigens durchaus berechtigte Skepsis. Drohend hallte jahrzehntelang das Diktum des Psychoanalytikerpaares Mitscherlich aus den 60ern von der »Wiederkehr des Verdrängten« nach. Verführerisch selbstgerecht und angenehm elitär klang das beim DDR-Dramatiker

Heiner Müller: »Natürlich sind zehn Deutsche dümmer als fünf Deutsche.«

Mit den Mitscherlichs und Heiner Müller ist denn auch das Demokratieproblem der deutschen Linken ganz gut auf den Punkt gebracht. Denn wenn die Mehrheit der Deutschen latent faschistisch ist, wenn sie umso dümmer sind, je mehr sie sind, dann ist natürlich auch die Demokratie in Deutschland eine höchst heikle Angelegenheit. So blieb die Linke immer in dem Paradox befangen, dass sie zwar für die Demokratie war, weil die das Gegenteil von Faschismus ist, aber auch gegen die Mehrheit, weil es sich um eine Mehrheit von Deutschen handelt. Darum stellten sich so viele Linke wie Günther Grass 1989/90 auch gegen die deutsche Einheit, sie hatten einfach Sorge, dass mit 80 Millionen Deutschen die kritische Masse wieder erreicht sein könnte. Sie hätten nicht spektakulärer irren können! Stattdessen brachte die Einheit eine Belebung der Republik, eine Öffnung und Liberalisierung sowie einen neuen ostdeutschen Typus von Politikern, Männer und Frauen, die bis heute die politische Kultur bereichern.

Einen ähnlichen Demokratievorbehalt gab es auch in eher konservativen Köpfen. Helmut Kohl etwa – Jahrgang 1930, selbst also schuldunfähig, Angehöriger der sogenannten skeptischen Generation – glaubte seinerseits nicht voll und ganz an die Demokratie, jedenfalls nicht in Deutschland. Als er einmal nach seinem Motiv gefragt wurde, Anfang der 90er-Jahre illegale Parteispenden angenommen zu haben, sagte Kohl zur Begründung, anders hätte er sich im Wahlkampf gegen die PDS mit ihren SED-Milliarden nicht durchsetzen können. Der am längsten amtierende Kanzler der Bundesrepublik wähnte sich also in einem außergesetzlichen Notstand, weil die Wähler ohne seine schwarzen Kassen in Scharen zu einer SED-Nachfolge-Partei gewechselt wären. Und Kohl war sicher nicht der einzige Konservative, der tiefe Zweifel am demokratischen Immunsystem seiner Landsleute hegte. Ein Blickwinkel, unter dem sich die Deutschen selbst angeschaut haben, war also stets: Wie gefährlich sind wir noch?

Die andere Perspektive deutscher Selbstbetrachtung ist die von der beschädigten Nation. Im vergangenen Jahr hatte ich zusammen mit Matthias Geis, meinem Kollegen von der *ZEIT*, ein längeres Gespräch mit Alexander Gauland, dem Vizechef der AfD. Wir drei kennen uns schon sehr lange, hatten über die Jahre viele interessante, überwiegend kontroverse Unterhaltungen, aber nicht nur. Diesmal schien fast alles strittig. Von der Flüchtlingspolitik (natürlich) über die Schwulen und das Klima bis zu der Frage, wie deutsche Kasernen benannt werden sollen – es gab fast keine Gemeinsamkeiten mehr. Es fiel uns allen nicht ganz leicht, leidlich freundlich zu bleiben.

Irgendwann kamen wir an den entscheidenden Punkt, da gewissermaßen zwei unversöhnliche Formen des Patriotismus aufeinanderprallten. Wir fragten Gauland, warum er – um Himmels willen – denn nicht stolz sei auf dieses großartige Land, das so offen und freundlich ist, dabei so verblüffend erfolgreich, sogar mächtig. Die Frage schien ihm völlig absurd, weil er Deutschland – wegen der ewigen Auschwitz-Vorwürfe – als eine unvollständige, beschädigte Nation ansieht, die nicht wie Frankreich oder Großbritannien oder die USA selbstbewusst auf die eigene Geschichte und stolz in die Welt schauen könne. Mit der Gegenfrage, ob denn die USA, Frankreich und Großbritannien mit ihrer Nationalgeschichte, die sie sich selbst als ungebrochene erzählen, sehr weit gekommen seien, konnte er nicht viel anfangen. Gaulands Beweiskette für das Theorem von der beschädigten Nation ist lang: Das Militär wird nicht richtig geehrt, geschweige denn die Veteranen, gegenüber den Flüchtlingen habe es anders als bei anderen an Härte gefehlt, deutsche Schüler würden nicht die Nationalhymne singen und stattdessen unablässig über die deutsche Schande unterrichtet. Sein niederschmetterndes und zutiefst fatalistisches Diktum lautete: »Hitler hat sehr viel mehr zerstört als die Städte und die Menschen, er hat den Deutschen das Rückgrat gebrochen, weitgehend.«

Was gar nicht in Gaulands verquältes Deutschland-Bild passt, ist der besagte Erfolg dieses Landes, wirtschaftliche Weltmacht ist es sowieso, aber auch politisch hat es so viel Einfluss, wie es seit der Gründung der Bundesrepublik noch nie hatte. An dieser Stelle erklärt sich auch der Bruch, der zwischen Alexander Gauland und uns entstanden ist: Er denkt, dass Deutschland *trotz* all der Folgen von Auschwitz einigermaßen erfolgreich ist. Wir glauben, dass Deutschland gerade *wegen* der richtigen Konsequenzen aus dem Holocaust und dem sogenannten Dritten Reich so erfolgreich und lebenswert ist. Es bleibt ein Paradox deutscher Nationalisten, dass sie zwei essenzielle Besonderheiten der Deutschen nicht zu würdigen wissen: das monströse Verbrechen und die anschließende Buß- und Heilungsgeschichte. Aus der Niederlage wurde eine Befreiung, die Befreiung erwies sich als Segen.

Das jedenfalls markiert den Gegensatz zu den Rechten wie Gauland. Der Gegensatz zu den Linken lautet: Die Deutschen sind demokratisch heute nicht mehr gefährdeter als andere Völker. Und dies nicht, weil sie erfolgreich umerzogen oder gehirngewaschen worden sind, sondern weil sie mit allen, wirklich allen Lehren aus der eigenen Vergangenheit in der Gegenwart gute Erfahrungen gemacht haben.

Ein Versuch, die deutsche Nachkriegsgeschichte gegen den Strich zu lesen:

Wer in den 60er- und 70er-Jahren groß geworden ist, der traf in seiner Jugend noch unablässig auf autoritäre Typen, Väter, Großväter, Lehrer, Ärzte, Professoren. Uns erschien das ebenso selbstverständlich wie unzumutbar. Ersteres, weil Krieg und Nazidiktatur noch nicht lange her waren, all das konnte sich schließlich noch nicht ausgewachsen haben in zwei Jahrzehnten. Unzumutbar wiederum kamen uns diese Begegnungen nicht einfach deshalb vor, weil da eine zur Freiheit drängende junge Generation auf autoritäre Menschen, meist Männer, traf, das gab es zur selben Zeit schließlich auch in Frankreich oder Großbritannien. Letztlich waren das schlichtweg Konflikte zwischen den Tugenden, die im Krieg vonnöten waren, und Bedürfnissen, die sich im Frieden herausbildeten. (So abgeklärt sahen wir es damals freilich nicht.) Für uns Deutsche kam jedoch etwas Entscheidendes hinzu: Die, die uns da gegenübertraten, waren keine Kriegshelden, es waren zumeist Mitläufer, Mittäter oder Täter. In unsichtbare Nazi- oder Wehrmachtsuniformen gehüllt, kam uns dieses Autoritäre allzu monströs vor.

Daraus erwuchsen zwei folgenreiche Fehlwahrnehmungen: Erstens: Weil das Autoritäre bei unseren kulturellen und politischen Gegnern die Spuren deutscher Vergangenheit trug, fühlten wir selbst uns immun. Besonders bei den 68ern hatte das zuweilen fatale Konsequenzen. Die antiautoritäre Bewegung trug oft selbst autoritäre Züge, nicht zufällig endeten viele 68er in autoritären K-Gruppen, manche gingen den Weg in den RAF-Terror – gewissermaßen die autoritäre Anmaßung par excellence. Zweitens: Wir waren unfähig zu erkennen, dass das Autoritäre in unserer deutschen Heimat mittlerweile weit weniger ausgeprägt war als in anderen Ländern. So viele potenzielle männliche Autoritäten kamen aus dem Krieg erst gar nicht wieder, andere waren psychisch zerstört oder physisch versehrt, die meisten aber auch moralisch leckgeschlagen. Darum waren sie, wenn man ehrlich ist, für unsereins eine relativ leichte Beute, all die Lehrer und Professoren, auch die Väter an den Wohnzimmertischen. Wir imaginierten ihre Massivität, besiegten und überlebten sie aber zugleich mit verblüffender Leichtigkeit.

Fixiert auf das »Nie wieder!« und geblendet von der Monstrosität der autoritären Minderheit, merkte das Land lange Zeit gar nicht, was mit ihm geschehen war: Binnen weniger Jahrzehnte wurde Deutschland eines der am wenigsten autoritären Länder, die es gab. Und gibt.

Das wiederum erwies sich als ungeheure Produktivkraft, weil das autoritäre Führen in Betrieben oder Schulen in einer freien, auf die Kreativität und Motivation aller angewiesenen Ökonomie eben so furchtbar ineffizient ist. Frankreich, dessen Schulen immer noch weitaus strenger, härter und frontaler sind, als das bei uns der Fall ist, leidet wirtschaftlich nicht zuletzt unter den mageren Ergebnissen dieser Erziehung, auch wenn eine sehr kleine Minderheit dann in den Elite-Unis zu Höchstleistungen gebracht wird, die sich hierzulande selten finden.

Auch dass die Deutschen eine gewisse Reserve gegenüber Eliten hegen, erklärt sich aus dem Verrat, den die Eliten einmal am Volk und an der Demokratie begangen haben. In den neoliberal inspirierten Jahren nach der Jahrhundertwende wurde unentwegt darüber geklagt, viele forderten, dass man sich endlich zur Elite bekennen müsse. Heute erweist sich diese Reserve gegenüber dem Elitären als Segen. Das amerikanische Bildungssystem mit seinen global führenden Universitäten leistet in der Breite einen sehr schlechten Dienst. Die elitäre Ausbildung, die in Frankreich und in Großbritannien auch fast alle Politiker genießen, trägt dort zur demokratiegefährdenden Entfremdung der politischen Klasse von der gewöhnlichen Bevölkerung bei. Gemessen daran sind die deutschen Politiker fast durchweg volksnah, Otto-Normal-Politiker.

Dass die autoritäre Männlichkeit geschlagen, dezimiert und demoralisiert aus dem Krieg zurückkam, dass es keine Elite-Universitäten mit alten Männerbünden gibt, die sich in peinlich-bizarren Ritualen zusammenschweißen, hat vielleicht auch dazu beigetragen, dass in Deutschland seit mittlerweile zwölf Jahren eine Frau an der Spitze steht, umgeben von – wie sie es selbst sagen – »minimalinvasiven« Männern und hocheffizienten Frauen. Anders als Maggie Thatcher ist Angela Merkel da oben auch nicht hingekommen als Mann im Quadrat, sondern als Frau.

Die nicht autoritären Gebräuche werden ergänzt durch ein föderales System, kombiniert mit einem Verhältniswahlrecht. Beides verdankt sich der Lehre, die unsere Verfassungsväter und -mütter aus dem zentralisierten Nazideutschland gezogen haben, beides zusammen führt heute dazu, dass niemand durchgreifen oder durchregieren kann. Das Kompromissemachen hört niemals auf, jeder, oder fast jeder muss mitgenommen werden, weil er sich sonst in der nächsten Runde querlegen kann.

Deutschland ist eine Stuhlkreis-Nation geworden, was sicher auch viele Nachteile hat, oft gewaltig nervt und zuweilen übertrieben wird. Doch für die nicht autoritäre Führung einer mehr als komplizierten EU und erst recht für einen zentralen Platz in der nun mit Macht heraufziehenden globalen Eins-zu-eins-Gesellschaft oder Auge-in-Auge-Gesellschaft ist das Land bestens gerüstet.

Eines der am meisten beargwöhnten Symptome deutscher Besonderheit ist das ökologische Bewusstsein. Als in den 70er-Jahren die Umweltbewegung entstand und in den 80er-Jahren die Grünen, wurde eine Menge Vergangenheitspolitisches hineingeheimnisst in dieses Phänomen: die Deutschen und der dunkle Wald, man weiß ja, wohin das geführt hat. Oder handelte es sich um eine zweite Wandervogelbewegung, die bekanntermaßen später singend in den Ersten Weltkrieg gezogen ist? Oder wurde in dieser Angst der Deutschen um die Natur nur die Angst vor der Natur des Deutschen sublimiert? Schließlich, am schlimmsten, sollte da der deutsche Boden wieder zu Ruhm und Ehre kommen? Wenn eine deutsche Besonderheit erklärt werden soll, das ist bekannt, kommen wirklich alle Mittel der vergangenheitspolitischen Vulgärpsychologie gerade recht.

Tatsächlich ist die Sache mit der Ökologie und den Deutschen gar nicht so mysteriös. Schließlich entstanden zu der Zeit in allen westlichen Industrienationen ähnliche Bewegungen. Die Frage wäre also nur, warum sie in Deutschland politisch besonders erfolgreich waren und sogar zu einer dauerhaften Kraft und mächtigen Regierungspartei aufwuchsen. Das wieder hat mit dunklem Wald so wenig zu tun wie mit Wandervogelei. Es war nur einfach so, dass für das Gros der politisch erfahrenen 68er mit Linksradikalismus nichts zu holen war, anders als beispielsweise in Frankreich und Italien, wo man auch sehr weit links stehend noch ganz gut mitmischen konnte. Der linke Rand war in Deutschland kontaminiert durch die DDR, Macht ließ sich auf diesem Weg nicht erlangen. Infolgedessen etablierte sich bei den Grünen ein – übrigens über lange Zeit hochexplosiver – Zusammenschluss von machtpolitisch und rednerisch erfahrenen Linken auf der einen und originären Umweltschützern auf der anderen Seite. Dergestalt wurden die 68er dekontaminiert und demokratisch integriert, während die Ökos eine politische Wucht bekamen, wie das kaum sonst in Europa der Fall war.

Auf diese leicht verquere Weise entwickelte sich Deutschland zum etwas ökologischeren Land, was sich dann mehr und mehr auch als ökonomisch nützlich herausstellte. Nicht zuletzt, weil sich diese nachhaltige Entwicklungsrichtung mit der deutschen Pedanterie und Gründlichkeit trefflich verband, auch das Tüfteln und der Ingenieursgeist wurden so neu belebt: Beschließt eine rot-grüne Regierung die Mülltrennung, dann trennt der Deutsche eben den Müll. Verkündet eine schwarze Kanzlerin anlässlich eines fernen Erdbebens eine Energiewende und die alsbaldige Abschaltung einiger Atomkraftwerke, dann wird eben energiegewendet. Letzteres hat zunächst zu enormen Eruptionen geführt und immense Kosten verursacht, weil die schwarz-gelbe Koalition (2009–2013) anfangs in eine andere Richtung gelenkt hatte, aber auch weil ein so gigantisches Infrastrukturprojekt nicht ohne Verluste und Kollateralirrsinn vonstattengehen kann. Doch am Ende ist auch das gelungen – und es hatte globale Nebenfolgen: Die Chinesen stiegen in das von den Deutschen befeuerte Solargeschäft ein, produzierten billiger für den eigenen Markt und exportierten schließlich in die ganze Welt. Deutschland hatte seine Avantgardefunktion erfüllt, als Öko-Hegemon gewissermaßen.

Wichtig für unseren Zusammenhang ist daran die Dialektik: Die deutsche Teilung, eine der schlimmen Folgen des Zweiten Weltkriegs, schuf in Westdeutschland den politischen Raum für eine grüne Partei, die das Land mit dem Menschheitsthema Ökologie in besonderer Weise verband, was dann am Ende auch ökonomisch innovativ wirkte.

Eines der großen Themen seit den frühen 80ern war

die Angst, die auch international so sehr zum deutschen Volkscharakter zu gehören schien, dass sie in den englischen Sprachgebrauch einwanderte: als *german angst.*

Aus heutiger Sicht stellt sich die Frage, ob Angst tatsächlich ein so prägendes Gefühl war oder ob nicht vielmehr bloß die volkspsychologischen Erklärungen für das Phänomen so wunderbar plausibel schienen, dass es das Phänomen selbst gar nicht mehr wirklich geben musste. So wurde z. B. die Friedensbewegung der frühen 80er-Jahre als ein Symptom der *german angst* gewertet. Diese Bewegung richtete sich gegen die damals neueste Drehung an der nuklearen Aufrüstungsspirale zwischen der NATO und dem Warschauer Pakt. Sie fürchtete sich tatsächlich vor dem Weltuntergang. Kein Wunder, dass die großen Volksdurchschauer darin den heimlichen Wunsch sahen, endlich auch einmal Opfer zu sein und die Angst vor sich selbst als Angst vor den Raketen umzuinterpretieren. In der Realität war es nur eben so, dass der Westen die Chance sah, die Sowjetunion militärtechnologisch in einen ruinösen Wettkampf zu zwingen. Politisch war das nachvollziehbar, am Ende sogar erfolgreich. Mordsgefährlich war es gleichwohl, denn die dazu unter anderem geplanten Mittelstreckenraketen und Marschflugkörper verfügten über eine sehr kurze Vorwarnzeit, wodurch ein Nuklearkrieg »aus Versehen« durchaus in den Bereich des Möglichen rückte. Abgesehen davon hätte jede Art von Krieg zwischen den Blöcken die alsbaldige Vernichtung Deutschlands zur Folge gehabt, das Land konnte nicht verteidigt werden, es wäre vielmehr das Schlachtfeld gewesen. Das allein hätte genügt, um die besondere deutsche Betroffenheit an dieser Stelle zu erklären. Aber Geografie ist vielleicht weniger spannend als Massenpsychologie.

Selbstverständlich kann man die Frage stellen, warum eine Mehrheit der Deutschen damals Angst hatte. Angesichts der genannten Umstände wäre aber auch die Frage erlaubt: Warum nicht? Dass die Sache gut ausgegangen ist, täuscht ein wenig darüber hinweg, wie gefährlich die Lage wirklich war.

Doch einmal angenommen, es hat die *german angst* wirklich gegeben, so muss man sich heute die Frage stellen, wo sie denn wohl geblieben ist.

Als der Euro in die Krise kam, erwarteten viele, dass die Deutschen, auch angesichts ihrer Fixierung auf eine starke Währung, nervös und ängstlich würden. Das Gegenteil ist passiert. Die Deutschen haben den Euro durch Konsum gerettet. Wären die Deutschen damals für ein paar Monate signifikant weniger in die Geschäfte oder auffällig oft zum Geldautomaten gegangen, so wäre die EU heute an einem ganz anderen Punkt. German Coolness.

Das Gleiche passierte bei der russischen Annexion der Krim – nämlich nichts. Und als die Flüchtlinge kamen – relativ zur Größe des Ereignisses: wenig. Und dann dachten wieder alle, wenn Deutschland mal einen »richtigen« Terroranschlag erlebt, dann kippt das Land.

Der passierte dann kurz vor Weihnachten 2016 und die Deutschen wurden traurig, blieben jedoch gelassen, und das, obwohl sie ein ähnliches Ventil wie die Franzosen nicht haben, sie können und wollen ihre Bomber nicht irgendwohin schicken, um zu zeigen, wie entschlossen sie sind.

Das muss alles nicht so bleiben, natürlich nicht. Dennoch zeigt sich hier ein ganz anderes Volk, als man es sich ausgemalt hatte.

Zum deutschen Wesen soll angeblich auch das Schwanken zwischen den Extremen gehören, ihre Unfähigkeit, ohne Hilfe von außen zur Mitte zu finden. Diese Einschätzung, um nicht zu sagen, dieses Ressentiment, bildet auch einen integralen Bestandteil der Theorie vom gefährdeten Volk in einem verfluchten Kontinent, der ohne die Amerikaner nicht auskommt. Aber stimmt das überhaupt? Ist Deutschland nicht vielmehr ein Hort der Stabilität und der Kontinuität, und zwar umso mehr, je weniger andere Mächte sich um uns kümmern können oder wollen? Die Menschen haben ihre Normalität verteidigt, als täglich Meldungen über das Ende des Euro auf den Titelseiten auftauchten. Die deutsche Regierung hat die Mitte gehalten zwischen Eskalation und Resignation, als erstmals seit dem Zweiten Weltkrieg wieder gewaltsam Grenzen verschoben wurden.

Und jetzt, da ganz Amerika und halb Europa von einer autoritären Welle geflutet wird, wo steht da

Deutschland? Es ist so typisch deutsch, dass hierzulande immerzu gefragt wird, wie um Himmels willen die AfD so stark werden konnte. Was haben wir bloß falsch gemacht?! Das ist eine nützliche Frage, weil sie auf eine bessere und klügere Politik der etablierten Parteien zielt. Analytisch allerdings ist die Frage falsch gestellt, richtig müsste sie lauten: Wieso ist die AfD so schwach? Was läuft da alles richtig, dass in dem Land, das die meisten Flüchtlinge aufgenommen hat, die Rechtspopulisten schwächer sind als in Frankreich, Österreich oder den Niederlanden? Bislang hält Deutschland die Mitte ganz gut, das muss auch so sein, weil es die Mitte Europas ist.

Ja, Deutschland ist ein seltsames Land, wahrscheinlich sogar seltsamer als die meisten anderen seltsamen Länder auf der Welt: stolz darauf, nicht stolz zu sein, darauf muss man erst einmal kommen. Sparsam im Umgang mit den nationalen Symbolen, lässig und pedantisch, mürrisch und menschlich, froh mit der deutschen Sprache. Mit einer im internationalen Maßstab wenig brillanten, dafür aber ungewöhnlich unkorrupten politischen Klasse, gesegnet mit einer Medienlandschaft, die andere sich wünschen würden. Seltsam alles, aber nicht so übel.

Es wurde immer gesagt, dass es für Einwanderer besonders schwierig sei, sich in Deutschland zu integrieren, weil das Land keine klare Identität habe, keine Symbole, die auch nur annähernd so griffig wären, wie sie es in den USA, Großbritannien oder Frankreich sind. Etwas Wahres mag daran sein, tatsächlich ist es leichter, in Deutschland zu leben, als ein Deutscher zu sein. Gleichwohl kann man sich fragen, ob eine diffusere, weniger hoch aufgerichtete Identität nicht auch zugänglicher und der Zugang dann haltbarer sein kann als in den genannten Ländern. Die laborieren zurzeit alle daran, ihre stolze Identität mit den akuten Miseren zu versöhnen, und wenden sich zugleich gegen die Einwanderer. Gefühlte Schwäche erzeugt böse Gefühle.

Das Bild, das hier von Deutschland gezeichnet wird, ist selbstverständlich zu positiv, auf einige wichtige Zweifel und Rückfragen werden wir denn auch noch zu sprechen kommen. Besonders schmerzhaft nagt der Zweifel bei einem Thema: Wie wird es um die Coolness und die Liberalität bestellt sein, wenn das Land mal wieder in eine ernste wirtschaftliche Krise gerät, was ja bei aller Exportweltmeisterschaft nicht auszuschließen ist. Dass eine erfolgreiche Ökonomie der eigentliche Garant der deutschen Demokratie sein könnte, auch diese Hypothese ist fest ins kollektive Gedächtnis eingebrannt, weil es nach dem Krieg eben genauso war. Die Deutschen haben sich aus der Demütigung und der Schuld buchstäblich herausgearbeitet (um dann später zu merken, dass Schuld sich nicht verrechnen lässt). Kann dieser Prozess – über die Arbeit zur Humanität – dereinst auch rückwärts laufen? Niemand weiß das.

Auch der verbreitete Pazifismus der Deutschen könnte sich noch als ein echtes Problem erweisen. Nicht nur, weil möglicherweise das Geld für eine Aufrüstung nicht da wäre, die nötig werden wird, weil die USA sich immer weniger für die Sicherheitsprobleme der Europäer verausgaben werden. Nein, es gibt ein tiefer liegendes Problem: Wenn die Europäer eines Tages auch die nukleare Abschreckung selbst übernehmen müssen, wird man die Deutschen nach ihrem Beitrag fragen. Und sogleich wird sich ein typisch deutsches Paradox zeigen: Eine deutsche Atombombe würde niemanden so sehr abschrecken wie – die Deutschen.

Dennoch ist es bei allen Nachfragen berechtigt, diese neue deutsche Stärke zu verstehen und zu beschreiben, anstatt das Besondere immer nur unter Verdacht zu stellen. Denn das Ausland glaubt es einem derartig starken Land sowieso nicht mehr, wenn es sich zerknirscht und unsicher zeigt. Misstrauen entsteht heute weniger, wenn die Deutschen sagen, was sie wollen, als wenn sie dies unterlassen.

Immerhin geht es hier nicht mehr um rein atmosphärische oder geschmackliche Fragen, es geht um einen globalen Kampf, in dem Deutschland eine Rolle spielt, als Faktor und als Symbol. Dieses Land wird von den Autoritären dieser Welt, den Illiberalen, heißen sie Erdogan oder Putin oder Trump, mehr abgelehnt als alles andere. Die große Frage der nächsten Zeit lautet darum: Kann sich das Offene, Liberale, Demokratische in einer wieder härter werdenden Welt durchsetzen, nehmen all diese Eigenschaften den Deutschen etwas von ihrer Stärke oder sind sie gerade diese Stärke? Das ist die Machtfrage unserer Zeit.

Das Beste kommt noch, das Schlimmste auch – Angela Merkel

Im Sommer 2016, ein Jahr nachdem Angela Merkel die deutschen Grenzen für die Flüchtlinge offen ließ, hatte sie erneut eine schwere Entscheidung zu treffen. Diesmal war es keine historische, sondern eine persönliche: Soll sie noch mal antreten? Ein viertes Mal? Mit dann 63 Jahren zu Beginn und mit 67 am Schluss? Und das nach den dramatischsten, aber auch anstrengendsten Jahren ihrer Karriere?

Angela Merkel hatte zu dem Zeitpunkt zwei Leben gelebt, das eine in der DDR. Dort war sie beileibe nicht unglücklich gewesen, auch da war das Leben schließlich das Leben. Dennoch bedrückte sie damals die Unfreiheit, auch ihre beruflichen Möglichkeiten waren beschränkt. Dann kam die Wende und damit sogleich ein zweites Leben, am 9. November 1989 fiel die Mauer, ein Jahr später lud sie der damalige Bundeskanzler Helmut Kohl ins Kanzleramt ein und bot der jungen Frau ihren ersten Ministerposten an. Damit begann jenes zweite Leben der Angela Merkel, das Leben als deutsche Spitzenpolitikerin. Es dauert bis heute an, und man kann davon ausgehen, dass sie es sehr gern lebt, diese Frau geht mit Freude zur Arbeit. Dennoch ist sie wieder nicht ganz frei, wenngleich auf völlig andere Art begrenzt als in der DDR: nämlich durch ihr Amt, durch ihre Bekanntheit und durch ein unglaubliches Arbeitspensum. Und nun, in diesem Sommer 2016, sehnte sie sich nach einem dritten Leben, nach einem Leben einfach so, und zwar bevor sie zu alt oder zu ausgepowert sein würde, um es voll und ganz genießen zu können. Gerhard Schröders Problem war immer: Wie komme ich hinein ins Kanzleramt? Merkels Problem lautete nun: Wie komme ich hier raus?

Doch wer in jenem Sommer 2016 mit anderen Berliner Spitzenpolitikern sprach, der musste feststellen, dass so einige von ihnen heimlich darüber nachdachten aufzuhören oder wenigstens einen Schritt zurückzutreten. Sigmar Gabriel, der Vizekanzler, machte sich in seinem wenige Meter vom Kanzleramt entfernten Wirtschaftsministerium ganz ähnliche Gedanken, tatsächlich tat erein halbes Jahr später einen Schritt rückwärts. Sogar die stets so agil wirkende Verteidigungsministerin kam sehr grundsätzlich ins Grübeln.

Schon von daher konnte es keine nur persönliche Entscheidung sein, wenn die Kanzlerin sich gegen das Weitermachen entscheiden würde. Die Personaldecke in Berlin war dünner, als es schien. (Und ist es noch.) Es kam jedoch noch etwas hinzu: nicht so sehr die Folgen der Flüchtlingspolitik, für die einzustehen, die »auszubaden« viele von ihr erwarteten. Nein, der gesamte Westen destabilisierte sich gerade mit hohem Tempo. Eine Entwicklung, die mit solch großer Macht und Wucht daherkommt, kann von einzelnen Politikern weder bewirkt noch geheilt werden. Und doch kommt es manchmal auf einige wenige an. Jeder Politiker ist ersetzbar – aber nicht zu jedem Zeitpunkt. Und dies war wohl so ein unmöglicher Zeitpunkt. Ein schwacher Präsident in Frankreich, heftig attackiert von der EU-feindlichen Rechtspopulistin Marine Le Pen, Großbritannien vor dem Brexit, der Süden Europas ökonomisch nach wie vor nicht in Sicherheit, die Ukraine im Bürgerkrieg, ebenso Syrien, die Flüchtlingskrise noch lange nicht bewältigt – und dann strebte noch ein Mann ins Weiße Haus, der allen seinen Äußerungen zufolge selbst nach einer Niederlage kräftig zur Destabilisierung des Westens beigetragen hätte.

Ja, ja, wird sich die Kanzlerin gedacht haben, aber wenn ich erst gehen darf, wenn die Krisen überwunden sind, dann komme ich lebendig nicht mehr raus aus diesem Amt. Noch etwas kam hinzu: Eine vierte Amtszeit, das könnte kein bloßes Weiter-so einer äußerst routinierten Politikerin werden, es würde ihr abverlangen, sich auch selbst noch einmal zu verändern. Beispielsweise einen mitreißenden Wahlkampf zu führen, maximale Mobilisierung also statt asymmetrischer Demobilisierung wie im Jahr 2013, als die Kanzlerin der SPD keine Reibungsfläche bot und deren Anhänger damit einlullte. Am Ende mag den Ausschlag gegeben haben, dass sie noch einmal eine Chance sah, sich einer ganz neuen Situation zu stellen. Nach allem, was seit jenem Sommer passiert ist, weiß man: Die nächste Legislaturperiode wird sie verändern, wenn sie gewinnt. Oder sie befreien, wenn sie verliert.

Was in diesem sommerlichen Ringen jedenfalls auch klar geworden ist: An dieser Frau hängt offenbar so viel, an sie hängen so viele andere, auch viele europäische Politiker ihre Hoffnungen, dass es schon fast absurd erscheint. Die *New York Times* erklärte sie nach Trumps Wahlsieg zur »letzten Verteidigerin des freien Westens«, was bei aller Liebe und bei allem gewachsenen Einfluss Deutschlands eher Ausdruck von Verzweiflung ist als von Hoffnung.

Realistischerweise kann man sagen: Sie kann es nicht schaffen, aber ohne sie ist es erst recht nicht zu schaffen. Es kommt also sehr darauf an, wie sie sich entwickelt, wie sie sich verändert, was sie denkt, wie ihre Reflexe sind. Ein neuer Blick auf Merkel lohnt sich.

Es ist üblich geworden, die Politik von Angela Merkel aus ihrer Kindheit im Pfarrhaus, aus ihrer Sozialisation in der DDR und aus ihrem Charakter abzuleiten. Nichts davon ist falsch, aber vielleicht kommt man weiter, auch prognostisch, wenn man anders ansetzt, nämlich beim wichtigstes Ereignis ihres politischen Lebens – dem Anfang, bei ihrer politischen Primärsozialisation.

Mittlerweile hat man sich derart an diese Frau mit

den Rautenhänden gewöhnt, dass fast nicht mehr vorstellbar scheint, welch umwälzende Erfahrung es für sie gewesen sein muss, binnen weniger Monate aus der DDR aufzutauchen und ohne Luftholen in die Spitzenpolitik Westdeutschlands einzutauchen. Drei fundamentale Fremdheiten bestimmten diese Phase und prägen Merkel, soweit ich es erkennen kann, bis heute.

Zunächst mal war sie eine Frau, was in der damaligen Bundesrepublik, vor allem aber in der von Männern vollkommen dominierten Kohl-CDU äußerst ungewöhnlich war. Für Merkel gab es keine Frauennetzwerke, die sie getragen hätten, weit und breit auch kein Rollenmodell, dem sie hätte nacheifern können. Vergleiche mit Margret Thatcher gehen da fehl, denn Merkel wollte und konnte nie so ein Typus Frau sein, »der einzige richtige Kerl im Kabinett«, wie es über die britische Premierministerin hieß. Die zweite Fremdheit: Merkel kam quasi aus dem Ausland, jedenfalls aus einem anderen Staat, der zwar durch eine gemeinsame Geschichte und Sprache mit dem Westen verbunden war, ansonsten aber grundverschieden in Mentalität, Kultur, System und jüngerer Geschichte. Das Land, das sie mitregieren sollte, kannte sie infolgedessen nur partiell. Und drittens war die gelernte Physikerin im Fach Politik eine blutige Anfängerin.

Es ist schon sehr überraschend, dass sie trotz dieser drei schweren Handicaps die ersten Jahre überstanden hat, niemand sonst aus dem Reservoir politischer

Talente Ostdeutschlands hat einen solchen Kickstart hingelegt, hat so lange durchgehalten oder ist nur annähernd so hoch gekommen. Mehr als nur überraschend, eher schon ein kleines Wunder ist dabei, dass sie aus den drei Fremdheiten etwas Produktives machen konnte, für sich, aber auch für das Land. Aus überlebensnotwendiger Anpassung wurde Zug um Zug echte Erneuerung.

Eine ihrer ersten glücklichen Entscheidungen bestand darin, sich jemanden an die Seite zu holen, der diese Handicaps ausgleichen konnte: Beate Baumann war ein originäres Gewächs der niedersächsischen CDU, empfohlen hatte sie Christian Wulff, sie kannte diese Partei und den Westen, sie ist zudem eine Frau und absolut loyal. Zwischen den beiden entstand von Beginn an ein produktiver Spannungsbogen, die eine wusste mehr über das zu regierende Land und die zu überlebenden Parteifreunde, die andere war die Chefin und von schwer zu überbietender Lernfähigkeit. Zusammen mussten sie sich zunächst gegen eine männliche Mehrheitskultur in der Union und in den Medien behaupten. Dass ihnen dieses Kunststück immer besser gelang, liegt auch an der Art, wie sie miteinander umgehen. Bei ihnen kombinieren sich Rollenklarheit auf der einen und Augenhöhe auf der anderen Seite, sie siezen sich, auch im allerkleinsten Kreis, sind zugleich völlig vertraut. Oft verbrauchen sich solche Beziehungen im Laufe der Jahre, meist weil der »Untergebene« ausgezehrt wird. Dass es bei Beate Baumann und Angela Merkel anders ist, lässt auf die Abwesenheit von Angst und Ausbeutung schließen. Ich selbst habe die beiden in den vergangen beiden Jahrzehnten oft zusammen erlebt und war immer wieder überrascht von der unverkrampften Art, die sie miteinander pflegen. Wenn es bei Merkel ein Erfolgsgeheimnis geben sollte, dann liegt es hier.

Politik machen gegen eine Übermacht, das ließ Angela Merkel von Anfang an vorsichtig werden, sie brauchte Zeit, um sich auf den jeweils nötigen Stand zu bringen, sie konnte nur selten aus dem Affekt oder dem Instinkt handeln. Mit einer Art freundlicher Schonungslosigkeit, manchmal mit fast ethnologischer Neugier musste Merkel sich in ihre Partner und Gegner hineinversetzen, anderen ihren Willen aufzudrücken war schließlich nur selten möglich, sie konnte sie nur aus deren Köpfen heraus beeinflussen oder besiegen. Überleben in einer übermächtigen Umgebung – so hieß die wichtigste Anforderung der ersten Jahre.

Dazu bedurfte es großer Disziplin, auch eine emotionale Sparsamkeit war nötig, sich ein wenig auszutoben oder mal was rauszulassen, das hätte sie hernach viel zu viel Energie bei den Aufräumarbeiten gekostet. Selbst allzu ambitionierte programmatische Aussagen verboten sich. Anders als Wolfgang Schäuble bei der Union oder Oskar Lafontaine und Gerhard Schröder bei der SPD reichte Merkels machtstrategische Tiefe in ihrer Partei längst nicht aus, um sicher halten zu können, was sie versprochen hätte. Also versprach sie nicht sehr viel, redete selten groß.

In all den Jahren, in denen ich Angela Merkel nun journalistisch begleite, gab es Momente neugieriger Verblüffung bei ihr, wenn sie mal wieder nicht verstand, dass Konkurrenten oder Gegner etwas nicht verstanden. Sie durchschaut und durchdringt die machtpolitische Logik und Dynamik mit hoher Präzision, warum die anderen nicht? Natürlich liegt es nicht daran, dass die anderen dümmer wären, eher schon daran, dass sie sich durch falsche Gefühle vom Denken ablenken lassen. Sie fühlen sich zu sicher, sie sinnen auf Rache oder auf Beifall, sie halten ihren eigenen Mangel an machtpolitischer Fantasie für einen Reichtum an Erfahrung. Und dann sind sie plötzlich weg. So war es bei Friedrich Merz, der für Angela Merkel seinen Fraktionsvorsitz räumen musste, so war es bei Gerhard Schröder, als er ihr fernsehöffentlich und leicht beschwipst eröffnete, sie werde niemals von seiner SPD zur Kanzlerin gewählt, kurz bevor sie von seiner SPD zur Kanzlerin gewählt wurde. Solcherlei Selbstgefälligkeit gepaart mit postfaktischer Argumentation perlt gut ab an ihr.

Überraschenderweise änderte sich jene merkelsche Methodik, die aus dem Anfang geboren war, auch später nur wenig. Das mag daran gelegen haben, dass sie recht rasch aufstieg, immer wieder über sich hinauswachsen musste und sich auf jedem nächsthöheren Level wieder neu hineinzulernen hatte. Wer ihre Karriere genauer verfolgt, der kann diese produktive Überforderung in Permanenz ganz gut erkennen. In ihrer ersten Legislaturperiode als Ministerin für Jugend und Frauen musste sie alles auf einmal lernen, es war ein Crashkurs in Regieren und überhaupt in Bundesrepublik. In ihrer zweiten Legislaturperiode, diesmal als Umweltministerin, übte sie die internationale Politik ein. Nach dem Machtverlust 1998 wurde sie sogleich zur Generalsekretärin unter dem Parteivorsitzenden Wolfgang Schäuble und hatte da eine Partei zu leiten, die ihr immer noch nicht ganz vertraut war und in der viele sie ablehnten. Insbesondere die gleichaltrigen Männer aus Westdeutschland bekämpften sie halb, halb nahmen sie diese Novizin aus dem Osten nicht ernst. Ein Jahr später brach bereits die Parteispendenaffäre über die CDU herein, die mit dem Sturz von Schäuble, dem von Merkel erzwungenen endgültigen Abgang von Helmut Kohl sowie ihrem eigenen Parteivorsitz endete.

Von da an hatte sie nicht mehr nur die Peergroup ihrer Partei gegen sich, sondern auch die drei gewieftesten Politiker vor sich: Gerhard Schröder, Franz Müntefering und Joschka Fischer. 2005, nach einem ziemlich verheerenden Wahlkampf, wurde Angela Merkel dann mit knapper Not Kanzlerin, lernte fortan das Regieren von der Spitze her. Dann kamen die europäischen Krisen.

In ihrem gesamten politischen Leben hat diese Frau, die Fremde, die Anfängerin, immer in Unterzahl gespielt. Insofern erscheint es fast logisch, dass sie bei ihren

Methoden blieb: Disziplin, Vorsicht, Effizienz, Stärkere mit deren Kräften schlagen, Gefühlsaskese nach außen, Loyalität nach innen, wenig große Worte, die sie in Zugzwang bringen könnten, herzhafter und zugleich subtiler Humor nach innen, damit einem nicht der Schädel platzt vor lauter Druck und Disziplin. An den Abenden nach dichten Tagen wird da doch einiges weggelacht von der heimlich sehr kabarettistischen Kanzlerin.

Diese Fertigkeiten erklären aber nur zum Teil, warum Angela Merkel zu einer solchen Erneuerungskraft für die Union werden konnte und damit auch des Landes. Ein anderer Teil dieser Kraft ergibt sich aus ihrem relativ entspannten Verhältnis zur Programmatik der Partei, die sie sich als politische Heimat erwählt hat, aus der sie jedoch nicht stammt. Angekommen im Westen und in der Bundespolitik, musste sie sich zunächst mal die CDU »draufschaffen«, was auch heißt zu verstehen, was diese Partei programmatisch ausmacht. Das meiste davon für sich annehmen zu müssen wird sie nicht viel Überwindung gekostet haben, es wird ihr aber auch nicht alles auf den Grund ihres Herzens gesunken sein. Schließlich hat sie sich für die Nachrüstung, für das Gymnasium oder für Atomkraftwerke nicht in der Schule oder an der Uni mit Jusos und Grünen duellieren müssen, sie fand richtig, was die CDU so dachte, zum biografischen Rechthaben, gar für die eigene Identität, benötigte sie es nicht.

Merkels Bindung an die Programmatik ihrer Partei war also relativ locker, deren Obsessionen teilte sie kaum. Das machte sie zunächst als Parteichefin, dann auch als Kanzlerin flexibel und sensibel für gesellschaftliche Stimmungen und Strömungen, die mehrheitsfähig wurden, ohne von der Union auszugehen, manche wurden sogar von ihr abgelehnt. So war es bei der Energiewende, die sie im Handstreich gegen das Herz ihrer Union durchsetzte, und so war es bei der Aussetzung der Wehrpflicht, bei der Frauenquote oder bei der modernen Familienpolitik. So wurde die Kanzlerin Merkel auf vielen Feldern eine Managerin von Mehrheiten außerhalb ihrer Partei, manche würden sagen zur ersten Kanzlerin der Grünen in der Geschichte der Republik.

Bei der Flüchtlingspolitik stieß dieses Prinzip an seine Grenzen, erst verlor sie die Mehrheit in ihrer Partei, dann – je nach Fragestellung – auch die in der Bevölkerung. Nur die Macht, die verlor sie nicht. Das immense Vertrauen, das Angela Merkel sich in all den Jahren erarbeitet hatte, trug sie. Auch der Eindruck, sie sei als Person anständig und völlig unbestechlich, hat ihr in einer Welt immerwährender Skandale sicher geholfen, eine Vertrauensperson zu bleiben. Doch das Zenit des Vertrauens war überschritten, die Flüchtlinge haben das Verhältnis des Volkes zu ihrer Kanzlerin verändert, nicht zum Besseren.

Von ihrem eher pragmatischen Umgang mit vielen Dogmen ihrer Partei gibt es einige Ausnahmen, zwei, die tatsächlich mit ihrer Herkunft in der DDR zu tun haben, spielten und spielen dabei eine besondere Rolle.

Erste Ausnahme: Wer in der DDR groß geworden ist, der hat notgedrungen ein recht einfaches und auch beschwerliches Leben geführt, der ganz normale Alltag war stets eine echte Herausforderung. Selbst die berüchtigten SED-Villen in Wandlitz nahmen sich ja bescheidener aus als ein gewöhnliches Einfamilienhaus in Westdeutschland. Insofern kann man gut verstehen, dass Angela Merkel die Westdeutschen für verwöhnt hielt, für ein gutes, freundliches Völkchen, das jedoch ab und zu mal einen Tritt in den Allerwertesten braucht. Nicht zuletzt darum versuchte sie, Gerhard Schröders Agenda-Politik im Wahlkampf von 2005 noch zu übertrumpfen, was sie beinahe den Sieg gekostet hätte. Aus demselben Motiv hat sie überfallartig eines der größten Infrastrukturprojekte der Nachkriegszeit beschlossen, die Energiewende. Und darum auch hielt sie das von den Krisen der Welt bis dahin weitgehend verschonte Deutschland für befähigt, ja für verpflichtet, die vielen Flüchtlinge aufzunehmen.

Wenn man den Deutschen zu wenig zumutet, dann werden sie bequem, das ist ihre Grundauffassung. Sie kontrastiert mit einer schon erwähnten westdeutschen Tradition der Selbstverwöhnung aus Selbstangst, ein leicht hypochondrisches Denken, das davon ausgeht, dass die Deutschen wieder zur Zumutung werden, sobald man ihnen zu viel zumutet. Historisch überhöhte

Wehleidigkeit kann insofern viel eher als typisch deutsche Eigenschaft gelten als die vermeintliche german angst.

Angela Merkel hat bei ihrer Politik gegen die Verwöhntheit zuweilen den Ton und das Maß nicht ganz getroffen, aber doch zur Dynamik des Landes einiges beigetragen. Das könnte noch wichtig werden, denn die Zumutungen dürften in den nächsten Jahren eher zunehmen.

Zweite Ausnahme: Die im Grundsatzprogramm der CDU festgelegte atlantische Orientierung musste Angela Merkel sich nun wahrlich nicht künstlich antrainieren. Wie viele junge Menschen in der DDR genoss sie das, was dort an amerikanischer Kultur eben zu kriegen war. Die USA war für sie ein Sehnsuchtsland, ihre erste Auslandsreise mit bundesdeutschem Pass ging denn auch genau dorthin. Und natürlich wäre die deutsche Einheit ohne die Unterstützung der Regierung Bush senior kaum möglich gewesen, die im Kontrast zu dem offenen und versteckten Widerstand der europäischen Alliierten stand.

In der Union gab es stets auch eine konservativ-antiamerikanische Unterströmung, die sich der vermeintlich »oberflächlichen« Kultur der USA und der dortigen Konsumgesellschaft überlegen fühlte. Davon war Merkel frei.

Doch brachte ihre proamerikanische Grundhaltung sie später zur selben Erfahrung, die sie schon mit ihrer Agenda-Plus-Politik gemacht hatte: an den politischen Beinahetod. Als es der damalige Bundeskanzler Schröder im Jahre 2003 ablehnte, mit den USA in den Irakkrieg zu gehen, kritisierte die Oppositionsführerin Angela Merkel ihn dafür, noch dazu in einer amerikanischen Zeitung. Immerhin war sie klug genug, sich nicht ganz klar zu diesem Krieg zu bekennen – sonst wäre sie später nicht Bundeskanzlerin geworden.

Auf diese Weise haben die beiden starken inhaltlichen Orientierungen, die sie mitbrachte, jeweils um ein Haar zu ihrem politischen Ende geführt, der Pro-Amerikanismus zu einem Fast-Ja zum Irakkrieg und ihre Verwöhntheitsthese zur Beinahe-Niederlage im Wahlkampf gegen Schröder.

Mit diesem Irak-Trauma im Hinterkopf hat Merkel als Bundeskanzlerin später alles getan, um Deutschland aus sämtlichen Kriegen und Interventionen der Amerikaner herauszuhalten, sei es Libyen, sei es Syrien. Dabei handelte es sich zu dem Zeitpunkt bereits nicht mehr nur um reine Überlebenstaktik einer gebrannten Kanzlerin, sie misstraute dem amerikanischen Vorgehen in der Geopolitik seit einer Weile durchaus grundsätzlich. Schon im Jahr 2008 stoppte sie mit ihrem Veto das zu dem Zeitpunkt scheinbar harmlose Ansinnen der Regierung Bush, Georgien und der Ukraine eine NATO-Perspektive zu eröffnen. Es war ihr erstes eigenes Nein in Richtung Washington, äußeres Zeichen einer inneren Emanzipation. Angela Merkel war diese amerikanische Mischung aus Missionarismus, Hektik und Ungenauigkeit zutiefst suspekt geworden. Zudem machte sie als Kanzlerin Bekanntschaft mit einem gut gehüteten Geheimnis der deutsch-amerikanischen Beziehungen: Der Ton, der zwischen den beiden Administrationen herrschte, war bis in die erste Amtszeit von Obama hinein, vorsichtig gesprochen, nicht eben von Augenhöhe geprägt, zuweilen war er regelrecht herrisch.

In Merkels Verhältnis zu den USA ringen also zwei widersprüchliche Beweggründe miteinander: angeborene Sympathie und erworbene Skepsis. Wobei diese Skepsis sich am Ende nicht mehr auf Barack Obama bezog, ihn lernte sie mehr und mehr schätzen, umgekehrt war es wohl genauso. Im Laufe der Jahre wurden die beiden zu Partnern, auch auf Augenhöhe und mit persönlicher Wertschätzung. Im Jahr 2011 war ich mit der Delegation der Kanzlerin zu einem Galadinner im Rosengarten des Weißen Hauses aus Anlass der Verleihung einer Freiheitsmedaille an Merkel. Dort haben sich die Obamas und die Merkels benommen wie alte Freunde, heiter und vertraut, auf dem Rückflug erzählte die Kanzlerin, dass Michelle ihr, gewissermaßen als soziale Dolmetscherin ihres Mannes, versichert habe: »He really treasures you.« Er schätzt dich wirklich.

Man kann sich ungefähr vorstellen, was die Kanzlerin angesichts dieser Fast-Freundschaft empfunden haben wird, als dann am schicksalhaften 8. November 2016 Donald Trump die Wahl gewann.

Im Zusammenhang damit sei noch eine Eigenschaft erwähnt, die ich an der Kanzlerin und ihrer Büroleiterin umso häufiger erleben konnte, je länger sie im Kanzleramt arbeiteten: Man könnte es das produktive Aushalten nennen. Ob es Horst Seehofer war oder Wladimir Putin – im siebten Stock des Kanzleramtes finden Beleidigungen und Attacken selten den Weg ins Innere der Seele, sie werden gesehen und ertragen, in der Regel, ohne dabei zum Ausgleich größere Reservoirs von Rache und Verbitterung anzulegen, also ohne sich innerlich zu vergiften und damit die eigene Freiheit einzuschränken. Mitunter ist geradezu eine Lust am Standhalten zu verspüren, die umso größer wird, je härter die Angriffe sind. Die Kampfkunst der Damen vom Kanzleramt hat etwas entschieden Asiatisches.

Ist es nun charmant oder skurril – jedenfalls muss man aus heutiger Sicht sagen: Ausgerechnet die dreifache Fremde entwickelte sich binnen zweier Jahrzehnte zur perfekten Verkörperung des Landes. Statt die rot-grüne oder einfach nur liberale Entwicklung des Landes mit ihrer konservativen Partei zu bremsen, überzeugte sie (oder war es mehr ein Zwang?) die Union nach und nach davon, dass schwul und weiblich nichts Bedrohliches sind und die Ökologie doch eine gute Richtung angibt. Und die anfangs noch sehr an männliche Politikästhetik gewöhnten Deutschen freundeten sich mit der etwas ungelenk wirkenden, vorsichtigen Understatement-Frau von Jahr zu Jahr mehr an, so lange, bis die Methode Merkel zum Vorbild wurde, auch für Unternehmer, Chefredakteure und den Bundestrainer. International schließlich half Merkel ihre zögerliche, nicht autoritäre Art, ihre eingeübte Untermachtpolitik, ihre Fähigkeit, sich in andere hineinzuversetzen, ungemein. Es klingt paradox, trifft die Sache aber wohl: Der Machtzuwachs Deutschlands wäre ohne diese machtbescheidene Frau an der Spitze nicht möglich gewesen, die anderen Europäer hätten es nicht ertragen, vielleicht nicht einmal die Deutschen selbst, die sich über dieses Mehr an Macht ohnedies nicht sehr freuen. Im Bundestagswahlkampf 2014 trat dieser dialektische Effekt für einen Moment offen zutage, als Peer Steinbrück für die SPD als Kanzlerkandidat gegen sie antrat. So ein dominanter, von seiner eigenen Brillanz begeisterter, aggressiver, schießhundhafter Mann an der Spitze eines immer mächtigeren Deutschlands – das hätte international gescheppert ohne Ende. Deutschland konnte nur Hegemon werden mit dieser speziellen Hegemonin an der Spitze. (Abgesehen davon würde sie schon diese Begrifflichkeit nicht benutzen, es wäre ihr zu penetrant.) In Zukunft dürften sich auch ihre Nachfolger diesem Stil anverwandeln: Machtgebrauch ohne Machtdemonstration.

Wie aber – das ist inmitten der autoritären Offensive und der Renaissance des politischen Machismo eine relevante Frage – geht die Königin der Zurückhaltung mit dem Typus autoritärer Staatsführer um?

Kurz gesagt: stoisch und listig. Bei einem Staatsbesuch in Saudi-Arabien beispielsweise steht immer die leidige Frage an, wie sehr sich die mitreisenden Frauen den möglicherweise religiösen, sicher aber auch patriarchalischen Gebräuchen des Landes anpassen sollen. Merkel entschied sich bei ihrer ersten Reise dorthin im Februar 2007 für volle Offensive. Bei der Begrüßung auf dem Flughafen ließ sie alle verfügbaren deutschen Frauen Aufstellung nehmen, sodass die diversen saudischen Prinzen und Offiziellen möglichst vielen unverschleierten Frauen die Hand (!) geben mussten.

Besonders viele und intensive Erfahrungen hat die Kanzlerin mit Wladimir Putin, der an sich ein disziplinierter und rationaler Verhandler ist, allerdings mit einem ausgeprägten Hang zur Finte und zur Gemeinheit. Recht bekannt ist die Szene aus dem Januar 2007, als Putin einen großen Hund in den Besprechungsraum mit der Kanzlerin ließ, in dem auch noch Fotografen zugegen waren, wohl wissend, dass Angela Merkel Angst vor Hunden hat. Bei einer anderen Gelegenheit, einem Dreiergipfel mit Francois Hollande im Kreml, drückte Putin Merkel kurz vor einer Pressekonferenz ein »Geschenk« aus Porzellan in die Hand und brachte sie so in Verlegenheit, weil sie nicht wusste, wohin mit dem Ding, schließlich haben ihre Jacketts keine tiefen Taschen. Der französische Präsident erbarmte sich dann und ließ das Geschenk rechtzeitig in seinem Anzug verschwinden. Solche Dinge amüsieren sie am Ende, später erzählt sie sehr lustig davon. Putin versteht womöglich nicht, dass

Angela Merkel zwar Angst hat vor Hunden – aber nicht vor Menschen.

Es gibt jedoch auch Staatschefs mit wenig Selbstironie und stets verletzbarer Ehre wie etwa Tayyip Erdogan, da schafft es nicht einmal die geduldige Deutsche, eine wirkliche tragfähige Brücke zu bauen. Zwischen ihr und dem türkischen Präsidenten, da fließt einfach nichts.

Wobei wir bei ihren Schwächen sind, die angesichts ihrer neuen Rolle als mächtigste Politikerin der westlichen Welt, die nachts nicht twittert, eben auch besonders ins Gewicht fallen.

Zunächst mal wirkt sich ihr Mangel an öffentlich gezeigter oder auch nur inszenierter, abrufbarer Emotionalität zuweilen sehr ungünstig aus. Ein besonders eklatantes Beispiel war ihre morgendliche Pressekonferenz zur Eurorettung in Brüssel nach durchverhandelter Nacht. Ganz Europa schaute gebannt auf diesen Auftritt an jenem 13. Juli 2015, immerhin hingen die Währung der EU und die Mitgliedschaft Griechenlands monatelang am seidenen Faden, und nun also das große Finale mit knappem Ausgang, Erleichterung machte sich breit. Es bestand die Chance zu einem echten europäischen Gefühlsmoment. Und was sagt Angela Merkel zum Kompromiss: »Die Vorteile überwiegen die Nachteile.« Punkt und tschüss.

Für das deutsche Publikum mochte das genug sein, schließlich haben sich die Bürgerinnen und Bürger hier schon an die frugale Gefühligkeit ihrer Kanzlerin gewöhnt, wissen sie womöglich sogar zu schätzen, für die internationale Öffentlichkeit jedoch verfestigte sich das Bild der kühl kalkulierenden Deutschen.

Doch tut sich diese Lücke zwischen internationaler und nationaler Wirkung nicht allein dann auf, wenn es um Gefühle geht. Es gibt da auch ein sozusagen philosophisches Problem. Merkel neigt, wie gesehen, nicht zu ausladenden Begründungen und pathetischen Reden. Die Größe dessen, was sie schafft und bewirkt, übersteigt die Größe ihrer Worte bei Weitem, sie macht Geschichte und erzählt dazu oft keine Geschichten, jedenfalls nicht für die internationale Öffentlichkeit. Nun kann man sagen, sie hat es mir gegenüber auch schon angedeutet, dass die Europäer vielleicht keine große Begeisterung zeigen würden, wenn die Deutschen den Himmel über dem Kontinent vollreden. Das mag so sein, aber wie breit darf die Kluft zwischen Deutung und Bedeutung denn werden, bevor die anderen sich dadurch ernstlich provoziert fühlen, weil ihnen die Wortkargheit nicht mehr bescheiden erscheint, sondern dreist?

Die Regierungskunst von Angela Merkel, auch das gehört zu diesem Komplex, besteht weniger darin, Programmatisches zu formulieren und das dann durch allerlei Krisen hindurch zu realisieren. Bei ihr läuft es genau umgekehrt, sie konturiert das Programmatische schwach, nutzt dann aber die Kraft der Krisen, um Dinge grundlegend zu ändern: bei Fukushima die Energiepolitik, bei der Eurokrise das Währungssystem, beim

Ukrainekonflikt die gemeinsame europäische Außenpolitik, bei der Flüchtlingskrise die Afrikapolitik. Sie macht das dann meist ziemlich gut, arbeitet sich mit hohem Tempo ein, holt sich diskret und umfassend Expertise ins Amt, bis sie selbst zur größten Expertin wird. Kurz nach dem Gipfel von Minsk am 11. und 12. Februar 2015 traf ich sie zu einem Gespräch in einem Restaurant, während auf ihrem Blackberry Nachrichten eintrudelten, die besagten, dass in der Ostukraine gerade die Stadt Debelzewo von russischen und separatistischen Truppen eingekesselt wird. Sofort zeichnete sie mit dem Finger aufs Tischtuch, wo dort die strategisch wichtige Bahnlinie langläuft. Das ist Merkel. Oft entwickelt sie aus der Krise heraus sogar eine Stegreif-Philosophie, doch dann kommt gleich die nächste Krise: Zwischen dem Ende der Eurokrise und der Eskalation der Flüchtlingskrise lagen gerade mal sieben Wochen. Der Zugriff der Kanzlerin bewegt sich beständig auf dem schmalen Grat zwischen spät und zu spät. Man könnte auch sagen: Sie lernt zu wenig aus der Klugheit anderer, aus dem, was die schon vorgedacht haben.

Die Kanzlerin hat sich über ihre Formulierung von der »Alternativlosigkeit« wesentlich öfter geärgert, als sie das Wort je benutzt hat. Dass es dennoch an ihr haften blieb, hat mit der Struktur ihrer Politik zu tun: Wer so lange wartet, bis die Dinge sich zuspitzen, der hat dann tatsächlich nur noch zwei Möglichkeiten, von denen die zweite dann beinahe verrückt erscheint.

Auf eine Formel gebracht: Krisen kann sie, keine Krisen kann sie nicht.

Diese Methode krisengetriebener Machtpolitik funktioniert so lange ganz gut, wie nicht zu viele Krisen auf einmal passieren, und solange – und das ist spätestens nach dem Brexit und der Wahl von Trump das große Problem – der Rahmen steht, in dem sich die Krisenenergie entfalten kann. Seit einer Weile aber zerlegt sich der Rahmen, bei der EU, der NATO, dem Westen. Die gesamte Politik geht ins Offene, die Krise wird zu ihrem allumfassenden Modus. Darum ist nun eine Phase gekommen, in der an einem neuen Rahmen gearbeitet werden muss, genauer: Diese gesammelten Krisen lassen sich nur bewältigen, wenn es grundsätzliche Lösungsrichtungen gibt. Die fehlen zurzeit, was man angesichts des Entwicklungstempos niemandem vorwerfen kann. Es muss sich nur eben ändern. *Sie* muss es ändern, denn wer über die meiste Macht verfügt, dem obliegt dann halt auch die größte Pflicht.

Gesetzt den Fall, Angela Merkel gewinnt noch einmal eine Bundestagswahl, wie positioniert sie sich dann in dieser neuen Welt? Eine Welt, in der sie sich an niemandem mehr orientieren kann, in der jedoch viele auf sie schauen werden? Sie wird drei sehr verschiedene Methoden brauchen, um mit Donald Trump einerseits, der EU andererseits und Wladimir Putin zum Dritten umzugehen.

Keine zwei westlichen Politiker sind, wie gesagt, so

verschieden wie Angela Merkel und Donald Trump. Aber das ist noch längst nicht alles, es geht hier um weit mehr als um den Charakter zweier Menschen oder um die Chemie zwischen ihnen. Der große historische Kampf unserer Zeit findet statt zwischen dem autoritären und dem liberalen Prinzip. Es wird darum gehen, ob Marktwirtschaft und Demokratie zusammengehören oder nicht, ob sich also der Kapitalismus der Demokratie entledigt. Und da dieser Kampf, anders als das im Kalten Krieg der Fall war, nicht zwischen dem Westen und einem anderen System ausgetragen wird, sondern im Westen selbst, sind Merkel und Trump die härtesten Antagonisten der heraufziehenden Epoche. Keine Politikerin wird von den Autoritären aller (westlichen) Länder so gehasst wie Angela Merkel, kein Land steht deren Ideen und Plänen so entgegen wie Deutschland.

Wie kann sie diesen Kampf führen?

Auf den ersten Blick ist Merkel den Umgang mit Männern wie Trump gewohnt, mag er auch eine ganz spezielle Mischung darstellen. Das Impulsive kennt sie, das Grobe, den Wunsch, in jeder Lebenslage die Oberhand zu behalten, das dringende Bedürfnis nach Bestätigung, den Glauben an die politische Wirksamkeit von Demütigungen, den Machismo. Bei telefonischen Kontakten oder bei Begegnungen wird sie ihn schon zu nehmen wissen. Bei Merkels erstem Besuch in Washington machte sie schon eine bessere Figur als ihr Kontrahent Trump. Doch das genügt nicht, denn dieser Mann im

Weißen Haus will alles zerstören, zumindest beschädigen, was der Kanzlerin und was für Deutschland wichtig ist: EU, NATO, Freihandel, Klimaschutz, ein umsichtiger Umgang mit dem Mittleren Osten und Afrika.

Donald Trump ist der härteste politische Gegner ihrer Karriere. Mit der höllischen Zusatzkomplikation, dass das Land, das er führt, eigentlich ein enger Verbündeter zu sein hat. Es ist ein Nahkampf. Zudem, aber das kennt sie schon, hat Merkel hier mit einem Stärkeren zu ringen, denn das sind die USA immer noch: stärker als Deutschland, schneller als die EU.

Wie also kann sie ihn besiegen? Die schlechte Nachricht lautet: gar nicht. Die gute: Das muss sie auch nicht.

Donald Trump schickt sich an, jahrzehntealte Strukturen zu zerschlagen, Verträge zu kündigen oder neu zu verhandeln, Institutionen in seinem Sinne durchzureformieren. Nahezu perfekt verkörpert er dabei den Grundwiderspruch all dieser neuen autoritären Populisten: Sie wenden sich an Wähler, die sich vor Veränderung fürchten, und betreiben selbst eine Revolution. Diese Leute treiben ihre Länder in unbekanntes Territorium, die großen Vereinfacher werden dabei in immer kompliziertere Situationen kommen. Die Komplexität der Welt reduzieren zu wollen, das ist selbst eine ungeheuer komplexe Aufgabe.

Der amerikanische Präsident wird dabei die Erfahrung machen, dass er sich über seinen Vorgänger gründlich getäuscht hat. Trump hält Obama auf internationaler

Bühne für einen Schwächling, der »Deals« schlecht verhandelt hat, der sich hat rumschubsen lassen und damit zuließ, dass die USA geschwächt wurden. Tatsächlich mag man die Auffassung vertreten (auch das Clinton-Lager sprach ja so), dass Obama bei einigen Gelegenheiten weniger »rausgeholt« hat, als »drin« war. Aber es war auf der anderen Seite viel weniger drin, als sich das ein Trump vorstellt. Die Politik von Obama ist in erster Linie als eine Reaktion auf den wirtschaftlichen, militärischen und moralischen Machtverlust zu verstehen, den die USA seit 2001 erlitten haben. Doch selbst wer bestreitet, dass es diesen Machtverlust überhaupt gibt (und denkt, dass er nur dem Charakter Obamas zuzuschreiben ist), der kann nicht ernstlich glauben, dass Amerika noch die Macht hätte, zügig und zugleich

- den Iran-Vertrag neu zu verhandeln,
- die NATO umzukrempeln,
- die Beziehungen zu China auf den Kopf zu stellen,
- Israel bei einer immer aggressiveren Politik gegen die Palästinenser zu unterstützen,
- einen permanenten Grenzkonflikt mit Mexiko zu veranstalten,
- den IS auszuradieren,
- die UNO zu reformieren oder zu demontieren,
- sämtliche Handelsverträge neu zu verhandeln,
- Russland zu attackieren und/oder zu umarmen.

Wie mächtig die USA auch immer sein mögen – so mächtig sind sie bei Weitem nicht. Kurz nach Trumps Inaugurationsrede kommentierte ein deutscher Amerikabewunderer, der neue Präsident werde der Welt jetzt »neue Regeln verpassen«. Das war aus der Tradition deutschen Gefolgschaftsdenkens geschrieben. Genau das kann Trump eben nicht, dafür ist der Rest der Welt einfach zu stark geworden.

Gehen wir dennoch einen Schritt weiter: Selbst wenn man glaubt, dass die USA zu einer solchen Grundsatzreform aller internationalen Beziehungen, Verträge und Institutionen prinzipiell in der Lage wären – kann man dann auch obendrein noch glauben, dass dies alles von einem fahrigen, undisziplinierten, leicht reizbaren, politisch kaum gebildeten alten Mann bewerkstelligt werden könnte? Die zugespitzte Antwort lautet: Das würde nicht mal eine Angela Merkel oder ein neuer Barack Obama im Oval Office zustande bringen, ein Trump schon gar nicht.

Donald Trump hat sich also weit, weit mehr vorgenommen und seinen Wählern versprochen, als sein Land noch zu bewirken vermag, und erst recht, als er operativ bewältigen kann. Wenn es für die Umgestaltung der Welt nicht reicht, könnte es dann mit der Destruktion klappen? Dafür reicht wahrscheinlich sowohl die Macht der USA noch aus als auch die Konzentrationsfähigkeit ihres Präsidenten.

Aus dieser prekären Gesamtkonstellation ergeben

sich die Gegenstrategien der Kanzlerin. Sie wird als die potenziell verhassteste und ihm zudem im Zweikampf unterlegene Gegnerin meistens versuchen, direkten Konfrontationen auszuweichen. Darum hat Merkel schon im US-Wahlkampf Trumps Verbalinjurien mit Schweigen quittiert, und sie dürfte auch in Zukunft alles dafür tun, dass sie nie allein mit ihm auf der Lichtung steht. Stattdessen wird sie ihn ins Dickicht ziehen, dahin, wo er sich nicht wohlfühlt, im Kleingedruckten von Verträgen, in Sitzungen internationaler Gremien, sei es G20 oder G7, die NATO oder der IWF. Sie wird kommentarlos zur Kenntnis nehmen, wie sich Trump in Asien verkämpft, und sie wird versuchen, so ziemlich alles zu verzögern, was er sich vornimmt. Denn die tiefen, selbstzerstörerischen Widersprüche der trumpschen Politik entfalten sich erst richtig auf die Dauer, auch eine mögliche neue Freundschaft mit Wladimir Putin lässt sich leicht inszenieren, aber nur schwer durchhalten – für verschärfte Feindschaft gilt das auch. Trumps Wahnsinn braucht Gärung, um sein bitteres Aroma voll zu entfalten.

An der einen oder anderen Stelle wird Merkel ihm trotz allem auch mal demonstrativ die Hand reichen, immerhin ist nicht alles falsch, was er vorhat, und schließlich will sie sich auch pragmatisch geben.

Schwieriger, als auf seine Umgestaltungswünsche zu reagieren, wird es für die Kanzlerin, auf Trumps destruktiven Kräfte eine Antwort zu finden, denn wenn er die

NATO auch nicht einfach so ummodeln kann, mit einer offiziellen oder auch nur getwitterten Infragestellung des militärischen Beistandsartikels 5 kann er sie umgehend entkernen. Genauso wenig vermag er, die Europäer zu einer anderen Strategie gegen den IS zu zwingen, er kann aber in der Region so massiv intervenieren – und sei es nur, um an einer für die USA wenig folgenreichen Stelle mal militärische Stärke zu zeigen (wie in Syrien schon geschehen) –, dass die Europäer mit den Konsequenzen seines Handelns leben müssen. Hier kann eine deutsche Kanzlerin nur darauf setzen, dass mit den Destruktionskräften des Amerikaners auch die Widerstandskräfte der Europäer wachsen.

Einer der Nachteile dieser hinhaltenden, ausweichenden, verzögernden Anti-Trump-Strategie wird darin liegen, dass Angela Merkel die Dinge nur selten beim Namen nennen kann, was ihre Anhänger verdrießen oder gar enttäuschen könnte. Wenn Trump sich äußert wie ein Faschist, dann wird sie nicht »Faschist« sagen. Wenn er Unsinn redet, dann wird sie es nicht »Unsinn« nennen, wenn er sie beleidigt, wird sie nicht beleidigt sein. Und wenn der US-Präsident 59 Raketen gegen einen syrischen Militärflughafen schickt, dann sagt die Bundesregierung nicht ja oder nein, geschweige denn »kurzsichtig« oder »völkerrechtswidrig«. Stattdessen verfiel man nach einiger Suche auf das Adjektiv »nachvollziehbar« (»angemessen« war erwogen, aber als zu positiv verworfen worden). All das ist schon nicht leicht zu bewerkstelligen. Doch kommt noch etwas hinzu. Wenn beispielsweise der US-Präsident auf die eine oder andere Weise die Nukleargarantie für Europa infrage stellt, liegt es im Interesse einer deutschen Kanzlerin, dies gewissermaßen nicht zu hören. Würde sie so etwas offen aussprechen, würden die Deutschen sie sofort fragen, wie sie denn ihr Volk ab sofort atomar zu schützen gedenke – eine Frage, auf die es keine schnelle Antwort gibt. So wird in Merkels Sprechen über Trump sehr oft das Unsägliche zum Unsagbaren werden.

Merkel dürfte sich in Sachen Trump also meist im subprogrammatischen Bereich bewegen, Prinzipien kann sie anmahnen, ansonsten jedoch könnte sich das, was man ihr oft zu Recht vorgeworfen hat – Undeutlichkeit und Verlangsamung –, gegenüber Trump gerade als die vernünftigste Strategie erweisen. Es wäre das Gewohnte unter dramatisch verschärften Bedingungen.

Aber das funktioniert nur für Trump, in der EU muss sie anders handeln.

Was bis hierher zum Umgang mit dem Trump-Amerika erörtert wurde, setzt voraus, dass man eine Wahl hat, dass es Optionen gibt. Die internationalen Beziehungen könnten jedoch genauso gut ganz aus dem Ruder laufen, dann würde es Phasen von reinem politischen Krisenmodus geben, dann würde auch die Kanzlerin oder ihr Nachfolger nur noch versuchen zu retten, was zu retten ist.

Ob es so weit kommt, hängt glücklicherweise nicht

allein von Donald Trump ab, sondern auch von Europa, von der EU. Was das im Einzelnen bedeutet, darauf wird noch zurückzukommen sein. An dieser Stelle ist nur wichtig, dass Angela Merkel, die informelle Anführerin in der EU, ihre bisherige Methode verändern muss. Die Gemeinschaft befindet sich in einem völlig anderen Aggregatzustand als noch vor vier oder fünf Jahren. Aus dem sanft expandierenden, freundlichen Imperium wurde unversehens eine an allen ihren Grenzen bedrohte Staatengemeinschaft, der eher Mitglieder verloren gehen, als dass neue hereindrängen würden. Die Finalität, das Ziel der immer engeren Union, scheint vorläufig vom Tisch, ohne dass es bislang ein alternatives Konzept gäbe. Und die Amerikaner sehen sich nicht länger als die Paten einer europäischen Einigung, sondern als ökonomische Gegner und als Nationalisten auf der Suche nach anderen Nationalisten.

Damit tritt auch die Rolle Deutschlands und ihrer langjährigen Kanzlerin in eine neue Phase ein. Merkel oder ein anderer Kanzler kann sich keinesfalls mehr damit begnügen, »von hinten« zu steuern, erst in Krisen die Führung zu übernehmen und sich strategisch darauf verlassen, dass die historisch gelegten Pfade weiter verfolgt werden, mal schneller, mal langsamer. Wenn die wichtigen nationalen Wahlen des Jahres 2017 endlich überstanden sein werden, ohne dass die EU dabei auseinandergeflogen ist, muss die Europäische Union neu aufgestellt werden. Und wenn Deutschland sich da nicht zu einem Konzept durchringt, dann wird es aller Voraussicht nach keines geben. Das Programmatische, das Angela Merkel nicht so gern bespielt, wird nun unabweisbar, und auch eine gewisse Leidenschaft, ein Europagefühl, muss sie vermitteln. Das immerhin könnte erleichtert werden durch die Angriffe von außen, auch wenn sich bereits einige Entsprechungen im Inneren finden. »Die Vorteile überwiegen die Nachteile«? – Nein, es geht mehr um Sein oder Nichtsein.

Gegenüber Putins Russland wiederum muss Angela Merkel – wenn da nicht militärisch etwas eskaliert – zunächst mal nur ihre bewährte Methode beibehalten: stures Standhalten. Das hat seit Beginn der Ukrainekrise leidlich geklappt und könnte auch weiter funktionieren. Es sei denn, der Schulterschluss zwischen Trump und Putin sollte sich als dauerhaft erweisen. Doch auch ohne eine solche strategische Verschiebung bedeutet die Fortsetzung einer bewährten Strategie keineswegs, dass es nicht viel anstrengender würde. Dass die EU gegenüber Russland einig ist, das kann schließlich nicht als gegeben verbucht werden, vielmehr ist diese Einigkeit ein hochkompliziertes und fragiles Kunstprodukt merkelscher Politik.

Die Methode Merkel, von der so oft gesprochen wurde, besteht also in Zukunft aus diesen drei Methoden: taktisches Ausweichen bei Trump, strategische Führung in der EU, stoisches Standhalten bei Putin. Und dahinter läuft die größte Gefahr mit: dass nämlich auch diese scheinbar unverwüstliche Kanzlerin irgendwann überfordert sein könnte, wenngleich es danach vorerst nicht aussieht.

Mittlerweile ist offenkundig, dass die lange und immer wieder unterschätzte Angela Merkel zu den großen Kanzlern der Republik gehören wird, zu jenen, die historische Weichen gestellt haben, so wie Konrad Adenauer mit der Westbindung, Willy Brandt mit der Ostpolitik und Helmut Kohl mit der deutschen Einheit. Was man aber noch nicht weiß, das ist, mit welcher Weichenstellung sich ihr Name verbinden wird. Und ob die Sache gut ausgeht, das weiß man diesmal eben leider auch nicht.

Russische Verführung, deutscher Komplex

An einem seiner letzten Amtstage hat sich der damalige US-Präsident Barack Obama noch einmal zum Thema Russland geäußert. Anlass waren Meldungen über Manipulationen des amerikanischen Wahlkampfes aus Moskau. Er sagte, Russland könne den USA überhaupt nichts anhaben – »es sei denn, wir geraten aus der Spur«.

Genau dies aber ist in diesem Jahr eingetreten, die USA haben ihren Kompass verloren, die Europäer stehen in derselben Gefahr, der Westen insgesamt weiß nicht einmal mehr, ob es ihn noch gibt. Und darum, nur darum, wird Russland nun zur relativ ernsten Gefahr.

Wobei sich diese Gefahr für die Amerikaner noch in Grenzen hält, weil das Land hinter dem Atlantik auch dann noch stark ist, wenn der Präsident es schwächt, indem er es »great« machen will. Außerdem ist Russland eben weit weg, jedenfalls der relevante Teil des Landes, also Westrussland.

Für Europa ist die Lage viel brenzliger, weil es durch Selbstschwächung tatsächlich zu einem Objekt russischer Politik werden könnte, am Ende vielleicht sogar zu einem Opfer. Das Schlüsselland im europäisch-russischen Verhältnis ist Deutschland, in diesem Fall nicht, weil es das stärkste Land der EU ist, sondern weil es das Zentrum des europäischen »Russlandkomplexes« darstellt. Da mischen sich Ängste und Schuldgefühle, Sehnsüchte, Erlösungsfantasien, geopolitische Mythen und schnöde Geschäftsinteressen, Geschichtspolitik und Entspannungspolitik in einer Weise, dass das wirkliche Russland dahinter zu verschwinden droht.

Der Historiker Gerd Koenen analysiert in seinem Buch *Der Russland-Komplex* das spezifisch deutsche Problem mit dem Nachbarn im Osten. Darin beschreibt er die tief in die Geschichte beider Länder reichende Verbindung, die heute zu einem unausgewogenen, um nicht zu sagen, neurotischen Verhältnis führt. Er skizziert diesen »Komplex« als »ein weitläufiges Changieren zwischen Angst und Bewunderung, phobischer Abwehr und emphatischer Zuwendung (…) und zwar von beiden Seiten und vielfach im engen Bezug zueinander.«[1]

Dies vorausgesetzt, ist in Sachen Russland immer dann Gefahr im Verzug, wenn die Emotionen zu heiß werden und die Projektionen zu groß. Genau das passierte mir in dem schon erwähnten Gespräch mit Alexander Gauland. Als der AfD-Politiker wortreich erklärte, warum die EU kein sinnvolles Projekt mehr sei, fragte ich zurück, was denn dann mit Deutschland werde. Würde dieses Land in der Mitte Europas wieder zurückkehren in die fragile und gefährliche Position dessen, der nicht stark genug ist, um Europa zu führen, aber stark genug, sich nicht einbinden zu lassen? Und was soll Deutschland allein denn ausrichten in einer globalisierten Welt? Gaulands Antwort auf beides lautete: Russland. Im Bündnis mit Moskau könne man sich verankern und behaupten. Wirklich? Deutschland und Russland? Gibt es da nicht geschichtliche Erfahrungen, die dem widersprechen? Und was wird dann aus der kulturellen Westbindung? Gut, die passt einem zum Reaktionär gewordenen Konservativen wie Alexander Gauland ohnehin nicht, aber die Deutschen wollen in ihrer großen Mehrheit liberal leben – müssen sie umerzogen werden?

Ich ließ die Sache auf sich beruhen, weil ich Gaulands Position machtpolitisch für marginal hielt, für die nostalgische Verirrung eines Mannes, der immerzu die deutsche Geschichte heilen möchte.

Allerdings begegnete mir sein Gedanke kurze Zeit später in etwas anschlussfähigerer Form wieder, und zwar in einer Unterhaltung mit dem Vizekanzler und ehemaligen SPD-Chef Sigmar Gabriel. Er propagierte natürlich keinen deutsch-russischen Schulterschluss, meinte aber doch, dass die EU sich auf Dauer nur zusammen mit Russland in der Welt würde behaupten können. Auch dieser Gedanke kam mir seltsam vor. Einmal, weil die EU sich gut allein in der Welt behaupten kann, sogar ohne die USA. Zum anderen aber: Warum, um Himmels willen, soll sie angewiesen sein auf ein Land, das nur über ein Viertel der Einwohnerzahl der EU verfügt und vor allem gerade mal ein 15tel des Bruttoinlandsprodukts der Union zustande bringt (Angaben Weltbank 2015). Wieder fragte ich mich, wo die apokalyptische Vision einer EU, die ohne Russland untergeht, bloß herkommen mag. Sozialdemokratische Entspannungspolitik breaking bad? Und wieder legte ich die Sache innerlich zu den Akten, weil es mir ausgeschlossen schien, dass so etwas – Vizekanzler hin oder her – jemals Politik werden könnte, die ja bekanntlich mit dem Erkennen der Wirklichkeit beginnt.

Und dann kam Trump. Man darf davon ausgehen, dass der neue US-Präsident vom deutschen Russlandkomplex nichts weiß und dass er ihn überdies nicht interessieren würde. Frei scheint Donald Trump aber ebenso von jener außenpolitischen Tradition seines Landes zu sein, die auch nach dem Ende des Kalten Krieges eine stets sprungbereite Feindschaft gegenüber Russland hegte, gewissermaßen aus Gewohnheit. Diese »Schule« der amerikanischen Außenpolitik hatte schon Obama außer Gefecht zu setzen versucht, indem er Russland als unbedeutend darstellte, nicht wert, ein Feind Amerikas zu sein. (Eine Rhetorik übrigens, die ungute Nebenwirkungen auf die russische Außenpolitik zeitigte, wie man annehmen muss.) Obama, das bedeutete also: tiefe Ablehnung bei wachsender Ignoranz.

Donald Trump jedoch geht – jedenfalls in der einen Variante seiner widersprüchlichen Russlandpolitik – noch viel weiter, für ihn ist Russland ein vielversprechender potenzieller Partner. Geistig steht der autoritäre US-Präsident seinem russischen Pendant im Kreml ohnehin viel näher als beispielsweise der Frau im deutschen Kanzleramt. Es würde vorerst zu weit gehen, dem US-Präsidenten einen regelrechten Partnerwechsel – von Brüssel nach Moskau – zu unterstellen, doch als treibende polemische Kraft wider den Kreml fällt er aller Voraussicht nach aus.

Dieser strategisch daherkommende Wechsel stellt für Europa, insbesondere aber für Deutschland, eine ungeheure Verführung dar. Viele glauben ja ohnehin, dass Europa von sich aus ein wunderbar harmonisches Verhältnis zu Russland unterhalten könnte, wenn die Amerikaner, ihre Militärs und Geheimdienste nicht immer wieder Öl ins Feuer gießen würden. Sei es bei der beabsichtigten Annäherung Georgiens und der Ukraine an die NATO, sei es bei der in Polen geplanten Raketenabwehr, sei es bei NATO-Manövern in Osteuropa. Diese in Deutschland durchaus populäre Sicht stellt Europa gewissermaßen als naive Marionette amerikanischer Eroberungs- oder Umsturzpläne dar. Auch zur Solidarität mit dem Maidan und der ukrainischen Revolution hätten sich die Europäer von außen verführen lassen, anstatt sich den stets nach unendlich strebenden russischen Sicherheitsbedürfnissen anzupassen.

An der Idee, die USA seien Russland gegenüber aggressiver, ist dennoch etwas Richtiges: Die traditionelle amerikanische Außenpolitik ist sehr pfadabhängig, findet also nur schwer aus gewissen Obsessionen, selbst wenn die Realität sich geändert hat. Hinzu kommt der schon erwähnte räumliche Abstand, gegen Russland kann man von Washington aus immer 6000 Kilometer mutiger sein als von Berlin aus.

Allerdings wird in diesem Bild von den angriffslustigen Amerikanern, den naiven Europäern und den bedrohten Russen einiges verzerrt und übertrieben. Zunächst einmal mögen die Amerikaner bisweilen ein wenig von ihrer Vergangenheit besessen und von ihrer eigenen Größe berauscht sein, sie sind bislang aber nicht völlig verrückt, auch sie haben Interessen. Genauer gesagt haben sie an Russland keine Interessen, die groß genug wären, um eine Destabilisierung des Landes in Kauf zu nehmen oder gar einen militärischen Konflikt mit Moskau zu riskieren. Für nichts strategisch oder ökonomisch Bedeutendes brauchen die USA Russland; von nichts, woran den Amerikanern wirklich liegt, kann Russland sie abhalten. Der Mittlere Osten ist hier kein Gegenargument, sondern der Beweis: Erst als die USA das Interesse an der Region Zug um Zug verloren, konnte sich Russland dort breitmachen.

Zweitens sind die Europäer keineswegs so naiv, auch nicht gegenüber den Amerikanern. Deswegen hat beispielsweise die Bundesregierung ihr Veto gegen eine NATO-Perspektive für Georgien und die Ukraine eingelegt, deswegen hat sie sich massiv und erfolgreich gegen Waffenlieferungen an die Ukraine gesperrt.

Zum Dritten wird bei dieser Sicht auf Russland immer so getan, als gäbe es zwischen Europa und Russland zurzeit keine nennenswerten Konflikte, wenn die Amerikaner sich nicht ständig einmischen würden. Das jedoch stimmt ganz und gar nicht: Russland möchte in der ein oder anderen Form seine alte Einflusszone aus der Sowjetzeit so weit wie möglich wieder aufbauen, woran die EU selbstredend kein Interesse haben kann. Moskau, das sich seiner ökonomischen Dürftigkeit ja durchaus bewusst ist, wünscht sich geradezu eine geschwächte, wenn nicht gar eine auseinanderfallende EU, weil es mit der relativen Schwäche einzelner Staaten besser klarkäme als mit der überlegenen Stärke eines geeinten Europas. Nicht zuletzt konkurriert Russland mit der EU um Südosteuropa. Außerdem geht es um kulturelle Hegemonie, um den Konflikt zwischen einem liberalen, demokratischen und rechtsstaatlichen Kontinent und einem autoritären, oligarchischen Staat.

Zum Vierten, und hier wird es wirklich wirr, hängt dieses Russland-als-Opfer-Bild ebenso sehr in der Zeit des Kalten Krieges fest, wie es das den Gegnern in Washington unterstellt – denn warum sollte Russland einen Anspruch auf ein Territorium oder eine Einflusszone haben, dessen Größe sich am Zeitpunkt seiner maximalen Ausdehnung als Sowjetunion orientiert? Es ist also eher abwegig, wenn sich Europäer zu Anwälten russischer Größenillusionen machen. Selbst wenn die EU (heimlich) beschließen würde, die Ukraine, Weißrussland, Georgien und den Balkan der russischen Einflusssphäre zu opfern, so würde das bedeuten, dass die Außengrenzen des Imperiums nur noch länger würden und damit seine Aggressivität wachsen würde – bei fortgesetzt schwächlicher eigener Bevölkerungszahl und dürftigster Ökonomie. Man sollte sich aber gerade nicht zur Geisel von Staatsneurosen anderer machen.

Russland ist flächenmäßig mit weitem Abstand das größte Land der Erde, allerdings mit einer daran gemessen winzigen Bevölkerung von nur 143 Millionen Menschen. Dass es sich in solcher Lage rundherum bedroht fühlt, ist nachzuvollziehen. Im Osten drängt China durch sein schieres Gewicht in die russische Machtzone. Vom Süden her droht der Islamismus und vom Westen her die NATO.

Die geografische Lage Russlands ist allerdings nicht zu ändern, ebenso wenig wie die Größe des russischen Reiches ohne Krieg änderbar wäre. Doch wie sich russische Politik zu dieser Situation verhält, das steht den Mächtigen im Kreml sehr wohl zu Gebote. Wladimir Putin hat sich mit Rückgriff auf alte Traditionen für die Vorneverteidigung entschieden. Sein Fluchtpunkt eigener Größe ist das Sowjetimperium. Die Wand, an die er die eigene Größe projiziert, sind die USA. Sein wichtigstes Mittel für diese Projektion ist das Militär, das nicht etwa von einer starken Wirtschaft getragen wird, sondern vom Rohstoffexport, also nicht durch Leistungen, sondern durch Lieferungen. Damit ist die russische

Außenpolitik – ähnlich wie die amerikanische, nur noch extremer – fixiert auf den Einsatz des Militärs, die mehr als 7000 nuklearen Sprengköpfe tun ein Übriges, um die russische Führung Mal um Mal auf diesen falschen Dampfer zu locken. Zumal die Russen, anders als die USA, sich vor einer Entmilitarisierung der internationalen Beziehungen fürchten müssen, weil sie auf anderen Wettbewerbsfeldern so wenig zu bieten haben.

Zurzeit entsteht der Eindruck, dass Russland mit seinen Stärken äußerst erfolgreich ist: Rohstoffe, Waffen, eine findige imperiale Diplomatie, eine leidlich funktionierende Diktatur, sogar die Propaganda und die Infiltration des Westens klappt besser, als das zu Sowjetzeiten je der Fall war. Der Schein des Rationalen ebenso wie der Schein der Größe ergibt sich aus der momentanen Schwäche des Westens, der von Selbstzweifeln gepackt ist, der militärisch so risikoscheu geworden ist, dass ihm seine fantastischen Waffenarsenale auch nicht viel nützen. Obendrein findet eine innerwestliche, geopolitische Verschiebung im Eiltempo statt: Die USA lassen die darauf schlecht vorbereiteten Europäer mit ihren Nachbarschaftskonflikten weitgehend allein. Darum erlebt Russland gerade das, woran sich die USA nach 2001 berauschten – den Moment der maximalen Machtausdehnung.

Dabei ist dieses System so auf Dauer nicht lebensfähig. Die Grundlage von allem, die Öl- und Gaspreise, werden kaum jemals wieder ein so hohes Level erreichen, wie das zu Beginn von Putins Machtübernahme der Fall war. Und wenn Europa endlich einsieht, dass es sich selbst um seine Sicherheit kümmern muss, wird sich erweisen, dass die EU auch auf diesem Gebiet viel stärker sein kann als Russland oder zumindest stark genug, auch ohne die Amerikaner Moskau von riskanten Ideen abzubringen. Die russische Bevölkerung wird nicht rasant wachsen, und die Korruption, die systemische, unausweichliche Nebenfolge rohstoffbasierter Diktaturen, wird immer mehr vom Wohlstand auffressen, dieses Monster wächst – immer. Putin befindet sich auf einer Reise ohne Wiederkehr, mittelfristig muss man weniger Angst haben vor Russland als um Russland.

Das wichtigste Mittel der Wahl im Umgang mit dem Land ist darum Zeit. Wer Geduld hat, behält ganz sicher die Oberhand. Und dann muss die EU die Konflikte mit großer Ruhe und Konsequenz auf die Felder lenken, auf denen sie überlegen ist, so wie es bei den Sanktionen schon geschehen ist. Wenn all das gewährleistet ist, dann kann und muss sie Russland helfen, zu einer nachhaltigen Entwicklung zu kommen, also einen Modus zu finden, ohne selbstzerstörerische Raumprojektionen auszukommen, und einen Weg zu einer Wirtschaft, die weniger einseitig auf Rohstoff und Militarismus beruht.

Mit Trump könnte jedoch nun eintreten, was ich nach meinen Gesprächen mit Alexander Gauland und Sigmar Gabriel für äußerst unwahrscheinlich gehalten hatte: der russlandpolitische Dammbruch, ein wilder Gespenstertanz der Gefühle und Mythen.

Natürlich haben bei uns unter normalen Umständen diejenigen keine Mehrheit, die aus linkem und rechtem Antiamerikanismus heraus glauben, das einzige europäische Problem mit Russland seien die USA. Würden deren antirussischen Machenschaften wegfallen, dann verschwänden die Problem von selbst. Doch wenn die polemische Energie aus Washington in ihr Gegenteil kippen sollte, in eine amerikanisch-russische Partnerschaft nämlich, welcher Europäer, welcher Deutsche könnte da noch im Weg stehen? Zwei Mächte, die man aus alter Gewohnheit Supermächte nennt – was bei den USA gerade noch passt, im Falle Russlands aber schon eine groteske Übertreibung darstellt –, vereinen sich, wie könnte es da eine Alternative zur Anpassung geben?

So fragt die Angst, so fragt die Harmoniesucht, so sieht ein geopolitisches Stockholm-Syndrom aus.

Vernünftigerweise muss zuerst nach dem Preis einer immer noch denkbaren amerikanisch-russischen Einigung gefragt werden. Schließlich wird ein solcher Schwenk nicht allein durch den Verzicht auf überflüssige Polemik möglich, er braucht schon auch einen Preisabschlag bei den Prinzipien: beim Selbstbestimmungsrecht der Völker zum Beispiel oder bei der Unantastbarkeit von Grenzen. Wladimir Putin wäre ein schlechter Verhandler, würde er dem US-Präsidenten auf diesen Feldern keine Zugeständnisse abringen. Er könnte eine Anerkennung der Krim-Annexion ins Spiel bringen, um dann im Gegenzug seine Unterstützung der Rebellen in der Ostukraine einzustellen. Auf die Details käme es bei solch einem Geschäft zwischen den Mächten ohnehin nicht an, für Putin wäre ausschlaggebend, dass überhaupt gedealt wird, dass zwei Starke über das Schicksal von Schwächeren verhandeln, dass Prinzipien und Profite quer verrechnet werden. Damit wäre das Tor offen für weitere Vorstöße in Osteuropa, hybride Kriege, massive Einflussnahmen, Erpressung, Drohung und so weiter.

Ein Europäer, auch ein Westeuropäer, müsste mit jeder Faser dagegen sein, auch wenn ein regulärer militärischer Vorstoß der Russen auf NATO-Territorium äußerst unwahrscheinlich bleibt. Doch würde derlei Dealerei von Beginn an dazu führen, dass man unablässig in einen Kampf mit Russland um Einflusszonen verstrickt wäre, Kämpfe, die überwiegend auf Feldern stattfänden, auf denen der Kreml stärkere Interessen hat und bei denen Putin besser ist, schon weil er jederzeit skrupelloser und schneller sein kann, als es die EU noch in ihren bösesten Momenten zustande brächte.

Und dabei handelt es sich nur um die östliche Nachbarschaft. Tatsächlich würde sich eine solche Trump-Putin-Freundschaft auch auf den Mittleren Osten auswirken. Keine Macht der Welt vermöchte es, dort schnell eine neue Ordnung zu erschaffen und das Chaos zu beseitigen. Für das Gegenteil allerdings, für die Verschärfung der Lage, für die Instrumentalisierung des Mittleren Ostens als geopolitisches Spielfeld, dafür genügen Russland und den USA schon wenige politische Maßnahmen und ein paar preisgünstige Militäraktionen – und ein bisschen böser gemeinsamer Wille.

Eigentlich also ist die Interessenlage der Europäer sonnenklar, wenn es denn leidlich rational zuginge. Wofür es wiederum keinerlei Garantie gibt, auch und gerade in Deutschland nicht, auf das es dabei, wie gesagt, am meisten ankommt.

Bislang hat es ja den Anschein, als sei Berlin, was Russland angeht, weitgehend stabil, es wird zwar viel gemunkelt und geklagt, doch letztlich hält Deutschland an den Sanktionen gegen Russland nicht nur fest, es sorgt sogar dafür, dass die EU geschlossen dahintersteht. Doch trügt der Schein der Unbeirrbarkeit. Käme zum Beispiel eine rot-rot-grüne Koalition an die Macht, so säße sofort Wladimir Putin als unsichtbarer Gast mit am Kabinettstisch. Die Linkspartei ist Russland aufgrund ihrer SED-Vergangenheit und eines Antiamerikanismus, der notfalls auch ohne Amerikaner auskommt, ohnehin treu bis in die Seele. Doch auch die SPD versteht Putin so gut, als wäre sie sein Therapeut und nicht sein Gegner. Blieben lediglich die Grünen, die nicht ganz und gar, aber doch in ihrer Mehrheit der Politik Putins sehr skeptisch gegenüberstehen. Doch auch wenn es diese Koalition nicht geben sollte, sondern beispielsweise wieder eine Große, so wäre angesichts der neuen Verführungen keineswegs sicher, dass der bisherige Kurs beibehalten werden kann, dafür ist zum Beispiel die CSU auf diesem Gebiet viel zu anfällig.

Warum ist das alles so labil? An dieser Stelle kommt der deutsche Russlandkomplex ins Spiel. Ihm kann man hier nicht in alle Windungen hinein folgen, man würde auch alsbald zum Koalkoholiker deutscher Russland-Romantik. Doch eine knappe Charakterisierung dessen, was da drängt und durcheinandergeht, das muss schon sein, sonst kann man es schwerlich überwinden.

Da ist zum einen die Sache mit der deutschen Schuld, die unsereins, so sehen es viele, zu besonderer Rücksicht auf russische Empfindlichkeiten verpflichten sollte. Was ja auch stimmt, aber gar nichts hilft, wenn es zum Beispiel um einen ukrainisch-russischen Konflikt geht, weil ja die Ukraine einst unter den Deutschen genauso gelitten hat. Die Schuldfrage führt aber auch deshalb zu nichts, weil es die Polen sind, die sich am meisten vor einem neuen russischen Imperialismus oder gar einem deutsch-russischen Schulterschluss fürchten.

Fast schon lustig, man möge mir das verzeihen, ist dabei, dass auch jene rechten Politiker, die sich ansonsten lauthals über den deutschen Schuldkomplex beschweren, für dieses Argument plötzlich empfänglich sind. Doch auch bei der Linkspartei darf man vielleicht mal nachfragen, warum die Schuld gegenüber Russland so viel zwingender und aktueller sein soll als die Dankbarkeit gegenüber den Amerikanern. Sehr gespannt darf man aber auch darauf sein, wie sich eine potenzielle neue Freundschaft zwischen den USA und Russland bei jenen darstellt, die in Moskau immer ein Gegengewicht zu den USA gesehen haben.

Ohnehin muss man sich über Vertreter einer deutschen Äquidistanz zwischen Washington (vor Trump) und Moskau wundern. Schon der Vergleich zwischen den beiden Regierungszentralen offenbart die tiefe Differenz zwischen den Systemen. In der US-Hauptstadt wird zwar architektonisch auf sehr pathetische Weise der Macht gehuldigt, aber eben der demokratischen. Im Übrigen ist in Washington alles zu klein, die Macht platzt förmlich aus den Nähten, vom Weißen Haus bis zu den Abgeordnetenbüros. Da ist eine Macht offenkundig über sich hinausgewachsen. In Moskau ist es genau umgekehrt. Wenn man als Journalist in den Kreml geführt wird, so nimmt einen die Einschüchterungsarchitektur sofort gefangen, mit jedem neuen Gang, mit jeder überraschend sich öffnenden Hintertür fühlt man sich mehr zurückversetzt in die Sowjet- oder in die Zarenzeit. Und wenn man denn endlich den riesigen Saal erreicht hat, in dem die Pressekonferenz stattfindet, dann wird man förmlich erschlagen vom Prunk. All das ist die steingewordene Verführung zur Demütigung.

Ganz und gar nicht zum Schuld-Argument passen will wiederum die Angst vor Russland, die in Deutschland ebenso weit verbreitet ist. Gerade in Berlin wird an Stammtischen gern fantasiert, dass »die Russen uns den

Gashahn zudrehen«, wenn sie sauer werden. Das Argument, dass in einem solchen Falle der russische Staat schneller pleite wäre, als die Berliner erfrören, richtet wenig aus gegen solche Berlin-Blockaden in den Köpfen. Wie bizarr überhaupt, dass die eine historische Sichtweise, in der Deutschland Russland bedroht, so unvermittelt neben der anderen Sichtweise existieren kann, in der umgekehrt die Sowjetunion Deutschland teils besetzt, teils bedroht hat.

Und dann wäre da noch das schnöde wirtschaftliche Interesse, viele deutsche Expolitiker sind Angestellte oder Berater der russischen Staatswirtschaft. Was natürlich keinen der Herren davon abhält, auch auf der Schuld-Klaviatur zu spielen. Gern wird in diesen Kreisen zudem die Seelenverwandtschaft der beiden Völker gepriesen, die Tiefe, die Ernsthaftigkeit und die Traurigkeit vor allem. Bei Gerhard Schröders 70. Geburtstag soll Wladimir Putin sogar ein Ständchen am Klavier gegeben haben. Da werden tiefste Gefühle geweckt, die von so etwas Banalem wie einer Grenzverletzung gar nicht berührt werden können, weil sie »ewig« sind.

Diese kulturellen Verbindungen mag es sogar geben, und sie könnten unter anderen Rahmenbedingungen durchaus bindend wirken – sie sind nur keine politischen Argumente. Und sind die Seelenunterschiede zwischen Deutschen und Russen nicht mittlerweile viel größer als alle Gemeinsamkeiten? Die Lust der Deutschen an der Freiheit? Ihre Anhänglichkeit an den

Rechtsstaat? Ihre relative Unbestechlichkeit? Ihre spät erworbene, stets fragile Sanftheit gegenüber Minderheiten? Die Aversion gegen alles Autoritäre und gegen den Zentralismus? Nur wer sich wünscht, wie es zum Beispiel die AfD tut, dass die Deutschen wieder zu dem werden, was sie mal waren, kann von einer seelischen Annäherung mit dem großen Reich im Osten schwärmen. In ihrem Russland-Klischee ist dort der Mann noch Mann! Da wird noch geglaubt oder wenigstens so getan! Russland, das ist in dieser Lesart das Utopia des Gestern! Bei dieser Art von deutsch-russischer Schwärmerei kommen die wirklichen Deutschen am Ende so wenig zu ihrem Recht wie die Menschen in Russland, die natürlich viel widersprüchlicher sind als das Bild, das ihre Regierung zu erzeugen versucht.

Ich selbst verlor den Glauben daran, dass Putin Russland – wie langsam auch immer – zur Demokratie und zur Marktwirtschaft führen möchte, als er im Jahr 2013 ein Gesetz gegen »schwule Propaganda« verabschieden ließ – ein klares Zeichen für gesellschaftliche Regression.

Dazu passt ein weiteres Gesetz, das die fast ausschließlich von Putin-Anhängern besetzte Duma im Januar dieses Jahres »zum Schutz der Familie« verabschiedet hat und in dem die Züchtigung von Familienmitgliedern entkriminalisiert werden soll. Die *FAZ* fasste den Gehalt dieses Gesetzes am 28. Januar so zusammen: »Auf Übergriffe gegen ›nahe Personen‹, bei denen es zwar zu Schmerzen, zu einem blauen Auge oder Schürfwunden, aber nicht zu weiteren körperlichen Schäden kommt, sollen künftig nicht mehr wie bisher bis zu zwei Jahre Haft stehen. Indes nur, wenn es der erste Vorfall dieser Art ist.«[2] Das massive Problem innerfamiliärer Gewalt, unter dem Russland leidet, wird hier bagatellisiert. Natürlich in gewissen Grenzen, also wenn der Züchtiger es bei einem »blauen Auge oder bei Schürfwunden« belässt und schwere körperliche Schäden aber vermeidet …

Zwischen Russland und Deutschland liegt auf diesem Feld mindestens ein halbes Jahrhundert, und es wird nicht weniger. Wer hier an eine Seelenverwandtschaft glaubt, der hat die (zumindest heutige) deutsche Seele nicht verstanden.

Zur mangelnden Sensibilität gegenüber derlei fundamentalen Differenzen gesellen sich dann noch politisch-nostalgische Vorstellungen. Die deutsche Sozialdemokratie etwa hüllt ihre unklaren Gefühle und ihre widersprüchliche Politik gegenüber Russland gern in das Gewand der »Entspannungspolitik«, obwohl die Umstände heute so grundverschieden sind von dem, was Willy Brandt und Egon Bahr einst geschaffen haben, sodass auch diese Reminiszenz nicht weit führt. Zumal es – und da wird die Sache ebenso ironisch wie gefährlich – ja seit der Renaissance der Autoritären im Westen Putin ist, der auf »Wandel durch Annäherung« setzt: Russland nähert sich an – und wir wandeln uns.

Angst und Schuld, Links und Rechts, Seele und Profit – das Merkwürdigste am deutschen Russlandkomplex ist, dass er sich aus Motiven speist, die überhaupt nicht zueinander passen, die sich sogar diametral widersprechen. Doch beim Thema Russland subtrahieren sich die Widersprüche nicht in ihrer Wirkung, sie addieren, nein sie potenzieren sich geradezu.

Paradoxien im Paradeschritt – wie kann das sein?

Eine leidlich vernünftige Erklärung wäre: Deutschland war nie – zumindest seit den 70er-Jahren nicht mehr – gezwungen, ehrlich, vorausschauend und offen über Russland zu diskutieren, weil die großen Linien der Politik hier von den USA vorgegeben waren. So konnten all die logisch widerstreitenden Argumente im halbwachen Zustand nebeneinanderher leben. Darum kann man nur froh sein, dass in den letzten Jahren, als es dann doch brisanter wurde und Deutschland auch gegenüber Russland in eine Führungsrolle geriet, eine Kanzlerin an der Spitze stand, die mit intimer Russlandkenntnis auf die Sache guckte.

In der neuen, in der Trump-Phase wird dieses Thema nicht mehr nach oben weg zu delegieren sein, Deutschland muss seinen Russlandkomplex überwinden und die bitteren Freuden der Klarheit selbst genießen. Obama, der gegenüber Moskau seine eigenen Fehler gemacht hat, hatte schon recht: Russland kann uns gar nichts, wenn wir nicht von der Spur abkommen.

Europa – die Weltmacht, die sich selbst nicht kennt

Und auf einmal stimmt das, was man immer behauptet, aber selbst nicht mehr richtig geglaubt hat: Die EU ist der Garant des Friedens in Europa, ohne sie droht der Rückfall in Nationalismus, Protektionismus und aggressive Konkurrenz untereinander.

Gesagt wurde das jahrzehntelang, gemeint war die Erinnerung an die erste Hälfte des vergangenen Jahrhunderts. Alle haben dazu genickt, die meisten, insbesondere die Jüngeren, jedoch heimlich gedacht: Ach was, ein Zurück in diese dunkle Zeit gibt es eh nicht mehr. Jeder sieht doch, die EU expandiert friedlich, immer neue Länder wollen ihr beitreten, die Russen haben mit sich selbst genug zu tun, nicht mal bei den Verhandlungen mit der EU über eine mögliche Mitgliedschaft der Ukraine erheben sie noch ernsthafte Einwände. Die Amerikaner stehen hinter uns, wollen die EU und den Freihandel, sie helfen uns bei der Verteidigung und kümmern sich um die Krisenregion Mittlerer Osten, als wäre es ihre Nachbarschaft und nicht unsere, sie machen das nicht gut, aber sie machen es. Und die Diktaturen der Region halten einem derweil ohne zu viele schreckliche Fernsehbilder das Gros der potenziellen Flüchtlinge vom Hals.

Das war die Lage der EU bis etwa zum Jahr 2010, eigentlich sogar bis 2014, weil sich die Eurokrise erst da zu einem Großereignis auswuchs. Man muss das an dieser Stelle vielleicht einmal festhalten: Das hatte etwas von einem Paradies!

In einer solch angenehmen Lage gedeihen, so ist der Mensch, luxuriöse Einstellungen. Irgendwann wird der Luxus nicht mehr als solcher gesehen und wertgeschätzt, sondern als Selbstverständlichkeit konsumiert, das Optimum erscheint als Minimum, das Meckern als Menschenrecht. Sodann meint man, die EU zusätzlich belasten zu können, sie beispielsweise als Sündenbock nationaler Politik benutzen zu dürfen, als Agent der Globalisierung zu verschreien oder zur Projektionsfläche hochfliegender Utopien von der endgültigen Abschaffung (»Überwindung«) des Nationalstaats zu missbrauchen.

Etwas ist verloren gegangen in dieser Phase, die Kultur der Wertschätzung für die EU oder, weniger blumig gesagt, die Fähigkeit, die positive Realität der EU zu verteidigen. Abseits der Sonntagsreden existierte keine Kultur der Selbstbehauptung und der Selbsterklärung, ja nicht einmal eine einigermaßen korrekte, breit geteilte Selbstbeschreibung.

Mittlerweile, wenige Jahre später, gilt so gut wie keine

der Bedingungen mehr, die das Leben der Europäer so sehr erleichtert haben: Die Russen attackieren, die Flüchtlinge drängen, die Wirtschaft stagniert, die Gemeinschaft gewinnt keine Mitglieder, sie verliert welche. Die Stabilität der EU strahlt nicht mehr in die Nachbarschaften, vielmehr ist es umgekehrt, die äußere Instabilität wandert ein in die EU. Und, so hätte man bis vor Kurzem gesagt, die Amerikaner ziehen sich dezent, aber spürbar zurück. Nun ist man mit Trump auch da noch einen Schritt weiter: Die Amerikaner attackieren ebenfalls, auf andere Art als die Russen natürlich, aber sie tun es.

Ganze drei Jahre – von der Verschärfung der Eurokrise im Jahr 2014 bis heute – dauerte es, bis sich die Lage der EU um 180 Grad gedreht hatte. Für ein so komplexes und eher schwerfälliges Gebilde ist das eine extrem kurze Zeit. So schnell, wie das Schicksal die Lektionen erteilt hat, konnte Europa gar nicht hinterherlernen. Darum wirken die mentalen Krankheiten aus der Luxusphase nun, in der Stunde existenzieller Not, nach, die EU wirkt wie eine Amazone in Korsett und Reifrock, falsch gewandet für den Kampf. Wer diesen mentalen Verdrehtheiten auf den Grund geht, hat eine gute Chance, die künftige Gestimmtheit einer erstarkten EU zu erahnen.

Brüssel, Brüssel, Brüssel – so sehr ist dieser Name zu einer Metapher für alles Problematische und Negative geworden, dass dahinter die wirkliche Hauptstadt der EU zu verschwinden droht. Wer öfter mal hinfährt, der findet zuallererst einen faszinierenden Ort vor. Nirgendwo anders in Europa ist so viel Wissen über diesen Kontinent konzentriert, auch wenn die Träger dieses Wissens oft leichtfertig als Bürokraten bezeichnet werden. Man kennt die Probleme und Gefühle der je anderen Nationen detailgenau, steht man doch auf Englisch oder Französisch in ständigem Austausch miteinander. Und weil dieses Brüssel hier eine gigantische Konsensmaschine ist, kann jeder auch seine Interessen geltend machen, zumindest wird er angehört. Wer auch nur zwei Tage mit einem österreichischen Kommissar, einem deutschen Büroleiter, einem polnischen Botschafter, einem holländischen Sonderbeauftragten, einem deutschen Präsidenten, einer bulgarischen Pressesprecherin und einem bayerischen Fraktionschef redet, der kann nicht anders, als erst einmal fasziniert zu sein. So viel Kompetenz auf so wenig Raum. Man fragt sich immerzu, warum die EU ihr Potenzial so wenig auszuschöpfen vermag.

Eine Antwort darauf liegt in ebendem engen Raum, den wenigen Cafés und Palais, Restaurants und Sitzungssälen, in denen sich das Brüsseler Leben abspielt. Natürlich entsteht hier Tag für Tag neu eine besondere, eine mitunter absonderliche Welt: Allianzen und Feindschaften, die sich einem Außenstehenden kaum erschließen. Auch die Zahl der skurrilen Typen scheint hier doch höher als in den nationalen Parlamenten, was man natürlich sympathisch finden kann.

Die wahren Webfehler der EU begegneten mir in aller Klarheit aber nicht beim Gespräch mit Brüsseler Originalen, sondern mit einem der obersten Repräsentanten des Systems Brüssel, im geräumigen Büro des seinerzeitigen Parlamentspräsidenten Martin Schulz. Die erste Überraschung bestand darin, dass sich binnen weniger Minuten die Rollen zwischen Journalist und Politiker verkehrten. Gewöhnlich stellt unsereins die Lage kritisch dar, während die politisch Verantwortlichen den Status quo verteidigen und zugleich erklären, wie sie ihn noch weiter verbessern wollen. Hier lief es andersherum, Schulz zeichnete ein so düsteres Bild von der EU, dass ich reflexhaft in die Gegenposition verfiel und überall das Positive hervorzukehren versuchte. Irgendwann fiel es mir dann auf, aber es half nichts, die schräge Gesprächsführung ließ sich nicht durchbrechen. Auf meinen optimistischen Einwand hin, die EU habe sich doch in der Ukrainekrise sehr einig gezeigt und mit Russland erfolgreich verhandelt, entgegnete Schulz, das sei ja nicht die EU gewesen, sondern nur Angela Merkel und Francois Hollande. Für einen Augenblick war ich verdutzt, dann verstand ich: Der Präsident des EU-Parlaments mag nur dann etwas als eine Leistung der EU anzuerkennen, wenn es sich auch um eine EU-Institution handelt, also am besten um die Kommission, das Parlament oder wenigstens den Rat.

Diese Art der Feindifferenzierung ist mir in Brüssel sehr oft begegnet. Eine hohe, noch junge Beamtin, die ich im Gebäude der Kommission traf, sagt mir unvermittelt, für »die da« würde sie niemals arbeiten, und wies mit wegwerfender Handbewegung auf das Nachbargebäude, den Sitz des Europäischen Rates. Diese Vertretung der Einzelstaaten gilt den Puristen schon als zu national, im Grunde als uneuropäisch.

Etwas von diesem Geist schien auch Martin Schulz zu hemmen. Jemand, der so empört und verzweifelt ist über das schlechte Image der EU, müsste ja bei allem, was sich als Erfolg einheimsen ließe, dabei sein, nach dem Motto: »Wo zwei oder drei von euch in meinem Namen zusammen sind, da bin ich mitten unter euch.«

Man muss sich hier noch einmal die Kluft zur gewöhnlichen Politik vor Augen halten: In Deutschland würde ein Horst Seehofer keine Sekunde zögern, die Erfolge der deutschen Nationalmannschaft auf die gute Arbeit des FC Bayern zurückzuführen, der wiederum nur im schönen Bayernland so trefflich gedeihen kann, das die CSU bekanntlich selbst geschaffen hat.

In Brüssel hat der Erfolg nicht viele Väter, nur der Misserfolg hat viele Kinder.

Diese im Grunde unpolitische Haltung vieler Repräsentanten in Brüssel verweist auf eine fast schon tragische Fehlentwicklung der EU insgesamt. Anders als es zum Beispiel in Deutschland oder in Großbritannien der Fall ist, steht die Mehrheit der Europapolitiker nicht zum eigenen System. Weder die sehr spezielle Art fluider EU-Staatlichkeit wurde jemals von Herzen verteidigt noch das einzigartige Gefüge der Verträge und Institutionen. Stattdessen teilt sich Brüssel seit jeher in zwei Fraktionen: diejenigen, denen es immer zu wenig Integration ist, und diejenigen, denen es immer schon zu viel ist. Wenn etwas nicht gut läuft, fühlen sich beide Seiten bestätigt, die Vertreter des Immer-mehr wie die des Immer-weniger. Beide zielen sie auf möglichst grundlegende Änderungen der Verfassung. Wenn jedoch etwas gut funktioniert, so findet das in beiden Fraktionen wenig Interesse. Den dogmatischen EU-Gegnern passen positive Nachrichten ohnehin nicht in den Kram, aber auch den Befürwortern von möglichst viel EU, zuweilen werden sie Europhoriker genannt, können Erfolge bei ihrem Hauptziel, der immer engeren Union, naturgemäß wenig weiterhelfen. Auf diese bizarre Weise wird jedes größere Problem der EU sogleich zu einer Verfassungs-, Identitäts- und Existenzkrise aufgeblasen. Einen Nationalstaat, der ähnlich selbstzerstörerisch mit sich umgeht, muss man erst einmal finden.

Wenn man diese Logik mit der Botschaft der Sonntagsreden verbindet, so ergibt sich ein erschreckendes Bild: Drohbotschaft ohne Frohbotschaft. Für die Bürgerinnen und Bürger stellt diese Kombination eine unglaubliche Zumutung dar, denn rückwärts droht ihnen der Rückfall in böse Vergangenheiten, vorwärts droht ihnen immer mehr EU. Nach all dem liegt die Antwort auf die Frage, warum die EU so unbeliebt ist, auf der

Hand: weil abseits der Sonntagsreden niemand aus vollem Herzen für sie wirbt.

Seit die EU in ihre tiefe Legitimationskrise geraten ist, fahren viele Brüsseler Politiker die Rhetorik des Immermehr etwas herunter, das allein hilft jedoch nicht weiter. Dafür geht dieses Denken bei ihnen zu tief, immer wieder tritt es unversehens zutage. Eine Standardantwort von Martin Schulz auf Schwierigkeiten aller Art lautet nach wie vor so: »Wenn die Probleme sich europäisiert haben, die Lösungsansätze und Instrumente aber national bleiben – dann muss das schiefgehen.« Analytisch trifft das oft zu, politisch führt es kaum weiter, weil es sich für die Leute so anhört: Die Probleme sind verschieden, die Lösung ist immer die gleiche – noch mehr Europa. Was unter den gegebenen Bedingungen bedeutet: keine Lösungen. Das ist das Denken der Vergeblichkeit.

Dieses Denken fängt schon bei den Maßstäben an, anhand deren die EU üblicherweise beurteilt wird. Da ist auf der einen Seite der funktionierende Nationalstaat mittlerer Größe, wie zum Beispiel Deutschland oder Schweden. Es liegt auf der Hand, dass die EU mit ihren 27 Mitgliedern – von denen nicht wenige korrupte Regierungen und Verwaltungen haben, einige sehr arm sind und unter einer schwach ausgebildeten Staatlichkeit leiden – weit dahinter zurückbleiben muss. Tatsächlich funktioniert die EU aber sogar besser als die Mehrheit ihrer Mitgliedstaaten, stellt also gewissermaßen einen Nettogewinn an gutem Regieren dar.

Der andere Maßstab sind die USA mit ihrer bundesstaatlichen Struktur. Henry Kissinger wird die polemische Frage zugeschrieben, welche Telefonnummer Europa denn habe. Darin zeigt sich die Herablassung gegenüber einem unvollständigen Kontinent, der insgesamt zu wenig vereinigt ist, um von einer Supermacht ganz ernst genommen zu werden, dessen Einzelstaaten wiederum dafür zu klein sind.

Ganz ähnlich präsentieren sich in Brüssel die zahlreichen amerikanischen Lobbyorganisationen und Thinktanks, die Europa stets unter dem Aspekt seiner Unvollständigkeit betrachten und seine Minderwertigkeit (gemessen an den USA) nachzuweisen trachten, auch wenn das selten so krass formuliert wird wie in jenem Kissinger-Zitat. Natürlich kann man es den US-Lobbyisten überhaupt nicht vorwerfen, wenn sie Amerika als Vorbild sehen und Europa als grundlegend verbesserungswürdig, schließlich sind die USA und die EU konkurrierende Mächte. Wirklich gefährlich ist, dass die vielen Brüsseler Politiker selbst mit an diesem Bild malen, sie finden ja auch, dass die EU defizitär ist, ein insuffizienter Parastaat.

Sogar jetzt, da die systemischen Widersprüche der amerikanischen Verfassungswirklichkeit so offen zutage treten und die checks and balances dort so häufig versagen, fällt es vielen Europäern schwer, daraus die naheliegenden Schlüsse zu ziehen. Die schlichte Wahrheit lautet, dass jedes demokratische System innere

Widersprüche in sich trägt, die irgendwann ausbrechen. An diesen Widersprüchen zu laborieren, das ist keineswegs eine Besonderheit der EU, geschweige denn ein Beweis für ihre fatale Unvollkommenheit. Dieses Laborieren nicht als unabänderlichen Teil des demokratischen Prozesses anzusehen, sondern darauf zu setzen, dass man diese Widersprüche irgendwann vollständig beseitigt haben wird und bis dahin tief unzufrieden sein darf – das ist die Besonderheit der EU. Das ist ihre falsche Ideologie.

Die USA werden irgendwann an ihrer Verfasstheit dramatische Veränderungen vornehmen müssen, was ihnen nicht leichtfallen dürfte, weil sie den Regeln, die ihnen die Gründungsväter auf den Weg gegeben haben, fast religiöse Bedeutung zumessen. Die EU hingegen befindet sich ohnehin in einer ständigen konstitutionellen Metamorphose. Was von beidem besser ist, um auf Veränderungen zu reagieren, das wird sich noch herausstellen. Hier sei nur der Anfangsverdacht geäußert, dass das Fluide gegenüber dem Kristallinen auch seine Stärken hat.

Möglicherweise ist ja der ganze Grundgedanke, das Ideal eines funktionierenden Nationalstaates, für die EU gar nicht hilfreich, vielleicht muss sie sich als improvisierendes und experimentierendes Staats- oder Parastaatswesen ansehen. Die jüngste Entwicklung der Nationalstaaten zeigt ja eben auch, dass deren Funktionieren nicht garantiert ist, sondern von vielen vergänglichen Faktoren abhängt.

Heimlich wird die EU im Übrigen auch mit China verglichen, dem Land, wo angeblich alles schneller geht, weil der Konsens erzwungen werden kann und weil Bürgerbeteiligung dort weniger aufschiebende Wirkung hat als in der EU. Doch auch dieser Vergleich muss die Europäer nicht nervös machen, niemand weiß, wie stabil das chinesische System ist. In Wirklichkeit lässt sich gar nicht sagen, welches die beste Verfassung ist für dynamische Riesenstaatengebilde von der Größe der USA, der EU und Chinas.

Amerikaner und Europäer sehen sich nun mit einer neuen Frage konfrontiert: Können sich ihre demokratischen Verfassungsstaaten in allen ihren Varianten auch dann noch behaupten, wenn die Globalisierung nicht mehr so eindeutig und einseitig zu ihren Gunsten verläuft und sich die Ungleichheit in ihren eigenen Gesellschaften derartig verschärft, dass die Bevölkerungen unzufrieden werden? Noch klarer gesagt: Funktionieren Demokratie und leidliche Gleichheit nach innen nur, wenn international Hierarchie und Ungleichheit herrschen? Das ist das Systemproblem auch der EU, nicht so sehr das Verhältnis von Kommission und Rat.

Der negative Gründungsmythos der EU, der große Europäische Bürgerkrieg von 1914 bis 1949, hat lange getragen. Mit dieser gewaltigen historischen Energie ließ sich bis in die späten 80er-Jahre hinein das europäische Haus bauen. Und als dann diese Nie-wieder-Kräfte nachließen, schenkte das Schicksal der EU eine weitere

Belebung: Der Eiserne Vorhang fiel, und die EU wurde nach Osteuropa hin ausgeweitet. Es war die Stunde der großen Illusion des gesamten Westens, man hielt sich wirklich für den Höhe- und Zielpunkt der Geschichte, alles außer mehr schien undenkbar. Wohl in dieser Euphorie und im Schwung der Erweiterung glaubten viele europäische Politiker zur Vollendung der EU schreiten zu können, gemeinsame Währung, gemeinsame Sicherheit, sogar eine Verfassung wurde geschrieben. Und genau zu diesem Zeitpunkt brach sich die Dynamik des Gründungsimpulses, und auch die zweite Luft durch den Mauerfall ging dem Projekt aus. Im Juni 2005 lehnten Frankreich und die Niederlande diese Verfassung per Referendum ab.

Dieses epochale Ereignis warf unter den Europhorikern allerdings nicht die Frage auf, ob mit ihrem Projekt etwas nicht stimmt, sondern, was da mit den Franzosen und Holländern bloß los war. Hat man es ihnen nicht richtig erklärt (vulgo: Waren sie zu dumm?) oder haben sie in Wahrheit innenpolitisch votiert (vulgo: Waren sie zu borniert?). Der ganze Vorgang führte bei denjenigen, die der EU am stärksten das Wort redeten, zu einer Desillusionierung über die Europäer bei unvermindertem Festhalten an der eigenen Illusion von einem ganz geeinten Europa.

Seit dieser Zeit machte auch ein Lieblingsargument der Europapolitiker Karriere, um ihre unerklärliche Unbeliebtheit verständlich zu machen: Mit routinierter

Empörung wird von ihnen immer wieder darauf hingewiesen, dass die Politiker in den Hauptstädten alle Schuld auf Brüssel schieben. Ja Gott. Wenn in Berlin etwas schiefläuft, dann schiebt es die CSU auf die CDU, die SPD auf beide und alle zusammen auf den Bundesrat. Oder eben auf Brüssel. Dieses blame game aber ist weder ein Webfehler der europäischen Verfassung noch eine spezifisch gegen die EU gerichtete Gemeinheit, es handelt sich schlicht um das offene Geheimnis der repräsentativen Demokratie, die nicht nur, wie es das Schulbuch sagt, den Willen des Volkes wirksam machen, sondern noch viel mehr die Wut des Volkes unwirksam machen soll: Aggressionsabfuhr nach oben statt gegeneinander oder gegen Minderheiten, das gehört zu den Betriebsgeheimnissen der Demokratie. Dagegen zu polemisieren, das mag als Teil des Spiels angehen, sich darüber ernsthaft aufzuregen oder dafür viel Mitleid zu erwarten, das wirkt unprofessionell.

Im Jahr 2014 hob die EU dann endgültig ab. Man kann es im Nachhinein gar nicht mehr glauben, aber es war wirklich so, dass im März jenes schicksalhaften Jahres die Russen die Krim annektierten und damit erstmals wieder europäische Grenzen gewaltsam verschoben, während im Europawahlkampf für die drei Monate später stattfindenden Parlamentswahlen eine ganz andere Frage ins Zentrum gestellt wurde: Würde der obsiegende Spitzenkandidat – entweder der Mann der Konservativen (Jean Claude Juncker) oder der Anführer der Sozialdemokraten (Martin Schulz) – am Ende auch Kommissionspräsident oder würde das EU-Parlament dabei vom Europäischen Rat überstimmt? Überspitzt gesagt: Die Geschichte pocht ans Tor – und die EU debattiert die Tischordnung.

Dabei war zu jenem Zeitpunkt schon längst erkennbar, dass die neuen Krisen der EU auch Chancen bieten könnten. Eurokrise, Ukrainekrise und Flüchtlingskrise legten schonungslos Konstruktionsfehler und verschlampte Politikfelder der Gemeinschaft bloß. Die Währung erwies sich als instabil, urplötzlich drohte systemrelevanten Banken der Kollaps, ja ganze Staaten hätten kippen können. Nach dem üblichen kakofonischen Hin und Her wurden dann einige Maßnahmen ergriffen, die Banken gesichert, der Finanzmarkt etwas besser kontrolliert und ein Schutzschirm über die Staaten gespannt. In all dem mischten sich Improvisation, Nothilfe und Strukturverbesserung. Genauso verlief es auch bei der Ukraine, die mit einem Schlag mehr »gemeinsame Außen- und Sicherheitspolitik« brachte als alle Jahre vorher zusammen. Schließlich die Flüchtlinge: Die Kontrolle der Außengrenzen hatte sich als nachlässig erwiesen, das Dublin-Verfahren zeigte sich als ein Verfahren, das nur für schönes Wetter tauglich und nur für die Macht in der Mitte nützlich ist. Die Umverteilung von Flüchtlingen hatte man nicht geübt; nun, da sie dringend gebraucht wurde, klappte sie nicht. Alles, was dann nach dem krisenhaften Sommer 2015 geschehen ist, trägt den Stempel des Vorläufigen und Unvollkommenen, nicht zuletzt das Flüchtlingsabkommen mit der Türkei. Dennoch hat es die EU einen Schritt weiter gebracht. Einiges ist passiert, was ohne diese Krise politisch nicht durchsetzbar gewesen wäre, von der Unterstützung der Flüchtlinge in den Lagern bis zu einer renovierten Afrikapolitik.

Die Struktur dieser drei Krisen (man könnte auch die Welle des islamistischen Terrors als vierte Krise dazu zählen) ist ziemlich klar: Offenlegung struktureller Defizite und als Antwort Reformen knapp unterhalb des Konstitutionellen. Interpretieren kann man die Vorgänge aber ganz verschieden: Für die Gegner der EU sind sie einfach ein weiterer Beweis für das notorische »Versagen der EU«. Für Europhoriker wie den Belgier Guy Verhofstadt von den Liberalen sind die drei Krisen ein erneuter schlagender Beweis, dass nur weitere mutige Integrationsschritte die EU vor einer Wiederholung bewahren können. Und er hat ja recht, wäre die EU ein Nationalstaat, dann hätte sie alle diese Krisen so nicht gehabt. Sondern andere. Hätte die Kuh Räder, wäre sie ein Auto.

Beide Gruppen, die Euroskeptiker wie die Europhoriker, haben also nur gelernt, was sie schon wussten: dass endlich sie sich durchsetzen müssen, dann wird alles gut.

Es gibt jedoch noch eine andere Lesart für die Krisenjahre: Nachdem der Gründungsimpuls der EU seine Kraft verloren hat und der Brüsseler Apparat, so liebenswert und bewunderungswürdig er sonst sein mag, byzantinische Züge angenommen hat, kann die EU sich nur noch durch die Kraft neuer Krisen vorwärtsbewegen. Und sie bewegt sich ja tatsächlich.

Mittlerweile kam zu den halb bewältigten Krisen noch eine neue hinzu, eine von ganz eigener Art. Diese Krise heißt Donald Trump. Er stellt das europäische Projekt auf mannigfaltige Weise infrage. Sein rüder Nationalismus kann nur als Gegenthese zur europäischen Idee verstanden werden. Denn sie versucht ja der Globalisierung Herr zu werden, indem sie sich selbst eine zweite, eine überstaatliche Ordnung gibt und auch über die eigenen Grenzen hinaus auf internationale Abkommen und Institutionen setzt. Trump ist für alle Gegner der Union, auch für die eigenen Antieuropäer, ein mächtiges Vorbild, sie heißen ihn als Verbündeten willkommen. Neben diese politische Herausforderung tritt eine ökonomische, weil Trumps Protektionismus nicht so ohne Weiteres zu begegnen ist. Schließlich wollen die Europäer keine Eskalation bis hin zum Handelskrieg.

Spätestens an dieser Stelle zeigt sich auch hier das positive Potenzial der Krise, denn die oft eingeklagte Gemeinsame Europäische Außen- und Sicherheitspolitik (GASP), die schon bei der Krim-Annexion einen Sprung nach vorn gemacht hat, tritt nun nolens volens in eine neue Phase ein, zur Gemeinsamkeit gezwungen, wenn man so will. Auch die Trump-Krise kann sich noch als nützlich erweisen.

Ganz falsch wäre es jetzt allerdings, wenn das alte Konzept der immer engeren Union mit einer Drohkulisse neu belebt würde. Diese Armageddon-Variante zieht nicht mehr. Auch der gleichzeitige Angriff der Autoritären aller Länder wird die Europäer nicht zur weitgehenden Aufgabe ihrer Nationalstaaten bringen.

Europa ist ein ungeheuer starker Kontinent, auch mit 27 Mitgliedern noch, dessen größte Schwäche vielleicht in der Fixierung auf die eigenen Schwächen liegt. Die europäischen NATO-Staaten geben ein Drittel dessen aus, was die Amerikaner in die Rüstung investieren. Ist das viel oder wenig? Eigentlich sehr viel, möchte man meinen, wenn es denn nur besser investiert und koordiniert würde. Bislang lautet der gemeinsame Nenner aller europäischen Rüstungsanstrengungen: Amerika. Die Europäer rüsteten vor sich hin, und die USA sorgten dann dafür, dass am Ende auch irgendwas funktioniert. Das war so, muss aber nicht so bleiben.

Ökonomisch ist die EU ohnehin eine Weltmacht, auch wenn sie sich nicht gern so nennt. Stärker als die USA, stärker als China. Was also muss dieser Kontinent fürchten?

Außer einem verzerrten und verzagten Bild von sich selbst hindert unglücklicherweise noch etwas anderes die EU daran, in diesen harten historischen Zeiten zu ihrer eigenen Stärke aufzuschließen: Gerade weil sie sich als nicht stark genug für die raue Wirklichkeit ansieht, möchte sie diese Wirklichkeit am liebsten nicht allzu genau sehen. Mindestens drei Schleier liegen heute über dem Kontinent.

Zuerst einmal möchten viele Europäer glauben, die Präsidentschaft Trumps sei nur eine vorübergehende Erscheinung, irgendwann kommt ein anderer Präsident, dann wird alles wieder so wie vorher. Gerade viele Osteuropäer möchten das gern glauben. Denn sie haben sich in eine äußerst prekäre Lage manövriert: Selbst werden sie immer autoritärer, gegenüber der europäischen Mehrheitskultur gebärden sie sich spöttisch bis polemisch. Gleichzeitig fürchten insbesondere die Polen den russischen Einfluss, vor dem sie wiederum die USA schützen sollen. Und nun dies: Ein Mann ist US-Präsident, so autoritär und nationalistisch, dass man ihn dafür lieben könnte, wenn er nicht zugleich zu national und egoistisch wäre, um anderer Leute Sicherheit weiterhin zu hundert Prozent zu garantieren. Wie zum Beispiel die der Polen. Oder der Balten. Das ist eben der Nachteil am Nationalismus, dass er sehr nationalistisch ist. Also doch wieder mehr auf Europa setzen? Die Lage der Osteuropäer unbequem zu nennen wäre ziemlich untertrieben. Am besten also, man hofft einfach, dass der Spuk bald vorbei ist.

In abgeschwächter Form möchten aber auch die Westeuropäer gern glauben, dass alsbald die alte transatlantische Normalität zurückkommt, denn jetzt all die Kosten, die der gute Hegemon aus Übersee bisher getragen hat, schnell und dauerhaft selbst übernehmen zu sollen, das schreckt viel Politiker.

Der zweite Schleier, das ist die Putin-Illusion. Sie wird im Westen des Kontinents sicher mehr gehegt als im Osten, dürfte jedoch überall ihre Anhänger haben. Statt sich nun mehr oder weniger allein mit den Bedrohungen aus Moskau befassen zu müssen – wieso erklärt man Putin nicht einfach zum Freund, dann entfallen zumindest die höheren Kosten?

Den dritten Schleier bildet der düstere Wunschtraum, dass sich der Ring der Diktaturen, die Europa so lange die Flüchtlinge vom Hals gehalten haben, wieder schließen möge. Stabile Despotien von Marokko bis Syrien, und schon wäre man das Problem wieder los, die Mauer zwischen Arm und Reich stünde wie eh je. Die EU unterstützt dabei die Despoten mit Geld und Waffen und die EU-Bürger spenden mildtätig an deren Opfer.

Nichts von alldem wird passieren. Wie gesehen erleben wir in Trump nur die besonders radikale und destruktive Variante einer neuen strategischen Interessenlage der Amerikaner, auch der nächste Obama wird den Europäern nicht noch einmal ihre Nachbarschaftskonflikte abnehmen. Wladimir Putin gehorcht seinen inneren Zwängen, die Europäer werden ihn nicht harmlos machen können. Schließlich der Mittlere Osten und Nordafrika: Nichts, aber auch gar nichts spricht dafür, dass es dort eine Zone der Stabilität geben könnte, ohne dass sich die Lage der Menschen Schritt für Schritt verbessert. Wozu wiederum die Europäer einen Beitrag leisten müssten, genauer: einen Beitrag in bisher ungekannter Größe.

Wenn Europa sich künftig so mächtig denkt, wie es ist, und die Welt so nüchtern sieht, wie es geht, dann wird es für seine Probleme auch Lösungen finden. Hier sollen nur ein paar Prinzipien vorgeschlagen werden, die diesen Weg erleichtern könnten:

Die EU braucht vorderhand zugleich eine rechtere und eine linkere Politik: Links, das wäre die Umverteilung zugunsten der Ärmeren, das wäre ein härteres Agieren gegen Steuerflucht und Finanzmarkt-Hazard, auch eine grundlegend andere Politik gegenüber Afrika. Rechts könnte man die unausweichliche Aufrüstung respektive die Effektivierung der Militärausgaben nennen, ebenso wie kontrollierbare Grenzen. Auch die innere Sicherheit dürfte eher konservativen Vorstellungen folgen. Ob das für die EU auch ökonomisch sinnvolle Festhalten an der Klimapolitik eher links oder rechts zu nennen ist, sei dahingestellt, in jedem Fall würde es in die Sammlung künftiger konsensfähiger Europapolitik gehören. Auf Integration und Ausgleich bedacht müssten auch alle Änderungen an Verfahren und Institutionen sein. Es genügt nicht, abstrakt zu sagen, dass die EU hier und da auch zurückgebaut werden könnte. Vielmehr müsste jedes Mehr von einem konkreten Weniger begleitet werden. Anders ist nach den Jahren der zwanghaften Vereinigungspolitik kein neues Vertrauen herzustellen. Und dann bräuchte Europa mehr Geduld mit sich selbst. Eskapaden und Umwege, wie sie derzeit in Osteuropa, am aggressivsten in Ungarn, genommen werden, müssen bis zu einem gewissen Punkt ertragen werden. Man kann die Ungarn wie die Polen nicht nur mit dem vergleichen, was man sich für Europa wünscht, sondern muss sie auch in Relation zu dem setzen, was droht, wenn sie aus der Konsens- und Demokratiemaschine namens EU entlassen werden. Ja, Polen ist nicht mehr richtig euro-demokratisch, es ist aber auch noch nicht Weißrussland.

Am Schluss zählt der heitere Realismus: Eine existenzielle Krise kann eine Institution auch stärken, die EU wird in ihrem Ringen gegen die autoritäre Kraft von außen und innen in gewisser Weise neu nobilitiert. Immerhin ist die EU mit allen ihren Fehlern für Demokraten zurzeit das Beste, was der Globus zu bieten hat. Und andere Erden sind noch nicht in Sicht.

Wir und Die – warum eine Politik ohne Moral keinen Erfolg hat

Im Sommer 2016 saß ich auf einem Podium im Garten des Gorki-Theaters in Berlin. Eingeladen hatte das *Zentrum für politische Schönheit*, eine Gruppe von politischen Performance-Künstlern, die es sich zur Aufgabe gemacht haben, das Grenzregime der EU und die Politik gegenüber Flüchtlingen zu skandalisieren. Diesmal hatten sie mitten in Berlin einen Pavillon mit – echten – Tigern aufgestellt und drohten damit, Flüchtlinge an die Tiere zu verfüttern, wenn die Regierung ihre Politik nicht ändern würde. Einige Flüchtlinge hätten sich angeblich freiwillig bereit erklärt, dieses Opfer zu bringen. Niemand erwartete natürlich, dass dies geschehen würde, doch zogen allein schon die Ankündigung und die Tiger einiges an Aufmerksamkeit und Empörung auf sich. Während der Dauer der Aktion wurde allabendlich eine Podiumsdiskussion zum Thema abgehalten. Neben mir dabei waren Dietmar Bartsch, Fraktionschef der Linken, und Samira El Ouassil, eine 31-jährige Autorin mit deutschen und marokkanischen Wurzeln, die früher schon einmal als »Kanzlerkandidatin« der Spaßpartei »Die Partei« fungiert hatte.

Der Rahmen der Veranstaltung – die in Hörweite brüllenden Tiger und das sehr flüchtlingsfreundliche Publikum – ließen einen hohen moralischen Druck zugunsten der Flüchtlinge entstehen, die zurückzuweisen in jedem Fall als ungerecht erscheinen sollte. Obgleich ich selbst zu den Befürwortern einer liberalen Flüchtlingspolitik gehöre, nahm ich hier eine eher konservative Haltung ein – bei einem gewissen Grad von Moralismus schalte ich automatisch auf Nüchternheit. Samira El Ouassil, die mit großer Leidenschaft für offene Grenzen plädierte, erntete dennoch aus dem Publikum höhnische Kommentare, sie würde ja nur reden. Daraufhin griff Samira, die unmittelbar neben mir saß, unter ihren Oberschenkel und holte urplötzlich eine Wilkinson-Rasierklinge hervor, redete dabei weiter ins Mikro, befreite die Klinge vom Papier und schnitt sich längs in den linken Unterarm, lang und tief. »Was machen Sie denn da, Samira!?«, rief ich erschrocken, doch sie wandte sich nur zu mir um und sagte: »Das ist gar nichts gegen das Leid der Flüchtlinge.« Dann bat ich den Veranstalter, sofort einen Krankenwagen zu rufen, der nach einer gefühlten Ewigkeit auch kam.

Gleich nach dem ersten Schreck wurde ich wütend. Was Samira da mit ihren Mitdiskutanten und dem Publikum gemacht hatte, empfand ich als moralisches Kidnapping. Abgesehen davon fragte ich mich, ob es erlaubt sein kann, sich mit den Opfern von Politik, die es sich nicht aussuchen können, durch freiwillige Selbstverletzung ins selbe moralische Boot zu drängen.

Einige Wochen später traf ich Samira wieder, ich wollte ihr sagen, dass ich ihre Aktion nicht richtig und auch mir gegenüber übergriffig fand, zugleich war ich neugierig, ihre Begründung zu erfahren. Als Erstes zeigte sie mir ihre gut verheilte Narbe, dann erklärte sie mir, dass ihre Schnittwunde niemanden bedrängen, sondern nur eine Art Verfremdungseffekt erzeugen sollte. Samira zielte auf eine andere, angemessenere Art von Aufmerksamkeit. Es stellte sich heraus, dass Samira El Ouassil außer den deutschen und marokkanischen Wurzeln noch eine französische und amerikanische Geschichte hat, dass sie als Schauspielerin und Linguistin arbeitet – und dass sie, abgesehen von dieser Aktion, ganz ruhig und vernünftig argumentiert. Ohne mit ihr übereinzustimmen, verstand ich zumindest eines: Wer mit Marokkanern verwandt ist, steht offenbar anders zu den Toten im Mittelmeer und spürt – wenn er ethisch einigermaßen sensibel ist – auch einen viel höheren Druck als ein ausschließlich Deutscher wie ich. Es ist nicht so leicht, die moralische Grenze zu ertragen, die wir ziehen zwischen Uns und Denen, wenn man zugleich Die und Wir ist. Auch die Verführung, aus einem politischen Missstand eine radikale persönliche Konsequenz zu ziehen, ist immens. Sich selbst zu verletzen, das scheint dann immerhin besser, als nur zuzuschauen.

Allerdings kann solcherlei Heldentum auch in ganz andere, extremere Richtungen laufen.

Es stellte sich in dem Gespräch übrigens heraus, dass Samira El Ouassil in der Vorabendserie »Der Bergdoktor« eine Krankenschwester spielt, die von einer echten Krankenschwester beraten wird. Sie wusste also, wo man schneiden kann, wenn man denn schneiden muss.

Dieses andere In-der-Welt-Stehen begegnete mir kurz darauf wieder. Ein Freund ist als Jugendlicher aus dem Libanon über die DDR nach Deutschland gekommen. Er war seinerzeit ein begabter Fußballer, ein gläubiger Muslim – und er lebte in einem Bürgerkriegsland. Als eines Tages neben ihm auf der Straße sein Freund von einem Sniper erschossen wurde, wollte er nur noch weg. So wurde aus ihm nach vielen wilden Umwegen ein Deutscher. Statt eine richtige Ausbildung zu machen, fing er gleich an zu arbeiten, auf dem Bau. Heute, mit Mitte fünfzig, ist er Familienvater und Taxifahrer. Viele Jahre war er nicht in der Heimat, einfach, so sagt er, weil man dort von denen, die ausgewandert sind, zu große Geschenke erwarte, schließlich hätten sie »es« ja geschafft.

Doch dann endlich, im Herbst 2016, hat er sich einen Ruck gegeben und ist nach Beirut geflogen. Nach seiner Rückkehr trafen wir uns in einem libanesischen Restaurant im Berliner Stadtteil Moabit. Es war deprimierend, erzählt er, die Lage im Land ist so miserabel, nur die Verbindungen zählen, nicht die Leistung, nichts läuft rechtmäßig, alle gegen alle. Ich frage nach seinen Verwandten. Denen gehe es ganz gut, unter ihnen sind Sunniten, aber auch Schiiten, einer seiner Brüder überlege, zur Hisbollah zu gehen. »Hisbollah?« – »Ja, weil die was für die Armen tun und wenigstens kämpfen.« – »Und wie findest du das?« – »Ich verstehe es.«

Mein Freund lehnt Gewalt ab, ihn widern alle Muslime an, die im Namen Allahs morden. Aber Hisbollah, das ist für ihn etwas anderes. Hoffentlich ist es das. Jedenfalls ist das, was uns hier radikal vorkommt, wenige Hundert Kilometer weiter südlich nur die Spielart einer düsteren Normalität.

Ein drittes Beispiel sei hier noch erwähnt, das zeigen soll, worum es mir geht: um die *wirklichen* Geschichten, um die Realität, nicht um Ideologien und Wunschvorstellungen. Darum, dass ein anderes Verhältnis zu den Migranten und zu den Ländern, aus denen sie kommen, möglich ist, ja dass dieser Wandel bereits begonnen hat.

Ercan Aslan ist Techniker, Familienvater mit vier Kindern, Mitte vierzig, ein guter Freund seit fünfzehn Jahren – und ein absolutes Musterbeispiel für perfekte Integration. Auch er ist als Jugendlicher hierhergekommen, in der Schule saß er als Aramäer zwischen allen Stühlen, für die Deutschen war er ein Türke, für die Türken ein Christ. Dennoch hat er sich hineingekämpft in diese Gesellschaft, im Anerkennungsdeutsch würde man ihn einen Leistungsträger nennen. Seine Familie ist einst nach Deutschland umgesiedelt, weil die kleine

Gemeinde der Aramäer aus dem Süden der Türkei immer wieder zwischen die Fronten geraten ist, Türken und Kurden haben sie abwechselnd schikaniert. So ist es bis heute geblieben. Eines der wichtigsten aramäischen Heiligtümer ist das Kloster Mòr Gabriel, das oft angegriffen wurde. Als dann vor Kurzem sogar die Enteignung drohte, gingen die Berliner Aramäer auf die Straße, um dagegen zu demonstrieren. Auch Ercan. Aber, so erzählte er mir später, keiner sonst sei mitgegangen, kein liberaler Türke und kein Deutscher. Am Ende steht ein untergehendes Völkchen ziemlich allein da, sei es auch noch so urchristlich. Ercan, daran besteht für mich nicht der leiseste Zweifel, liebt Deutschland. Ob das umgekehrt auch so ist, das ist möglicherweise nicht ganz so sicher.

Mir sagen diese Geschichten viel darüber, wie es mit diesem Kontinent nach dem Fall der Mauer zwischen Erster und vormals Dritter Welt weitergehen könnte. Zum Beispiel sind die Verbindungen zwischen den Welten, das spürt man, unwiderruflich eng. Alle drei sind ja nun Deutsche auf die eine oder andere Art, ihre Schicksale sind deutsche Schicksale, ihr Glück ist deutsches Glück, ihr Unglück auch. Wie es ihnen hier geht, das hängt indes nicht nur davon ab, ob sie »integriert« sind oder ob Deutschland ein integrationsfähiges Land ist, sondern davon, wie sich die Deutschen und die Europäer zu den Heimaten der drei stellen, zu Marokko, zum Libanon, zur Türkei, zu den *potenziellen* Kriegsflüchtlingen, zu den Elendsflüchtlingen, zu denen, die da unten bleiben wollen oder müssen. Das entscheidet nicht nur darüber, wie es den dreien geht, sondern, weil diese ja zu uns gehören, darüber, wer *wir* sein wollen. Was machen wir mit uns, wenn wir etwas mit ihnen oder ihren Verwandten machen?

Etwas anderes ist mir vor allem am Beispiel von Samira El Ouassil klar geworden. Wer die moralische Dosis zu sehr erhöht, der wird am Ende gar nichts erreichen. Es ist ja wahr, die Kolonialzeit ist nur für die Kolonialherren zu Ende, während die Kolonisierten daran noch sehr lange zu leiden haben werden. Es ist auch wahr, dass es einen neuen Kolonialismus gegeben hat und noch gibt, kein offener Rassismus mehr, eher eine Art Rassismus des intervenierenden Desinteresses. Aber wem hilft die Moral hier weiter? Wird damit die Kluft überwunden, die Europa und seine südliche Nachbarschaft trennt?

Der amerikanisch-afghanische Autor Tamim Ansary beschreibt die wechselseitige Entfremdung in seiner alternativen islamischen Weltgeschichte *Die unbekannte Mitte der Welt* so: »Mit dem Islam und dem Westen stehen zwei gewaltige Welten nebeneinander, doch es ist bemerkenswert, wie wenig sie einander zur Kenntnis genommen haben. Wenn der Islam und der Westen zwei Menschen wären, dann würden wir vermutlich Symptome der Verdrängung diagnostizieren und uns fragen, ob zwischen beiden etwas vorgefallen sein könnte, ob sie vielleicht früher einmal ein Liebespaar waren.«[1] Ansary übersieht bei dieser recht freundlichen Beschreibung aber keineswegs, dass sich am Ende *eine* Version von Wirklichkeit durchgesetzt hat, dass die eine Seite sich informieren musste, die andere hingegen das Privileg der Ignoranz genoss: »Und da der Westen mächtiger war, siegte seine Erzählung und unterdrückte die andere.«[2]

Alles das ist wahr, dennoch wäre es verheerend, jetzt dieses unausweichliche Zusammenwachsen von Nord und Süd als eine Art Wiedergutmachung anzusehen und jede neue, frische Sünde gewissermaßen auf den riesigen Berg früherer Untaten zu wuchten.

Wenn im Folgenden von den Fehlern des Westens die Rede sein wird, dann nicht wegen der Schuld, sondern wegen der immensen Chancen, die darin liegen, diese Fehler abzustellen, anstatt sie in immer neuen Varianten wieder und wieder zu begehen. Die Sache mit dem Mittleren Osten und den Migranten und mit uns ist nicht einfach, aber sie ist auch nicht so schwierig, wie sie uns dann scheint, wenn wir die Kette unserer Fehler als abgeschlossene Versuchsreihe ansehen mit dem Ergebnis: Den Arabern ist nicht zu helfen. Und den Afrikanern auch nicht. Tatsache ist: Wir haben ihnen nur selten geholfen, aber oft massiv geschadet. Darum ist es leichter, als wir denken.

Aber was ist dieses »es« überhaupt? Es ist nicht die

Rettung des Mittleren Ostens, es ist nichts Karitatives, es geht im Kern um uns selbst.

Oder kann man dieses Zusammenwachsen auch stoppen? Sicher kann man das, aber es hat dann einen Preis, es ist der Preis unserer Identität. Heute ist die Globalisierung nämlich so weit vorangeschritten, dass es nicht länger genügt, autoritäre Außenposten zu haben. Es geht nicht mehr darum, ob der Westen im Mittleren Osten oder in Mittelamerika autoritäre Regime unterstützt, damit die Globalisierung eine Einbahnstraße bleibt, damit die Nebenfolgen westlicher Politik und Ökonomie den Westen nicht erreichen. Das alles ist der Kopfschmerz von gestern. Heute geraten die demokratischen Staaten selbst in eine autoritäre Dynamik. Es braucht dann an den Nahtstellen zwischen Arm und Reich, zwischen Chaos und Ordnung massive Befestigungen, Zäune und Mauern. Es braucht als Nächstes einen Bann für ganze Religionsgruppen oder für Menschen aus bestimmten Staaten. Und wenn dann diejenigen im Westen aufbegehren, die dort unten Verwandte haben und Freunde, dann greift irgendwann die Logik der Säuberung, dann werden Landsleute zu Verdächtigen und demokratische Rechte zu einem Luxus.

So verschieden die westlichen Staaten heute sein mögen, ein übergreifendes Muster ist unübersehbar: Je strikter die Abschottung gegen Migranten und gegen andere Rückwirkungen des westlichen Globalisierungsimpulses – desto stärker die autoritären und nationalistischen Kräfte. Und die sind eben nie nur in diesem einen Punkt autoritär, dieser Geist vergiftet nach und nach alles.

Denn in Wahrheit tun sich die christlich geprägten westlichen Demokratien mit der Art, wie sie ihre südlichen Nachbarn behandeln, schon lange auch selbst einen Tort an. Das christliche Abendland – und seine säkularen Spielarten – leidet seit Jahrhunderten an einer doppelten Spaltung. Zum einen erstreckte sich die Religion, die gestiftet wurde für alle Menschen, nie auf alle Menschen, irgendwo da draußen machte die Gleichheit aller vor Gott immer Halt, das eigene Christentum verliert sich mit der Entfernung zur Heimat, oft bis es ganz umkippte in blanke Inhumanität. Die zweite Spaltung ist vielleicht noch folgenreicher: Die Liebe wurde von der Vernunft abgetrennt, der Idealismus vom Realismus, der christliche Mensch wurde zum stets leicht verzweifelten Sünderlein, das seine Ideale wegen der rauen Wirklichkeit immerzu verfehlt. Damit wurde die Nächstenliebe zur Nebensache und das Christentum degenerierte zu einem Regelwerk und zur Liturgie. Dabei besteht der Kern des christlichen Glaubens doch gerade darin, dass Liebe und Wahrheit eins sind, dass Liebe nicht das Gegenteil von Macht ist, sondern nur sie wahrhaft mächtig macht.

Das soll hier nicht einfach behauptet werden, vielmehr kann man zeigen, dass die Entfremdung von den eigenen Werten und Wahrheiten geradewegs in die

Niederlage führt. Man könnte die Geschichte zwischen dem Westen und dem Süden auch als ein sich über Jahrhunderte hinziehendes Großexperiment begreifen, in dem die These ausgetestet wurde, ob man auf Dauer erfolgreich sein kann, ohne das Lebensglück der Menschen ins Zentrum zu stellen, die zu erobern oder zu missionieren oder zu befreien man aufgebrochen war. Heute liegt die Antwort auf der Hand: Der Westen ist im Mittleren Osten gescheitert, er ist in Mittelamerika gescheitert, und er fängt nun an, sich selbst zu zerstören. Das ist das vorläufige Ergebnis von 500 Jahren Kolonialpolitik und einem halben Jahrhundert vermeintlicher Realpolitik, also ausgerechnet jener Politik, die für sich in Anspruch nimmt, am Machbaren orientiert zu sein, indem sie den Erfolg über die Werte stellt.

Was ließ uns verlieren? Selbstverständlich hat der Westen schon seit Langem seinen kolonialen Anspruch abgelegt, was aber weder heißt, dass er nicht weiter in dessen Mustern agiert, noch, dass die Folgen des Kolonialismus damit verschwinden. Man kann auch nicht behaupten, dass die Menschen und die Staaten des Westens noch rassistisch sind, kaum jemand würde die Höherwertigkeit der weißen Rasse reklamieren. Dennoch gibt es einen Rassismus des Nichtwissens und der Ungenauigkeit, die beide aufs Schärfste mit der Eingriffstiefe westlicher Politik und Wirtschaft kontrastieren. Wir wissen nicht, was wir tun, aber wir tun es mit Verve.

Hier nur vier typische, teils historische, teils hoch aktuelle Beispiele für das profunde Nichtwissen und das sture Nicht-wahrhaben-Wollen über »die« und »uns«.

In der Diskussion über den Islam wird immer wieder beklagt, dass es keine geistliche Autorität gebe, die auch nur für die sunnitische Mehrheit unter den Muslimen festlegen könnte, was islamisch ist und was nicht. Das Christentum habe immerhin die katholische Kirche und den Papst, mit dem man rational diskutieren kann, der mit der Aussicht auf eine gewisse Wirkung bei den Katholiken die Trennlinie zwischen Glaube und Aberglaube zu ziehen vermag und der Gewalt im Namen des Glaubens verurteilt. In der Tat gibt es eine solche Autorität in der islamischen Welt nicht. Indes: Vor hundert Jahren gab es sie noch, der Kalif von Istanbul wurde zwischen Marokko und Indien von fast allen sunnitischen Muslimen anerkannt. Doch dann traten die europäischen Orientalisten, die wenigen hiesigen Kenner des Morgenlandes, auf den Plan und verdarben alles. Auf deutscher Seite machte sich dabei vor allem Baron Max von Oppenheim einen Namen. Er organisierte für das deutsche Kaiserreich mit seinem *Büro für den Dschihad* den Heiligen Krieg made in Germany. Tatsächlich gelang es ihm, den Kalifen von Istanbul dazu zu erpressen, zum Heiligen Krieg gegen die Briten aufzurufen, damit die Muslime in Ägypten und anderswo in der Region zum Nutzen des Kaisers gegen die Entente tätig würden. Daraufhin sagten sich die indischen Muslime, bedrängt durch die Briten, vom Kalifen los, sie wollten nämlich gerade keinen Krieg mit ihren Besatzern. Die Zerstörung des Kalifats, über das heute zu Recht geklagt wird, war also ein Werk der Europäer. Eugene Rogan, der britische Historiker, hat den Vorgang in seinem Buch *The Fall of the Ottomans* so zusammengefasst: »Die Propaganda für und gegen einen osmanischen Dschihad wurde von europäischen Orientalisten ausgefochten – britischen, französischen und deutschen.«[3] Nur eine Finte war das im Großen Krieg, seinerzeit nichts Wichtiges eigentlich. Heute schon.

Ein weiteres Beispiel dafür, wie man im Westen über die arabische Welt fassungslos den Kopf schüttelt, bloß weil man nicht weiß, was man selbst in ihr angerichtet hat: Eine der großen mentalen Krankheiten des Mittleren Ostens stellen die allgegenwärtigen Verschwörungstheorien dar, also der Glaube, dass das, was man sieht, nie das ist, was tatsächlich geschieht, und dass das, was man nicht sieht, das eigentlich Wichtige ist. Auch im Westen greift dieser Irrsinn mittlerweile um sich, hat aber noch lange nicht eine solch epidemische Verbreitung wie in Arabien und Nordafrika. Ohne Zweifel hat diese Art, zu denken oder sich dem Denken zu verweigern, auch viel mit der politischen Kultur dieser Länder zu tun, wo das Religiöse, das Politische und das Familiäre sich beständig vermischen, wo Wirtschaft weniger auf Marktwirtschaft beruht denn auf Familienbande. Doch ebenso unzweifelhaft ist, dass alles, was der übermächtige Westen dort unten je unternommen hat, den Menschen wie eine einzige Aneinanderreihung von Verschwörungen vorgekommen sein muss. Verträge wurden geschlossen und gebrochen, heute Verbündeter, morgen Feind und wieder zurück, Diktatoren wurden gestützt und gestürzt, Demokratie wurde proklamiert und, wenn sie kam, zerstört, rote Linien wurden gezogen und verwischt, während sich die berühmte hinter dem Rücken der Araber beschlossene Sykes-Picot-Linie bis heute wie eine blutende Narbe durch die Region zieht. Wer soll da nicht zum Verschwörungstheoretiker werden, wer verspürte unter solchen Umständen nicht das Bedürfnis, dem erratischen Wirrwarr westlicher Politik einen geheimen Plan zu unterlegen? Genau so verhält es sich im Übrigen mit der Opferrolle, in die sich Muslime gern werfen, obwohl solches Denken natürlich Gift ist für jedwedes selbstverantwortliche Leben. Nur, wie soll man von diesem Denken runterkommen, wenn von großen Mächten immer wieder massiv interveniert und permanent infiltriert wird?

Es mag schon sein, dass Araber und Nordafrikaner es auch allein hinkriegen würde, sich ins Unglück zu stürzen, doch das wissen wir nicht. Sicher ist nur eines: Wenn der Westen nicht aufhört, sein Gift mit hineinzuspritzen, werden Chaos, Unterentwicklung, Despotie, Flucht und Terror garantiert nicht weniger.

Ein drittes Beispiel dafür, wie der Westen sich als Ursache wegfantasiert, sei hier aufgeführt, eines, das mir ausgerechnet im Gespräch mit einem Politiker der Grünen ins Gesicht sprang, einer Partei also, die sich immer schon sehr für die sogenannte Dritte Welt eingesetzt hat. Der damalige Bundestagsabgeordnete Volker Beck wurde am Abend des 1. März 2016 von der Berliner Polizei mit Chrystal Meth erwischt, was ihn später letztlich seine Karriere kosten sollte. Mich interessierte dabei weniger die juristische Seite, auch nicht, was er da mit sich selbst wohl angestellt hat, sondern das Politische. Also fragte ich ihn, wie denn jemand, der bei den Eiern und bei der Schokolade stets darauf zu achten hat, dass die Hühner glücklich gelebt haben und der Kakao fair gehandelt wurde, illegale Drogen nehmen kann. Er wisse doch, dass er damit kriminelle Strukturen unterstützt. Die Antwort von Beck überraschte mich in ihrer pfiffigen Verlogenheit beinahe: Er sei deswegen ja auch für die Legalisierung von Drogen, meinte der Innenpolitiker. Und bis sie legalisiert sind, finanziert er dann mal die tschechische Mafia mit?

Volker Beck ist alles andere als ein Einzelfall. Auch Menschen, die in ihrem Badezimmer ausschließlich original Terrakotta aus der Toskana verwenden, weil es authentischer ist und die regionalen Manufakturen stärkt, ziehen sich mit guten Freunden gern mal eine Linie Koks rein. Ja, die ganze Sache mit den Drogen ist in Wahrheit in einer ansonsten übermoralisierten Gesellschaft entschieden untermoralisiert.

Dabei genügt ein Blick auf die Landkarte, um zu sehen, was die reichen westlichen Gesellschaften mit dem Massenkonsum all dieser Drogen anrichten. Alles andere als zufällig haben sich in der weiteren Nachbarschaft der USA einerseits und von Europa andererseits lauter instabile, korrupte, von Kriminalität verseuchte Staaten herausgebildet: Mexiko, Honduras, Bolivien, Kolumbien, der Balkan, Afghanistan und viele andere.

Nach Schätzungen der UNO werden jährlich weltweit 360 Milliarden Dollar allein mit Kokain umgesetzt – auf den ersten Blick eine abstrakte Zahl, doch was das für kleine arme Staaten wie beispielsweise die ehemalige portugiesische Kolonie Guinea-Bissau bedeutet, verschlägt einem dann doch den Atem. Bis vor wenigen Jahren spielte das westafrikanische Land im internationalen Drogengeschäft gar keine Rolle. Doch dann suchten die lateinamerikanischen Drogenbarone neue Schmuggelwege, um das aus ihrer Sicht mit Kokain unterversorgte Europa zu erschließen. Und sie fanden ihr Traumland: An der Küste gelegen, eine Sprache, die man verstand, schwache Staatlichkeit, mit Flugzeugen gut zu erreichen. Innerhalb eines Jahrzehnts bestimmte der Drogenhandel die gesamte Ökonomie des Landes, die Regierung spielte mit, Polizei gab und gibt es fast gar nicht. Im Handumdrehen wurde aus einem Kleinstaat ohne Bezug zu Drogen ein Land, das total von Drogen beherrscht wird.

Doch das war nur der Anfang, von dort aus eroberte

der Kokainhandel Land um Land, so beschreibt es Alex Perry in seinem Buch *In Afrika:* »Schon bald war jedes afrikanische Land, in dem Spanisch oder Portugiesisch gesprochen wurde, ein Drogenumschlagplatz.«[4]

Auch Mali, in dem heute deutsche Soldaten für ein bisschen Stabilität ihr Leben riskieren, wurde davon unterwandert, zunächst unbemerkt vom Westen. »Die vom Ausland als Vorbild für andere gepriesene Demokratie war in Wirklichkeit ein Drogenstaat und ihr Präsident (…) einer der Hauptverbrecher. Das war ein perfektes Territorium für bin Ladens erneuerte islamische Revolution. Al-Qaida besaß sogar einen Ableger in Mali.«[5] Westafrika wurde, mit anderen Worten, wegen des wachsenden Kokainkonsums in Europa durch und durch kriminalisiert, es entstand ein teuflisches Gemisch aus Drogengeld, dem brutalen Geschäft mit Flüchtlingen und islamistischem Terror. Alles das sind die Kollateralschäden aufgedrehter Partynächte in den angesagten Vierteln europäischer Metropolen. Oder wie der in England aufgewachsene Alex Perry sarkastisch anmerkt: »In Großbritannien gehörte Kokain fast ebenso zur Mittelschicht wie Volvos oder Baumärkte.«[6]

Der westliche Luxuskonsum illegaler Drogen erzeugt also ganze Zonen fragiler Staatlichkeit, weil der Anteil illegaler Gelder an den dortigen Volkswirtschaften überproportional hoch ist. Dass diese kriminellen Täter neben Drogen dann auch Waffen und Migranten schmuggeln, dürfte niemanden wundern. Und obwohl diese Zusammenhänge so sonnenklar sind, schafft es die westliche Öffentlichkeit, sie weitgehend zu verdrängen – oder sogar die Dinge auf den Kopf zu stellen. Dann sind es die ruchlosen Verbrecher aus Mittelamerika, die unbescholtenen US-Bürgern Drogen andrehen und von ihren Herkunftsstaaten nicht mal ernstlich bekämpft werden. Da greift dann doch die Trump-Logik: Jeder Flüchtling ist ein potenzieller Terrorist, jeder Hispanic ein mutmaßlicher Dealer und Vergewaltiger.

Tatsächlich tun die westlichen Staaten zurzeit mehr gegen den Zustrom von Menschen als gegen den von Drogen, und die Gesellschaften, vor allem die europäischen, drücken ein Auge zu, wenn am Nachbartisch gekokst wird, mit mutmaßlich nicht ganz fair gehandeltem und sicher nicht biologisch angebautem glutenfreiem Kokain.

Ein letztes Beispiel für westliche Verdrängungskunst sei hier genannt. Es geht um das Verhältnis von Öl und Demokratie. Länder, in denen große Mengen an Rohöl gefunden wurden und gefördert werden, haben immer ein extremes Gerechtigkeitsproblem, weil es sich ja üblicherweise entweder einem Zufall oder einem Handstreich verdankt, wem diese gigantischen, unverdienten Reichtümer gehören. Die Mehrheit wird immer finden, dass dieser Schatz allen gehört oder zumindest alle ordentlich daran teilhaben sollten. Darum haben ölreiche Staaten ein besonderes Problem mit der Demokratie. Letztlich kann nämlich nur derjenige eine Mehrheit gewinnen, der auch bereit und in der Lage ist, einen Teil des Reichtums zu verstaatlichen, zu enteignen und umzuverteilen. (Das Beispiel Norwegen zeigt, wie dies auf nachhaltige Weise möglich ist, das Beispiel Venezuela, dass falsche Umverteilung wiederum zur Diktatur führen kann.) Demokratie vermindert darum den Profit derer, die das Öl »besitzen«, und derer, die an der Förderung und Vermarktung verdienen. Die Verführung ist also immens, dass beispielsweise arabische Scheichs und westliche Konzerne versuchen, jede Form von Demokratie zu verhindern, um den Profit lieber unter sich aufzuteilen. Dass dieser Verführung immer wieder nachgegeben wurde, dass dafür mit westlicher Hilfe geputscht wurde, dass unfassbar viele Waffen an die Despoten gingen, dass Kriege dafür geführt wurden, ist alles bekannt. Doch gelang es auch hier, die Dinge auf den Kopf zu stellen. Der westliche Konsument fährt unschuldig zur Tankstelle, denkt schlimmstenfalls ans Klima und verabschiedet dann mit einer Träne im Knopfloch die eigenen Soldaten, wenn sie in die Länder geschickt werden, wo mal wieder die Öl-Despotie in Öl-Chaos umgeschlagen ist. Und mit den irren Profiten, die Scheichs und Konzerne aus dem Geschäft ziehen, werden dann wieder amerikanische und europäische Thinktanks finanziert, die luzide erklären können, was es mit dem ewigen Zwist zwischen Sunniten und Schiiten auf sich hat und warum »der Araber« sich nicht gut zu regieren weiß.

Damit soll die westliche Politik im Mittleren Osten und in Mittelamerika keineswegs aus einem Punkt heraus erklärt werden, eben aus dem Öl. Vielmehr geht es darum zu zeigen, dass es Auswege gibt aus dem ewigen Kreislauf von Öl, Despotie, Chaos, Krieg, Profit und Manipulation der Öffentlichkeit. Jedes einzelne Solardach ist ein solcher Weg.

Alle vier Beispiele können auf den ersten Blick so wirken, als sollte nun doch die westliche Schuld zum Himmel gestapelt werden. Das Gegenteil ist intendiert: Erst die Fehlerlese eröffnet den Möglichkeitsraum. Ein wenig mehr wissen, ein wenig mehr hinsehen und ein wenig bewusster handeln, das würde uns Neulernern fürs Erste schon genügen.

Auf dem Weg zu einer anderen, zu einer zugleich humaneren und realistischeren Politik steht jedoch noch etwas im Weg, das stärker und sturer ist als jedes Ölinteresse: die Ideologie der »Realpolitik«, von der die westliche Außenpolitik geradezu verhext ist. Die stirbt nicht einfach ab, weil sie in allen ihren Varianten gescheitert ist, von der verabschiedet man sich auch nicht gleich, wenn das Ölinteresse nachlässt (was es zurzeit ja tut). Viele sagen jetzt, dass die westliche Mittelostpolitik der letzten fünfzehn Jahre »ein Fehler« war, auch Theresa May sagt das oder Donald Trump. Aber sie plädieren damit nicht für die Überwindung eines fehlgeleiteten Interventionismus zugunsten einer neuen Politik, sondern für die Rückkehr zu einer brutalen Stabilitätspolitik, die ja selbst erst in eine Lage geführt hatte, die dann nur noch durch Interventionen zu heilen war. Sie wollen in die alte verrückte Dynamik an einem früheren Punkt noch mal einsteigen und sind naiv genug zu glauben, dass sie diesmal an einem anderen Punkt herauskommen als zuletzt. Das ist keineswegs das Ende westlicher »Realpolitik«, es ist die Wiederauflage.

Ideologien geben sich eben nicht einfach so geschlagen, wenn sie gescheitert sind, vielmehr wechseln sie dann die Uniform und ziehen sich in die diskursiven Dschungel zurück, um bei Gelegenheit wieder zuzuschlagen. Darum steht und fällt mit der Überwindung dieser Ideologie alles.

Es war im Jahre 1956, als die Amerikaner den alten europäischen Kolonialmächten die Dominanz über die Region aus den Händen nahmen. Großbritannien hatte sich während der Suezkrise im Konflikt mit der ägyptischen Regierung so lange überhoben und verzettelt, bis Washington fortan die Federführung übernahm. Einen die Region bis heute strukturierenden Fehler hatten die Amerikaner drei Jahre zuvor aber noch zusammen mit den Briten begangen. Die beiden Mächte hatten im Iran den demokratisch gewählten Präsidenten Mohammad Mossadegh weggeputscht, weil der für sein Volk einen größeren Anteil an den Ölgewinnen eingefordert hatte. Stattdessen wurde dem säkularen, brutalen und prowestlichen Schah Reza Pahlavi die alleinige Macht übertragen. Wobei die Formulierung »säkular« geschönt ist, tatsächlich legte dieser Schah zwischenzeitlich eine regelrechte Verachtung für das gemeine gläubige Volk an den Tag. Der Putsch und die dann folgende Alleinherrschaft des Despoten können als das erste Glied einer dieser verhängnisvollen Fehlerketten amerikanischer Politik angesehen werden, die bis heute nachwirken. Ein Vierteljahrhundert dauerte die Herrschaft des Schahs noch, dann ging sein Reich in einer islamistischen Revolution unter. Und das, was man vorher verachtet hatte, wurde fortan ins Extrem gesteigert – der Glaube und die Macht der Mullahs. Leicht zu verstehen ist natürlich, dass die USA von den neuen Machthabern sogleich als Hauptgegner auserkoren wurden, als der »große Satan«. Als 1979 auch noch die US-Botschaft besetzt wurde – ein flagranter Bruch des Völkerrechts –, reagierte die von der eigenen Größe eingenommene Macht in Washington ihrerseits mit einer strategischen Feind-Erklärung gegenüber dem Teheraner Regime.

Von der westlichen Öffentlichkeit weitgehend unbeachtet passierte parallel zur Besetzung der Teheraner Botschaft noch etwas anderes, das einem unbefangenen Beobachter sehr zu denken hätte geben müssen: Am Morgen des 20. November 1979 besetzten radikale Islamisten die Große Moschee in Mekka, um damit gegen das saudische Regime zu protestieren, das ihnen nicht mehr radikal genug war. Nach zwei aufregenden und dramatischen Wochen endete die Sache damit, dass die Geistlichkeit des Landes dem Königshaus einen ganzen

Katalog radikaler Regeln auferlegte, die weitgehend mit den Forderungen der Besetzer übereinstimmten, während diese selbst beim Sturm auf die Moschee überwiegend festgenommen oder umgebracht wurden. Yaroslav Trofimov, Reporter des *Wallstreet Journal*, hat über den »Sturm auf Mekka« ein faktenreiches und packendes Buch geschrieben. Darin skizziert er den Geist des erneuerten Paktes zwischen dem Hause Saud und den Geistlichen des Königreichs so: »Billionen von Petro-Dollars sollten nützlich verwendet werden, um den rigiden Wahabismus über den ganzen Globus zu verbreiten. War es etwa nicht die Pflicht Saudi-Arabiens, die Wolken des Unglaubens zu vertreiben, den Muslimen in aller Welt den ursprünglichen Glauben einzuflößen und Gottes Wort unter den Ungläubigen zu verbreiten?«[7]

Hier liegt dann auch die Quelle für so unsagbar viel späteres islamistisches Unheil. 1980 rief das damalige geistige Oberhaupt Saudi-Arabiens, Bin Baz, zum Dschihad in Afghanistan auf. Damals achtete im Westen kaum einer darauf, heute kennt jeder die Folgen. Um noch einmal Trofimov zu zitieren: »Einer der ersten saudischen Freiwilligen, die an die afghanischen Frontlinien reisten (…) war ein scheuer 22-Jähriger namens Osama bin Laden.«[8]

Im Jahr 1979 den Iran zum Feind Nummer eins zu stilisieren und zugleich die Saudis trotz ihrer neuen Radikalisierung unbeeindruckt zum Partner zu adeln, das war einer dieser Kardinalfehler amerikanischer Mittelostpolitik. In Europa wurde er nicht einmal von einer breiteren Öffentlichkeit bemerkt, geschweige denn kritisiert. Man kann natürlich lange darüber streiten, welche der beiden islamistischen Diktaturen, Iran oder Saudi-Arabien, gefährlicher ist, wer effektiver den Terrorismus fördert, nur eines kann jemand, der einigermaßen bei Verstand ist, nicht behaupten – dass einer von beiden sich als »Partner« des Westens eignet. Und wenn man darüber urteilen müsste, wer von beiden gefährlicher und mächtiger ist, dann würde eine Zahl wohl helfen: Es gibt weltweit etwa 100 Millionen Schiiten – die Sunniten bringen es auf das Zehnfache, sie bilden theoretisch das größere Gefahrenpotenzial.

Am 22. September 1980 erklärte Saddam Hussein, zu der Zeit noch ein säkularer Herrscher, dem inmitten seines revolutionären Umbruchs steckenden Iran den Krieg. Dieser erste Golfkrieg dauerte acht Jahre, kostete etwa eine Million Menschen das Leben, ungefähr zwei Drittel von ihnen waren Iraner, oft wurden Kinder in die Schlachten getrieben. Die USA haben dabei Saddam Hussein in der Hoffnung unterstützt, er würde die iranische Revolution alsbald kleinkriegen. Stattdessen endete der Krieg damit, dass beide Seiten ausgelaugt waren, auch der Irak. Die Feindschaft zwischen dem Iran und den USA aber wurde mit dem vergossenen Blut so vieler Iraner unendlich vertieft.

Saddam Hussein wiederum versuchte sein lädiertes Image wie seine leere Staatskasse zu sanieren, indem er im August 1990 das kleine, aber ölreiche Kuwait annektierte. Damit beging Saddam gleich zwei Verbrechen auf einmal: Er brach das Völkerrecht und attackierte die ungestörte Ölzufuhr. Das konnten die USA nicht zulassen und erklärten ihrerseits dem Mann, den sie bis eben noch unterstützt hatten, den Krieg. Gestützt auf eine Koalition, an der auch arabische Staaten teilnahmen, und legitimiert durch eine Resolution des UN-Sicherheitsrates, warf George Bush der Ältere Saddam Anfang 1991 wieder aus Kuwait heraus und ließ seine Truppen bis in den Irak verfolgen. Allerdings verzichtete Bush darauf, bis Bagdad weiter zu marschieren und den Diktator zu stürzen.

Auf den Sturz des Diktators wiederum hatte die schiitische Mehrheit gesetzt, die sich von der teils säkularen, teils sunnitischen Minderheit um Saddam herum in besonderem Maße unterdrückt fühlte. Ihr Aufstand schlug fehl. Derweil setzte Saddam Hussein beim Kampf gegen die syrischen Kurden Giftgas ein – wieder ein Bruch des Völkerrechts. Dieser Vorgang im Gefolge des Kuwaitkrieges im Gefolge des iranisch-irakischen Krieges im Gefolge der iranischen Revolution im Gefolge des Mossadegh-Putsches hatte wieder eine Reihe von Folgen. Zum Einen stieg Saddam in die Riege der großen Bösewichter auf; zum Zweiten wurden gegen ihn, genauer: gegen sein Volk, Sanktionen verhängt, die wiederum viele Menschen das Leben kosteten; zum Dritten wurde eine Flugverbotszone verhängt, die amerikanisches und britisches Militär zur Dauerpräsenz am Himmel über dem Irak verpflichtete. Nicht zuletzt hatte ein jüngeres Mitglied der Familie Bush das Gefühl, er habe mit Saddam noch eine Rechnung offen.

Verlassen wir hier für einen Moment diese Fehlerkette und wenden uns einer anderen zu, um die beiden dann im dritten Schritt zusammenzuführen. Während der sowjetischen Besatzung Afghanistans haben die USA Waffen an die Aufständischen geliefert, überwiegend an die sogenannten Volksmudschahedin. Damit trugen sie ohne Zweifel zur schlussendlichen Niederlage der Sowjets und zu ihrem Rückzug im Frühjahr 1989 bei, jedoch auch zu dem dann folgenden afghanischen Bürgerkrieg, den 1996 die fundamental-islamischen Taliban in großen Teilen des Landes für sich entscheiden konnten.

Diese Vorgänge interessierten im Westen indes nur noch am Rande – bis zu den Anschlägen am 11. September 2001. Die dafür verantwortliche Terrorgruppe al-Quaida wurde geführt vom Sohn reicher Saudis, der, siehe oben, einst dem Aufruf der saudischen Geistlichkeit zum Heiligen Krieg gefolgt war. Bin Laden prangerte insbesondere die Anwesenheit amerikanischen Militärs auf dem heiligen Boden seiner Heimat an, er stand aber auch in der Tradition jener Mekkabesetzer, denen die bigotte Herrscherfamilie nicht radikal und nicht fromm genug war. al-Quaida agierte jedoch nicht von Saudi-Arabien, sondern von Afghanistan aus, wo die Gruppe in den Taliban Unterstützer gefunden hatten. In einem bizarren Akt politischer Willkür erklärten die USA nach dem 11. September trotz all dieser Fakten umgehend das islamistische Regime von Saudi-Arabien zum Partner im Kampf gegen den islamistischen Terror, während mit einer großen internationalen Koalition die Eroberung Afghanistans begonnen wurde, um die Taliban zu vertreiben und al-Quaida zu zerschlagen. Natürlich gewannen die Amerikaner diesen Krieg – sie gewinnen im Mittleren Osten ja immer alle Kriege, nur die Taliban konnten sie ebenso wenig vernichten wie al-Quaida. Warum nicht? Weil beide Gruppierungen sich nach Pakistan zurückzogen, auch ein »Partner« der USA, ein korruptes und ineffizientes Militärregime, das weder in der Lage noch willens war, den Taliban ernstlich nachzustellen. Eine der Schwächen dieses Regimes bestand (und besteht) darin, dass sie für ihre Bürger zu wenig Schulen mit leidlicher Qualität errichten. In diese Lücke ist dann wer gegangen? Jene Saudis, die sich unbeachtet vom Westen im Nachgang der Moscheebesetzung verpflichtet haben, ihren allein selig machenden Wahabismus oder Salafismus in alle Welt zu exportieren. Sie finanzieren in Pakistan auf breiter Front Koranschulen, weswegen dort der Islamismus so stark ist, dass eher die Islamisten die Macht in Islamabad erobern, als dass die Taliban vertrieben werden könnten. Und so haben dann zwei Partner der Amerikaner im Kampf gegen den islamistischen Terror dafür gesorgt, dass der islamistische Terror auch mit maximalem Aufwand an Militär, Geld und politischer Macht nicht besiegt werden konnte.

Die Formulierung »nicht besiegt werden konnte« ist wiederum etwas geschönt. Denn das Ergebnis von vielen Jahren Krieg gegen al-Quaida ist nicht nur, dass es al-Quaida immer noch gibt, nein, es kam noch schlimmer: Zusätzlich stieg eine weitere, eine noch größere, noch grausamere und noch mächtigere Terrorgruppe empor, ihr Name ist IS, ISIS, ISIL oder Daesh, je nach Sprachgewohnheit. Um das zu verstehen, müssen nun die beiden Fehlerketten zusammengeführt werden.

Wobei das im Grunde George W. Bush real getan hat, indem er aus schwer nachvollziehbaren Gründen im Kampf gegen den islamistischen Terror nach dem 11. September den Irak angegriffen hat, der damit indes viel weniger zu tun hatte als, sagen wir beispielsweise: Saudi-Arabien. Selbstverständlich haben die USA zusammen mit ihren Verbündeten auch diesen Krieg gewonnen, nur um ihn kurz darauf Schritt um Schritt wieder zu verlieren. Es kann hier nicht auf alle Fehler eingegangen werden, die im Gefolge dieser Intervention begangen wurden, festgehalten werden muss Folgendes: Die amerikanische Administration, die da »siegreich« in Bagdad in der grünen Zone saß, wusste wenig von dem Irak, den sie soeben erobert hatte. Der Autor Michael Mandelbaum merkt trocken an: »Fast keiner von den Amerikanern, die den Irak neu schaffen wollten, konnte direkt mit den Menschen des Landes kommunizieren, einfach weil sie kein Arabisch sprachen.«[9] Deswegen war ihnen wahrscheinlich auch nicht klar, was sie anrichten würden, als sie die gesamte Baath-Partei, Saddams sunnitische Kader, verboten haben, die geschlagenen irakischen Soldaten laufen ließen und rasch Wahlen veranlassten – noch bevor ein Rechtsstaat auch nur in Umrissen geschaffen werden konnte. Und dann passierte Folgendes: Die jahrzehntelang unterdrückte Mehrheit der Schiiten (man erinnere sich an den Giftgasangriff von Saddam) kam an die Macht, was das schiitische Mullahregime in Teheran ungemein freute, mit dessen Bekämpfung doch alles angefangen hatte. Jedenfalls nutzten die neuen Herrscher ihre Macht, um gegen die Sunniten endlich so vorgehen zu können, wie sie es selbst erfahren haben. Die große Frage war also: Wer schützt nun die Sunniten? Da boten sich die alten Kader der Baath-Partei an, die ehemaligen irakischen Soldaten und eben die islamistische Miliz namens IS. Gesponsert wurde das Ganze unter anderem aus Saudi-Arabien, das auf diesem Wege seinen schiitischen Erzrivalen aus Teheran bekämpfte, der nun dank amerikanischer Intervention bedauerlicherweise über ein Marionetten-Regime in Bagdad verfügte.

Halten wir bis hierher die Ergebnisse amerikanischer Mittelostpolitik fest: Der Kampf gegen das islamistische Regime in Teheran endet mit der Stärkung genau dieses islamistischen Regimes. Der Krieg gegen eine Terrorgruppe (al-Quaida), die von einem Staat beherbergt wurde (Afghanistan), endet mit dem Aufstieg einer Terrorgruppe, die ein Staat werden will und Staaten destabilisieren kann. Zu den größten Unterstützern des Terrors gehören die sogenannten Partner im Kampf gegen den Terror. Der Versuch, nebenher im Irak oder in Afghanistan die Demokratie einzuführen, endet in Diktatur oder Chaos. Das Bemühen um eine neue Ordnung im Mittleren Osten mündet in einem unfassbaren Durcheinander, nebst immer größerer Stellvertreterkriege wie in Syrien oder im Jemen. Die Absicht, sich als dominierende Macht in der Region zu behaupten, endet damit, dass Russland schaltet und waltet, wie es will (aber es heißt jetzt nicht mehr Sowjetunion, immerhin).

Wir reden hier nach wie vor nicht über Moral, nicht darüber, dass alle diese »Fehler« (Theresa May) Millionen Menschen das Leben gekostet haben, wir reden nur über eines: Alle Ziele wurden verfehlt, mehr noch, von allem, was man erreichen wollte, ist das Gegenteil eingetreten.

Warum? Welche Methode steckt hinter diesem Wahnsinn? Was hat es auf sich mit der Ideologie der »Realpolitik«?

Bevor das genauer analysiert werden kann, sollte hier der Einwand jener behandelt werden, die in all dem nicht die Kontinuität amerikanischer Mittelostpolitik erkennen mögen, sondern nur einen *Ab-*

fall von den Prinzipien der »Realpolitik«. Nach dieser Lesart ging bis zum Ende der Sowjetunion alles einigermaßen gut. Dann erst verloren die USA mit ihrem größten Feind in der Außenpolitik auch die Orientierung und ließen sich durch ihre plötzliche Hypermacht dazu verführen, Staaten neu gestalten zu wollen, statt einfach nur kalt nach den eigenen Interessen zu handeln. Am besten festmachen lässt sich dieser Wechsel am Vergleich zwischen Bush senior und Bush junior. Während der Vater »realpolitisch« und vernünftig Kuwait befreite, aber seinen Gegner Saddam laufen und den Irak Irak sein ließ, versuchte sein Sohn gleich den ganzen Staat umzugestalten und richtete damit ungeheuren Schaden an. Nun, da muss man Georg W. Bush wirklich in Schutz nehmen. Blenden wir kurz zurück zum von den USA gestalteten Mittleren Osten am Ende des väterlichen Krieges: Im Irak hungerten die Menschen wegen der Sanktionen, eine Flugverbotszone musste aufrechterhalten werden. Saudi-Arabien exportierte nach Kräften islamistische Ideologie in die Region. Der Iran baute seine Stellung aus und bastelte an einer Atombombe, zumindest an den Voraussetzungen dafür, eine bauen zu können. In Afghanistan herrschte Chaos. Eher hat also der Sohn die Konsequenzen der Politik seines Vaters ausgebadet, als dass er von dessen Pfad angeblicher Vernunft abgewichen wäre. Die Logik ist hier auf seiner Seite: Wenn die bisherige Politik zum 11. September geführt hatte, dann brauchte es eben eine andere Politik. Nur war sie eben in Wahrheit keine grundlegend andere (auch der Regime-Change gehörte ja seit Langem zum Repertoire), sie war vielmehr eine riesenhaft vergrößerte Variante dieses Typs von »Realpolitik« amerikanischer Prägung.

Wir erinnern uns, dass Henry Kissinger als das erste und ewige Interesse amerikanischer Außenpolitik »den Glauben an uns selbst« proklamiert hat. Wo das Selbstwertgefühl so dominiert, da wird die Realität zweitrangig, der Weg zur Ideologie ist offen. Ideologie definiert sich nach Karl Popper zunächst dadurch, dass sie nicht »falsifizierbar« ist. Dieses Kriterium gilt auch für die amerikanische Außenpolitik. Weil die USA militärisch und auch auf allen anderen Feldern jedem einzelnen anderen Land gegenüber so übermächtig sind, werden sie für Fehler kaum je bestraft. Stattdessen kann ein Fehler jederzeit durch einen noch größeren Fehler zum Verschwinden gebracht werden. Oder aber man wendet sich von dem Ort, an dem sich die negativen Nebenfolgen des eigenen Handelns erweisen, einfach ab. So geschah es musterhaft etwa nach dem Abzug der Sowjets in Afghanistan im Jahre 1989: Die amerikanischen Waffenlieferungen haben den Bürgerkrieg mit angeheizt, hingeschaut hat man aber erst wieder 2001, als von dort die Attentate auf New York und Washington gesteuert wurden. Dann marschierte man ein. Das Prinzip, Fehler durch größere Fehler zu verunsichtbaren, zeigt sich exemplarisch im Mittleren Osten.

Es beginnt mit Geld und Agenten, dann wird ein Stellvertreterkrieg befeuert, dann folgen Kommandounternehmen, dann eine massive Invasion, schließlich eine zweite, noch massivere.

Offensichtlich handelt es sich bei der amerikanischen Mittelostpolitik um eine Art Pilot- oder Pyramidenspiel, das irgendwann auch den Mächtigsten überfordert, weil die Summe der Nebenfolgen nicht mehr zu bewältigen ist. Dieses Irgendwann ist jetzt. Barack Obama hat das in seiner zweiten Amtszeit erkannt, ohne daraus auch nur die Umrisse einer neuen Politik entwickeln zu können. Was wiederum Donald Trump für Schlüsse gezogen hat, ist vorerst nicht mit Bestimmtheit zu sagen. Offenbar ist dieser Präsident der Meinung, dass jede Form von »Idealismus« schädlich ist für die amerikanische Außenpolitik, also Kriege für Menschenrechte oder für das Völkerrecht, gegen Genozide oder zur Beseitigung blutiger Diktaturen. Dem Gedanken, dass die amerikanische Außenpolitik vor allem an einem Zuviel an Idealismus gelitten hätte, werden außerhalb der USA nur wenige etwas abgewinnen können, insbesondere im Irak, im Iran, in Syrien, in Libyen, in Palästina oder im Jemen wird man darüber nur bitter lachen. Realistischerweise muss mindestens die Ideologie der eigenen Stärke als bedeutende Fehlerquelle hinzugenommen werden. Der wiederum hängt Donald Trump so innig an wie kaum ein anderer Präsident der USA vor ihm. Es steht also zu befürchten, dass er in dieses Pyramidenspiel noch einmal einsteigen wird; der Preis, den vor allem andere dafür zu zahlen hätten, wäre gigantisch.

Es gibt noch einen zweiten, bereits erwähnten Grund, warum die USA bezogen auf den Mittleren Osten (und mit Blick auf viele andere Schauplätze) aus Schaden nie wirklich klug werden mussten – die Entfernung. Alle größeren Interventionen spielten sich in fernen Ländern ab, die Folgen verfehlter Politik betreffen die USA nur indirekt. Wenn am Ende jahrzehntelanger Anti-Iran-Politik der Amerikaner ein gestärkter Iran steht, dann stört das die USA zwar, tatsächlich bedrohen kann das aber nur Saudi-Arabien. Wenn am Ende einer verfehlten Anti-Terror-Politik mehr Terror steht, dann haben die Europäer davon den weit größeren Schaden als die USA. Wenn am Ende einer insgesamt gescheiterten Mittelostpolitik Millionen verzweifelte Flüchtlinge eine Bleibe suchen, dann haben das Jordanien und der Libanon, die Türkei, Griechenland und Deutschland zu tragen – die USA hingegen fast gar nicht. Ganze 14 000 syrische Flüchtlinge haben die USA im Jahr 2016 aufgenommen.

Übermacht und Entfernung sind zwei wesentliche Faktoren, die eine solche ideologische Außenpolitik möglich machten. Einen weiteren stellen die schwach ausgebildeten checks and balances dar, auch der sonst hilfreiche Widerstreit der Meinungen in offenen Gesellschaften greift nicht wirklich. Innerhalb der USA wird eine »falsche« Außenpolitik üblicherweise dem jeweils anderen politischen Lager zugeordnet, die Demokraten erklären die republikanische Außenpolitik für verfehlt und umgekehrt. Nur für den Gedanken, dass etwas insgesamt falsch sein könnte, ist wenig Raum. Hinzu kommt, dass sich im Falle militärischer Interventionen zunächst mal alle hinter den je amtierenden Präsidenten und die Soldaten stellen, auch die meisten Medien. Kleine Fehler finden viel Kritik, große Fehler wenig, denn was so viel moralischen, militärischen, publizistischen und politischen Aufwand erfordert, darf nicht falsch sein. Auch die verbündeten Europäer bieten da kein relevantes Gegengewicht, ihre Einwände können leicht abgetan werden, weil man ihre Soldaten ohnehin nicht dringend braucht.

Wer mächtig genug ist, um sich die Wirklichkeit jederzeit selbst bauen zu können, der muss sich für die Details nicht sonderlich interessieren, er kann sie sich ja jeweils neu zusammenkaufen, zusammenzwingen, zusammenbomben, zusammenschreiben. Das Letzte, worum sich diese »Realpolitik« zu kümmern hat, ist infolgedessen die Realität. Im Grunde wird von den jeweiligen Ländern, um die es geht, lediglich eine geopolitische Benutzeroberfläche angefertigt, also eine Zusammenstellung der Fakten, die man braucht, um eine Intervention zu rechtfertigen und erfolgreich durchzuführen. Das Davor, das Danach, das Darunterliegende ist weniger wichtig, die real existierenden Menschen, ihre Nöte, Ängste, Gefühle, ihre wahrscheinlichen Reaktionen, spielen eine untergeordnete Rolle.

Selbst dann, wenn diese Menschen befreit werden sollen. Es gibt in der amerikanischen Außenpolitik durchaus einen humanitären Strang, der bezogen auf die Balkankriege sogar zu positiven Ergebnissen beigetragen hat. Auch im Mittleren Osten gab es diesen Impuls immer wieder. Der Wunsch, aus Afghanistan ein besseres Land zu machen und aus dem Irak eine Demokratie, war gewiss da, auch die Kairoer Rede von Barack Obama am 4. Juni 2009 hätte der Beginn einer neuen Ära sein können. Warum es dennoch immer anders gekommen ist, das liegt auf der Hand. Das Bedürfnis, dass es den Menschen in der Region besser geht, den Mädchen in Afghanistan, den Oppositionellen in Syrien, den Schiiten im Irak, war nie der Grund oder die leitende Idee bei Interventionen, sondern eine abgeleitete Größe, Kollateralnutzen und ein Zusatzargument. Die USA und ihre Verbündeten sind schließlich nicht zu einem Zeitpunkt in Afghanistan einmarschiert, als die dortige Zivilgesellschaft Hilfe gebraucht hätte oder für auswärtige Hilfe bereit gewesen wäre. Der Zeitpunkt richtete sich ausschließlich nach den Bedürfnissen der USA. So war es auch im Irak, vor allem sollte der Diktator gestürzt werden, sodann sollten Massenvernichtungswaffen, die es nicht mehr gab, gefunden werden – und dann, als Letztes, sollte obendrein auch noch eine Demokratie eingeführt werden. Nebenbei geht es aber nicht.

Die »Realpolitik« leidet jedoch nicht allein an ihrem ideologischen Grundimpuls, an ihrem durch Entfernung und Übermacht erzeugten Desinteresse an den Details und den wirklichen Menschen. Sie hat auch deswegen keinen inneren Kompass, weil der Begriff, auf den sie sich am meisten verlässt, so außerordentlich unklar ist: das Interesse. Lag es tatsächlich im Interesse der USA, Mossadegh zu stürzen? Oder lag es eher im Interesse der Ölkonzerne? Liegt es tatsächlich im Interesse der meisten Amerikaner, einen missionarisch-islamistischen Staat wie Saudi-Arabien mit Waffen zu unterstützen? Kann es – und diese Frage wurde bei Obamas roter Linie in Syrien heiß diskutiert – für ein abstraktes Gebilde wie einen Staat ein Interesse daran geben, »das Gesicht zu wahren« und dafür zahlreiche Menschenleben aufs Spiel zu setzen? In diesem Falle verloren die USA und ihr Präsident das Gesicht, aber was heißt das? Überhaupt ergeben sehr viele vermeintliche Interessen nur dann einen Sinn, wenn man einen Staat als eine Person, genauer gesagt als einen Mann ansieht, der a) beleidigt werden kann, der b) eine Ehre hat, der c) seine Stärke zeigen muss, der d) provoziert werden kann.

Weil die Sache mit den Interessen so schwammig ist, werden in der amerikanischen Außenpolitik immer wieder mythische Denkgebäude geschaffen. Um den Wahnsinn des Vietnamkrieges zu rechtfertigen, vertrat man die Dominotheorie, die besagt, dass, wenn ein Land an den Kommunismus fällt, am Ende ganz Asien kommunistisch ist. Das sollte die Frage beantworten, warum es denn um alles in der Welt im Interesse der USA liegen sollte, zigtausende Soldaten zu opfern, um ein kleines Land in Südostasien vom roten Pfad abzubringen. Die Theorie stellte sich als falsch heraus, die Soldaten waren trotzdem tot. Auch die Millionen vietnamesischen.

Ein anderes Beispiel für die absurden Blüten, die eine mit Doktrinen umrankte Interessenpolitik treibt, ist die Taiwanpolitik der USA. Hier hat der Narr mal die Wahrheit gesagt: Als Donald Trump, wie erwähnt, nach seiner Wahl den schon erwähnten Anruf von der taiwanesischen Präsidentin bekam – und ihn annahm –, gab es gleich großen Aufruhr im Lager der konventionellen amerikanischen Außenpolitik, so etwas dürfe er nicht. Trump fragte zurück, wieso nicht. Und in der Tat, die Idee, dass ein amerikanischer Präsident mit Rücksicht auf die Ein-China-Politik nicht mit der Präsidentin eines Landes telefonieren darf, dessen Existenz die USA zwar nicht anerkennen, für dessen Selbstbestimmungsrecht sie aber in einem möglichen Konflikt mit China das Leben von US-Soldaten riskieren würden – das sind dann so die Wirren einer Interessenpolitik, die unterwegs irgendwann vergessen hat, was denn noch mal gleich die Frage war.

So komplex, diffus und psychologisch überformt ist das »Interesse«, dass es als Orientierung allein nicht ausreicht. Schon gar nicht in der bei »Realpolitikern« so beliebten Entgegensetzung von Interessen und Idealen, so als ob das eine fest, klar und diesseitig wäre, das andere hingegen versponnen, jenseitig und gefährlich. Eigentlich bieten in all dem Diffusen und Unwägbaren nur die eigenen freiheitlich-demokratischen Werte ein Mindestmaß an Orientierung: Je näher man ihnen bleibt, desto unwahrscheinlicher ist es, dass man völlig fehlgeht.

Damit nähern wir uns dem dunklen hermeneutischen Geheimnis der »Realpolitik«. Die Richtung wird ihr nicht von der »Realität« vorgegeben, für die sie sich nur wenig interessieren muss, auch nicht von den »realen« Ergebnissen, von denen sie sich jederzeit wieder abwenden kann. Die Interessen definieren weniger, als sie selbst der Definition bedürfen. Nein, die wahre Orientierung gibt der »Realpolitik« die *Entfernung* von den eigenen Werten, je weiter weg, desto realer, je härter, desto echter, je größer, desto unfehlbarer. Es ist eine Art männlicher Gestus im Kern der »Realpolitik«: Pfaffen und Weiber bitte mal weggucken, jetzt kommen die wirklich harten Jungs und regeln die Sache. Eine Art magisches Denken. Aber: Nicht alles, was böse ist, ist auch schon »Realpolitik«.

Diese Art der »Realpolitik« definiert sich also weniger durch ihre Nähe zur Realität, sondern durch ihren Abstand zur Humanität. Deswegen auch waren viele »Realpolitiker« irritiert, dass beispielsweise die Regierung von George W. Bush bei den Kriegen in Afghanistan und im Irak mit humanitären Zusatzargumenten und Nebenabsichten arbeitete. Nicht etwa die »real« fehlenden Massenvernichtungswaffen, das Desinteresse an der tatsächlichen Lage des Irak und an den wirklichen Absichten des irakischen Präsidenten waren nach ihrer Lesart für das Debakel verantwortlich, sondern die Beimischungen von geringen Dosen des gefährlichen Rauschmittels Humanum.

Diese Politik ist nun auf breiter Front gescheitert, der Rassismus der Ignoranz, die ideologische »Realpolitik« und das Desinteresse am Schicksal der Menschen ließen sie fehlgehen. Beim Pyramidenspiel im Mittleren Osten werden die Rechnungen zu hoch. Die USA sind zutiefst gespalten und haben den Glauben an sich selbst weitgehend verloren. Die Selbstbehauptung des Westens scheint keineswegs mehr sicher. Seine Glaubwürdigkeit ist auf einem Tiefpunkt angekommen, seine Machtprojektion flackert gefährlich. Die Epoche, in der die Demokratien nach außen als Autokraten auftreten konnten, ist vorüber. Nun müssen sie international zu Demokraten werden oder sie werden auch daheim zu Autokraten. Das große Experiment mit der Inhumanität hat nun also ein unübersehbares Ergebnis: Wer hasst, verliert; wer verachtet, zerstört sich selbst.

Wir hätten es wissen können.

Es wird also Zeit für eine *wirklich* realistische Politik, die uns retten kann, es wird Zeit für einen humanitären Realismus. Diejenigen, die dazu als Erste in der

Lage sein könnten, sind die Europäer. Ihnen fehlt das missionarische Selbstbewusstsein der USA, schwerlich werden sie darauf kommen, der Zweck europäischer Außenpolitik könne der Glaube an die europäische Außenpolitik sein. Übermacht-Politik können sie mangels Masse nicht betreiben, Ungenauigkeit wiederum können sie sich nicht leisten, weil sie von allen Folgen ihres eigenen Handelns, insbesondere in Arabien und in Afrika, sehr direkt betroffen sind. Sie brauchen diese Leichtfertigkeit auch nicht, weil sie mit den Millionen Arabern und Afrikanern, die schon in Europa leben, über genügend Expertise verfügen, jedenfalls potenziell. Diese Flüchtlinge und Migranten erfordern und ermöglichen zugleich, dass Europa den Mittleren Osten und die Subsahara nicht wie ein ozeanweit entferntes Ausland behandeln kann. Mittelostpolitik ist für uns hier erweiterte Innenpolitik. Alles, was wir ihnen antun, tun wir uns an. Rücksichtslosigkeit außen erzeugt Desintegration innen, Fehler in Libyen werden früher oder später bestraft in Italien.

Eine solche kopernikanische Wende in der Außenpolitik basiert im Kern auf einer radikal verschobenen Interessenlage: Erstmals in der Geschichte hat Europa ein massives, dringendes und materielles Interesse daran, dass es den Menschen »dort unten« so gut geht, dass nicht zu viele von ihnen nach Europa kommen. Oder die Grenzen so bedrängen, dass Europa seine Mauern, Zäune und flüssigen Gräber derart brutal gestalten muss, dass es sich von sich selbst entfremdet. Oder dass es die schon hier lebenden Araber und Afrikaner ins innere Exil treibt oder in Schlimmeres.

Niemand sollte darum gleich erwarten, dass von Stund an Menschenrechte und Interessen, Humanismus und Realismus in eins fallen würden, doch bilden sie nicht mehr Pole in einem Gegensatzpaar, vielmehr würden sie Komponenten einer integralen Politik.

Was das genau bedeutet, welche Paradigmenwechsel europäischer Politik nötig wären, lässt sich von heute aus noch nicht sagen, dafür ist die veränderte Perspektive noch zu ungewohnt, auch wird sie überlagert von alten Gewohnheiten und Ideologien. Doch eines kann man mit großer Zuversicht sagen: Wenn Europa sich dieser Aufgabe annimmt, wenn es Energien, Fantasie, Wissen und Wirtschaftsmacht mehr als zuvor darauf verwendet, dann kann Positives entstehen. Wenn die Regierungen in den Hauptstädten und die Brüsseler Verwaltung ihre Agrarpolitik als Sicherheitspolitik ansehen, wenn sie ihre Handelspolitik als Außenpolitik verstehen, wenn sie Kohäsionfonds für die südlichen Nachbarn einrichten anstelle von herkömmlicher Entwicklungspolitik, dann werden sie mehr erreichen als mit ihrer bisherigen Politik im Fahrwasser der USA. (Weniger ist ja auch kaum möglich.) Wenn es ein bisschen glücklich verläuft, dann kann sogar ein kleines Wunder geschehen, dann geht es »denen da unten« spürbar besser, ohne dass es den Europäern schlechter geht. Dieses Wunder der »wundersamen Brotvermehrung« heißt bei Ökonomen »Win-win«.

Aber braucht man dazu nicht viel mehr Militär? Viele europäische Politiker und Journalisten sind noch in jenem alten Denken befangen. Als sie sich endlich eingestanden haben, dass die USA sich nicht mehr so wie bisher um die europäischen Nachbarschaften kümmern werden, ist ihnen als Erstes das Militär eingefallen, das Europa nicht hat. Doch braucht und darf die Überbetonung des Militärischen ja so nicht weitergehen. Sicher, Europa muss da besser werden und effektiver, aber es braucht keine militärische Kraft, die auch nur annähernd der amerikanischen gleichkommt.

Ohnedies kann sich eine neue europäische Außenpolitik nur entwickeln, wenn sie sich von den USA nicht nur emanzipiert, sondern seine eigenen, abweichenden Interessen definiert. Die schlichte räumliche Nähe der Europäer zum Mittleren Osten (auch zu Russland) erzwingt eben einen gänzlich anderen Ansatz als den der USA, Entfernung konstituiert Interessengegensätze. Selbst wenn man Ähnliches will – was nicht sicher ist –, so wird man doch ganz andere Methoden anwenden wollen. Für einen US-Präsidenten, insbesondere einen Donald Trump, kann es durchaus lohnend sein, gegen den IS mal so richtig dreinzuschlagen, die eigene Stärke zu demonstrieren oder die neue Waffenbrüderschaft mit Putin zu erproben, ohne Rücksicht auf die »Kollateralschäden«. Für Europa hingegen ist das eine im Wortsinne tödliche Strategie, weil diese »Kollateralschäden« später zu Terroristen werden, die Anschläge verüben – in Europa. Beim Kampf gegen den Terror gibt es vielleicht gemeinsame Ziele, aber nur selten gemeinsame Methoden.

Europa wird bald anfangen müssen, das Wort Geopolitik wieder ernst zu nehmen. Denn der Rückzug der Weltmacht USA mit ihrem globalen Anspruch markiert eine historische Zäsur, die bedeutet, dass die Regionen wieder den Regionen zufallen, Europa ist für Afrika zuständig, Europa muss darum auch die Leitlinien festlegen und die Methoden. Wenn es hier Bündnisse mit den USA geben sollte, dann zu europäischen Bedingungen.

Eine geistige und politische Befreiung, ein neuer Realismus, könnte schon darin liegen, sich von gewissen Obsessionen der USA zu befreien, wie zum Beispiel von der Versessenheit im Falle des Iran – bei gleichzeitiger politischer Verheiratung mit dem anderen großen islamistischen Staat in der Region, Saudi-Arabien. Zwar wird man mit den Islamisten in Riad und Teheran reden müssen, nur sollte das künftig äquidistant passieren – vor allem distant. Man kann nicht die einen Islamisten wie den Teufel persönlich behandeln (Iraner) und die anderen (Saudis) als Brüder in die Arme nehmen. Auch Waffenlieferungen müssen drastisch zurückgefahren werden. Es gibt dort fast keine befreundeten und gutartigen Regime. Dieser blinde Fleck westlicher Politik war für sich genommen schon geeignet, ihre gesamte Strategie scheitern zu lassen.

Ganz unabhängig von transatlantischen Dogmen findet sich bei den Europäern allerdings noch genügend eigenes koloniales Denken, um eine düstere Alternative zum humanitären Realismus auszuprobieren, nennen wir sie: den Neobrutalismus.

Analytisch geht er, wie oben schon angedeutet, davon aus, dass die Politik im Mittleren Osten nicht deshalb so katastrophal fehlging, weil sie zu brutal, zu dogmatisch, zu ungenau, zu ungeduldig war, sondern weil abwegige Hoffnungen in die arabische und muslimische Welt investiert worden sind. Als Beispiel wird dafür gern die sogenannte Arabellion angeführt, die in der Tat vielen in Europa zu Hoffnungen Anlass gab, die später enttäuscht wurden. Allerdings wurden diese Hoffnungen nie Politik. Als die Arabellion begann, hatte die westliche Politik schon längst wieder von Regime-Change auf Stabilisierung der Diktatoren umgeschwenkt. Es war nicht der plötzlich wundersam hochherzige Westen, der die Araber auf die Straße gebracht hatte, es war die Unterdrückung der Despoten, das tägliche Unrecht, die Demütigungen, die Perspektivlosigkeit. Dass diese Rebellion gescheitert ist, das sagt erst mal nur, dass die Demokratisierung in Arabien möglicherweise so lange brauchen wird, wie sie in Europa gedauert hat.

Weil die Vertreter eines europäischen Neobrutalismus das bisschen Humanum als hauptsächliche Fehlerquelle ansehen, betrachten sie dessen Wegfall natürlich auch als die Lösung – ungehemmte, kaum geschönte Stabilitätspolitik soll nun das neue Mittel der Wahl sein. Diese Lösung ist vor allem eines nicht: neu. Das hat es ja alles schon gegeben. Mehrfach. Die »stabilen« Monarchien aus der ersten Zeit nach der Unabhängigkeit endeten regelmäßig in säkularen Revolutionen, aus denen dann wieder »stabile« Diktaturen wurden, bis sie wiederum instabil oder expansiv wurden. Wenn man irgendwo studieren kann, dass eine Stabilität, die auf Unterdrückung, Misswirtschaft, Kleptokratie und Despotie gründet, nichts anderes ist als aufgeschobene Instabilität, die auf ihre Gelegenheit wartet, dann ist es der Mittlere Osten.

Doch muss man gar nicht auf die nähere Zukunft warten, gerade die vermeintlich stabilen Länder der Region erzeugen hier und jetzt bereits einen derartigen Fallout an Instabilität, dass man schon sehr blauäugig sein muss, um an eine allmähliche Wiederherstellung eines Ringes stabiler Diktaturen glauben zu können. So gehört es eben zum Konstruktionsprinzip der saudischen Diktatur, dass sie innen nur stabil sein kann, wenn sie Islamismus überallhin exportiert. Mittlerweile reicht auch das nicht mehr, jetzt führt Riad sogar Krieg gegen den Jemen. Auch Ägypten, über das man sich in Europa derzeit besonders große Illusionen macht, ist keineswegs stabil, es sieht nur so aus (und auf dem Sinai nicht mal das). Wie lange der brutale Diktator Sisi sich wird halten können, steht dahin, der Preis für das bisschen äußerliche Sicherheit allerdings ist hoch und wird jeden Tag fällig. Zu Tausenden ziehen junge Ägypter, die in ihrem Räuberstaat weder ökonomisch noch religiös eine Perspektive für sich sehen, in die diversen Kriege und Bürgerkriege der Region. Auch die Stabilität Israels erzeugt, wenn sie auf diese Weise weiter betrieben wird, Instabilität anderswo, Benjamin Netanjahu radikalisiert die Israelis – und die Palästinenser.

Vor all dem muss jeder die Augen verschließen, der nun meint, durch Menschenrechtsaskese und Waffenlieferungen diese Region wieder »in Ordnung« bringen zu können. Eine Ordnung, in der sie freilich nie war. So gesehen zeigt sich im europäischen Neobrutalismus nichts anderes als die Naivität des Bösen.

Vielleicht hilft hier auch ein Blick von außen. Der Inder Hardeep Singh Puri saß 2011 und 2012 als Botschafter seines Landes im UN-Sicherheitsrat, dessen Treiben er mit wachsendem Erstaunen und Ärger betrachtete. In seinem Buch *Perilous Interventions* fasst er seine Erfahrungen folgendermaßen zusammen: »Die Lösung für all das Durcheinander liegt nicht in westlichen Interventionen, die schon bewiesen haben, welche verheerenden Nebenfolgen sie zeitigen. Der Westen mit seinem begrenzten Verständnis dafür, was die Normalbevölkerung in den konfliktbeladenen arabischen Ländern von ihren Führern wollen, hat sich in die Politik der Region mit drastischen Konsequenzen eingemischt und ihnen dabei westliche Ideen von Demokratie und Rechtsstaat auferlegt. Noch schlimmer ist jedoch, dass westliche politische Theoretiker unfähig sind anzuerkennen, dass das Bündnis des Westens mit autokratischen Herrschern wie Gaddafi, Adullah Saleh aus dem Jemen und mit Assad in ebendiese Interventionen mündeten, die es nötig machten, Rebellen zu bewaffnen und Gewalt einzusetzen.«[10] Man muss dieser Beschreibung des geschlossenen Zirkels irrationaler westlicher Politik nicht uneingeschränkt zustimmen, sehr ernst nehmen muss man diese Sichtweise eines demokratischen Politikers aus der ehemaligen Dritten Welt schon.

Es gibt in Europa aber auch eine Naivität des Guten, die sich komplementär zur »Realpolitik« herausgebildet hat. Hierbei handelt es sich etwas überspitzt gesagt um eine Art Chauvinismus der guten Menschen. Gerade jene, die sich sehr für die Menschenrechte überall in der Welt einsetzen, fallen dem immer mal wieder anheim. Das geschieht besonders, wenn die Geste wichtiger ist als die Wirkung, das Heimatpublikum interessanter als die Öffentlichkeit in den Ländern, für deren Demokratisierung man sich gerade einsetzt. Nicht selten werden mit plakativen Aktionen in den westlichen Metropolen die Despoten, gegen die man sich doch richtet, eher gestärkt (und so das eigene moralische Selbstbewusstsein). Letztlich zeigt sich darin ein ähnliches Desinteresse an den lebendigen Menschen in der Türkei oder in China oder in Nicaragua wie in der demonstrativen Härte der »Realpolitiker«.

Dahinter liegt regelmäßig ein fundamentales Missverständnis darüber, wer da spricht, wenn »unsereiner« spricht. Für die Menschen in der Türkei oder im Mittleren Osten sind Westler selbst dann noch Herrschende, wenn sie bei sich zu Hause in der Opposition sind. Und selbst dann, wenn das, was sie sagen, gut gemeint ist. Besonders dann.

Westliche Menschenrechtler vergessen gern, auf welchem Wege die westlichen Werte üblicherweise in die muslimische Welt gekommen sind – nämlich auf der Spitze eine Bajonetts. Ausgeblendet wird auch oft, dass diejenigen Kräfte in Afghanistan, im Iran, im Irak oder eben in der Türkei, die am ehesten für Bildung, für Religionsfreiheit, für Gleichberechtigung standen, Städter waren. Oftmals pflegten sie eine elitäre Einstellung zu ihren eigenen Landsleuten, den vermeintlich ungebildeten, naiven, frommen, unkultivierten Bauernmassen. Aus diesem Grund bedeuteten »westliche Werte« für diese Massen traditionell eben nicht automatisch Freiheit, Selbstbestimmung oder gar Respekt, sondern doppelter Rassismus – der aus dem Westen kombiniert mit dem aus den Städten. Ihnen ist es darum oft sogar recht, wenn an der Spitze des Staates ein Mann wie Erdogan oder der Inder Modi steht, der ihre Religion respektiert und der ihre Einfachheit preist (wie verlogen auch immer).

Wer das weiß, wem das wichtig ist, der wird bei allem, was er sagt, als Erstes darauf achten, dass er nicht durch Tonlage und Gestus in diese Falle tappt.

Was aber sehr oft, fast schon routinemäßig, vergessen wird. In Deutschland betrifft dieser ungewollte Chauvinismus der guten Menschen vor allem die Türkei. Ganz harmlos kommt das im Nachrichtenalltag zumeist daher. So lautete etwa die Schlagzeile einer der größten deutschen Zeitungen *(SZ)* am Tag nach einer Reise der Kanzlerin in die Türkei: »Merkel ermahnt Erdogan«. So als ob der türkische Präsident ihr Schüler wäre und nicht der Repräsentant eines der bedeutendsten Länder des Mittleren Ostens. Solches geschieht alltäglich in allen Zeitungen.

Ebenso unschuldig wie überheblich wird oft der ohne Zweifel hässliche und protzige Palast kritisiert, den sich Tayyip Erdogan hat bauen lassen. Man scheint in Deutschland nicht zu verstehen, dass der türkische Präsident sich nicht in einem Architekturwettbewerb mit dem Kanzleramt oder dem Élysée befindet, sondern mit den anderen Potentaten seiner Region, und da ist es doch erklärbar, wenn sein Palast etwas größer sein soll als der von General Sisi in Kairo. Deutschland sieht die Türkei nur vom Norden her, nicht nach Süden hin.

Leider geht diese Einseitigkeit oftmals noch tiefer. Am 31. Mai 2016 verabschiedete der Deutsche Bundestag auf Drängen vor allem der Grünen mit großer Mehrheit eine Armenienresolution. Darin wird der Völkermord verurteilt, den die Türkei in den Jahren 1915 und 1916 begangen hat. Die unselige Rolle des deutschen Kaiserreichs bei diesem massenhaften Mord wurde bei der Bundestagsdebatte keineswegs unterschlagen. Mehr noch, in seiner Rede zog Cem Özdemir gerade aus dieser Beteiligung die Legitimation für die Resolution. Typisch deutsch muss man hier wohl sagen, aus den eigenen Verbrechen besondere moralische Legitimation zur Verurteilung anderer zu ziehen.

Nun kann an der Tatsache, dass es 1915/16 einen Massenmord mit Vernichtungsabsicht gab, kein Zweifel bestehen. Die erste Frage, die sich hier stellt, lautet aber: Warum muss dies vom wichtigsten demokratischen Gremium des Landes beschlossen werden? Hätte es eine Rede des Bundespräsidenten nicht auch getan? Und dann wird eben gern vergessen, dass die Türken Deutschland gut kennen, es ist ihnen sonnenklar, welche Assoziationen das Wort »Völkermord« hierzulande weckt: Jeder denkt als Erstes an den Holocaust. Zwischen den beiden Völkermorden jedoch liegen noch einmal ein paar Höllenkreise, auf eine Stufe stellen kann man sie keinesfalls. Völkermord wirkt als ungerechter Begriff in diesem Zusammenhang. Der Bundestag wollte mit seiner Resolution die Minderheiten in der Türkei unterstützen sowie all jene Intellektuellen, die sich dort für eine offene Debatte über die eigene Geschichte einsetzen. Doch hat das gut Gemeinte auch eine gute Wirkung getan? Man muss es bezweifeln. Eher wurde der türkischen Mehrheitsgesellschaft ermöglicht, sich im Beleidigtsein zusammenzuschließen.

Einen besonders aufsehenerregenden Fall von ambivalenter Kritik stellte das Gedicht dar, das der Kabarettist Jan Böhmermann einen Monat vor der Armenienresolution im deutschen Fernsehen vortrug. Da ging es um »Ziegenficken«, »Schweinefürze«, »Fellatio mit Schafen« und dergleichen. Es sollte eine bewusste, grenzüberschreitende Provokation in Richtung Tayyip Erdogan darstellen. Doch weil Böhmermann dazu sämtliche allzu bekannten Klischees vom »Kümmeltürken« bediente, nahm er in Kauf, dass sich rundweg jeder Türke mit beleidigt fühlen konnte, besonders jene Türken, die seit ewigen Zeiten als »schwarze Türken« diffamiert werden, eben die schon erwähnten ländlichen gläubigen Bevölkerungsgruppen, die mit großer Mehrheit Erdogan gewählt haben, um endlich auch eine Stimme zu haben in ihrem von den »weißen Türken« dominierten Land.

Böhmermann hat also mit einem Schlag den deutschen Rassisten Munition geliefert, die deutschen Türken genervt, den deutschen Menschenrechtlern gefallen und dem von ihm beleidigten Autokraten geholfen. Und die Kanzlerin in Verlegenheit gebracht, deren Sprecher den Fehler beging, sich zu Böhmermanns Gedicht zu äußern.

Das schafft so leicht keiner, ich fand es seinerzeit erst mal interessant. Also lud ich Jan Böhmermann zu einem Gespräch in die Redaktion ein. Es stellte sich heraus, dass er sich des Problems der zwei Öffentlichkeiten absolut bewusst war, nicht zuletzt weil in seinem Team auch Deutschtürken arbeiten, die zunächst nicht so begeistert waren von der Aktion. Böhmermanns Absicht war es, in der Zeit des Flüchtlingsdeals Erdogan und der Öffentlichkeit zu zeigen, was man in einem demokratischen Staat an Polemik ertragen können muss. Weil ihm das gelungen ist, hat Jan Böhmermann, so sieht er das, mehr erreicht, als das deutsche Kabarett heutzutage gewöhnlich zustande bringt. Diesmal perlte eine Satire nicht ab, sie traf mitten hinein ins politische Berlin. Dieser aufklärerische Effekt für das deutsche Publikum wurde indes damit erkauft, dass in einem weniger satiregewohnten Umfeld der Autokrat damit punkten konnte. Diese Begleiterscheinung fand Böhmermann bedauerlich, aber akzeptabel. Hat er recht? Ist es das wirklich wert? Um zu zeigen, was in Deutschland ohnehin jeder wusste, dass nämlich die Regierung sich in Bezug auf die Türkei in diversen Dilemmata befand, musste ein jahrhundertealtes Klischee mobilisiert und die Türken in ihrem Vorurteil von der deutschen Arroganz bestärkt werden? Und dass die türkischen Deutschen noch einmal kräftig daran erinnert wurden, durch welche Ressentiments sie sich von Kindesbeinen an fressen mussten und noch immer müssen, das war auch unausweichlich?

Vielleicht. Jan Böhmermann ist ein Künstler, er will

sich, das ist sein zentrales Argument, nicht für alle Risiken und Nebenwirkungen seiner Kunst haftbar machen lassen, täte er es, würde das seine Kreativität ersticken. Doch nicht jeder ist ein Künstler, viele sind nur Politiker oder Journalisten, da zieht dieses Argument nicht. Wenn vergessen wird, dass bei allem, was über die Türkei gesagt wird, die hiesigen Türken mithören und die dortigen auch, dann handelt es sich eben allzu oft um postkoloniale Selbstbezogenheit. Und: Wer verhindern möchte, dass die Migranten und die Muslime allgemein sich in ihre speziellen Öffentlichkeiten zurückziehen, der sollte sie aus unserer Öffentlichkeit möglicherweise nicht mutwillig vertreiben.

Ob bei den guten Menschen oder den bösen Illusionisten der »Realpolitik« – am Ende haben die autoritären Populisten schon recht, es geht wirklich um die Verteidigung des christlichen Abendlandes. An diesem Punkt der Globalisierung kann dieses Abendland sich nicht mehr mit halb garem, wegschauendem Sonntagschristentum oder mit Symposien-Humanismus begnügen, es steht vor der Wahl: sich offen zum Zynismus bekennen, der in unserer Lebensweise immer noch steckt, oder an die wunderbare Brotvermehrung glauben, darauf setzen, dass Liebe sehend macht und Solidarität stark. Das Leben nach dem Mauerfall zwischen »Erster« und »Dritter« Welt wird kompliziert, aber so kompliziert eben auch nicht. Abschied von Dogmen und schlechten Gewohnheiten, ein paar Dinge über die anderen lernen, hinhören, hinschauen, ein bisschen teilen, entschieden sein bei den eigenen Werten, wehrhaft sein für alle Fälle. Alles keine Hexenkunst.

Im Grunde könnte es eine große Befreiung sein. Die Ideologie der »Realpolitik«, das krampfhafte Verdrängen von Lebenstatsachen, das stammelnde Staunen, wenn man vor den stets ungewollten Folgen der eigenen Politik steht, die bestürzende Unkenntnis des ewigen weißen Touristen – man wird besser leben ohne all das.

Die neue Plutokratie – verraten die Reichen die Demokratie?

In jüngster Zeit sind eine Reihe von autobiografischen Büchern erschienen, die thematisieren, warum die sogenannten kleinen Leute plötzlich nicht mehr sozialdemokratisch wählen oder (in Frankreich) kommunistisch, sondern rechts, warum aus Klassenbewusstsein Rassenhass wurde. Zwei Veröffentlichungen waren darunter besonders erfolgreich: das schon mehrfach zitierte Buch *Hillbilly Elegy* von C.D. Vance und Didier Eribons: *Rückkehr nach Reims.* Darin schildert der Autor seine eigene Entfremdung von dem proletarischen Milieu, dem er entstammt. Gleich zu Beginn legt er seinen Lesern die Frage vor, warum in den 50er- und 60er-Jahren, als die Arbeiter unter erheblich ärmlicheren Bedingungen leben mussten als heute, dieses Los ertragen wurde, warum man zwar links wählte, sein Schicksal ansonsten aber hinnahm. Eribons Antwort lautet so: »Dass es anderswo anders zugeht, dass andere Leute andere Ziele und Möglichkeiten haben, weiß man sehr wohl, aber dieses Anderswo liegt in einem so unerreichbaren, separaten Universum, dass man sich weder ausgeschlossen noch benachteiligt fühlt, wenn einem der Zugang zu den Selbstverständlichkeiten der anderen verwehrt bleibt.«[1] Diese Akzeptanz durch Distanz – wir sahen es schon im ersten Kapitel – ist dahin, nicht nur zwischen Erster und Dritter Welt, sondern auch zwischen oben und unten, die Menschen stehen sich jetzt Stirn an Stirn gegenüber. Darum der ganze Aufruhr, in dem wir zurzeit leben. In dieser neuen Nähe liegt Bedrohung und Verheißung.

Aber wie ist es eigentlich für die Reichen, wie leben sie mit der Ungerechtigkeit, die sie selbst verkörpern? Auch darauf gibt Eribon eine interessante Antwort: »Die Herrschenden merken nicht, dass ihre Welt nur einer partikularen, situierten Wahrheit entspricht (so wie ein Weißer sich nicht seines Weißseins und ein Heterosexueller sich nicht seiner Heterosexualität bewusst ist).«[2]

Man darf allerdings annehmen, dass es den meisten Reichen nicht entgangen sein dürfte, wie wenig ihr Reichtum oft noch akzeptiert wird. Falls sie regelmäßig den *Economist* lesen, wird ihnen aufgefallen sein, dass sogar der frühere amerikanische Präsident Obama mit luzider Verachtung auf manche Formen des Reichtumserwerbs blickt. Er schrieb dort nämlich mit Verweis auf die amerikanische Wachstumsschwäche: »Zu viele potenzielle Physiker und Ingenieure verbringen ihre Karriere damit, im Finanzsektor große Geldmengen herumzuwuchten, anstatt ihre Talente darauf zu verwenden, die Realwirtschaft zu erneuern.«[3] Mit anderen Worten: Geht arbeiten, Jungs.

Die Reichen stehen also moralisch unter wachsendem Druck, nicht nur, weil sie jetzt jeder beobachten kann in ihrer Lebensweise, mehr noch, weil sie von der Globalisierung der vergangenen zwei Jahrzehnte so überproportional profitiert haben. Der Volkswirtschaftler Branko Milanovic hat in einem breit angelegten Werk über die *Global Inequality*[4], die globale Ungleichheit, belegt, dass in den Jahren 1988 bis 2008 global 44 Prozent aller erzielten Gewinne in die Hand der fünf Prozent Reichsten gegangen sind. Diese explodierende Ungleichheit in der Globalisierung ist vor allem auf den verschärften Wettbewerb innerhalb der internationalen Arbeiterschaft und die den Global Players zuträglichen Handelsbedingungen zurückzuführen – und nicht etwa auf verdoppelten unternehmerischen Fleiß.

Insofern stellt sich schon die Frage, wie diese Menschen ihren Reichtum vor sich rechtfertigen.

Was erzählen sich Menschen, die unendlich reich sind oder astronomisch verdienen, eigentlich über sich selbst, wie erklären sie sich im Selbstgespräch ihre Privilegien? Messen sie sich eine Exzellenz zu, die in etwa dem Multiplikator ihres Einkommens im Vergleich zum Durchschnittseinkommen entspricht? Oder meinen sie eine Verantwortung zu tragen, die größer ist als die eines Bundeskanzlers, weswegen sie auch zwanzig Mal so viel verdienen dürfen? Oder 500 Mal so viel wie die Frau, die nach Dienstschluss in ihre Büros kommt, um die Kaffeetassen abzuräumen und die Papierkörbe zu leeren? Sobald man auch nur einen Schritt zurücktritt, zeigen sich all diese Dinge von ihrer Schamseite.

Wer das Verhalten vieler Manager und Banker in letzter Zeit beobachtet hat, ihre Boni ohne Leistung, ihre schwarzen Kassen und ihre Konten in Steueroasen, der muss zu dem Schluss kommen, dass sie wirklich glauben, das 500fache des gewöhnlichen Einkommens in ihren Konzernen auch wirklich verdient zu haben.

Das Geld muss nicht von ihnen gerechtfertigt werden, umgekehrt, das Geld rechtfertigt sie.

Man darf von vielen Reichen oder Spitzenmanagern keinen allzu großen Beitrag erwarten, wenn es darum geht, den demokratischen Sprengstoff, der in der sozialen Ungleichheit liegt, zu entschärfen. Mehr als ärgerlich ist dabei, dass die Profiteure der Ungleichheit die Politiker mit der kaum zu bewältigenden Legitimationsarbeit für die herrschende Ungleichheit so gut wie alleinlassen und am Ende noch in den Chor derer einstimmen, die Politiker zu Versagern erklären. Dazu passt die Idee vieler Unternehmer, dass sie, wenn sie denn Zeit hätten und angemessen bezahlt würden, sofort die Regierung übernehmen könnten und die Sache besser machen würden als »die Politiker«. Im Weißen Haus kann man derzeit besichtigten, in welchem Maße diese Annahme zutrifft.

Dass viele Reiche der Politik bei der Rettung der Demokratie wenig helfen werden, ist das eine. Nicht selten nehmen sie sogar die Zerstörung der Demokratie billigend in Kauf. Das wurde mir klar bei einer vertraulichen Veranstaltung, an der ich vor ein paar Jahren teilnahm. Dort wurde der CEO eines großen deutschen Konzerns gefragt, warum er denn die Sanktionen, die von der Bundesregierung wegen der Krim-Annexion gegen Russland verhängt worden waren, durch sein Verhalten konterkariere. Seine sich dem klandestinen Rahmen verdankende ehrliche Antwort lautete: »Bei mir geht es um wichtigere Dinge, als die nächsten Wahlen zu gewinnen.« In dem Moment musste ich an die Wallstreetspekulanten denken, die sich aufgrund der enormen Summen, die sie bewegen, als »Masters of the universe« bezeichnet haben, jedenfalls vor der durch die Pleite von Lehman Brothers ausgelösten Finanzkrise.

Das Beunruhigende an der programmatischen Äußerung des deutschen CEO lag für mich darin, dass es sich bei ihm eben nicht um einen Börsianer handelte, sondern um einen guten, braven Mann aus der Realwirtschaft, fest eingebettet in die Deutschland AG. Die Bundeskanzlerin scheint sich dieser Mentalität in Teilen der deutschen Wirtschaft sehr bewusst zu sein. Als ihr seinerzeit im US-Senat vorgeworfen wurde, sie würde es nicht wagen, schärfere Sanktionen gegen Putin zu verhängen, weil die Wirtschaft Druck auf sie ausübe, antwortete sie: »This impresses me zero.« Tatsächlich ist diese Bundeskanzlerin gemessen an ihrem Vorgänger ausgesprochen resistent gegenüber irgendwelchen

Drohungen von Unternehmerseite, sogar gegenüber Lockungen.

Dass die wachsende Ungleichheit per se die Demokratie delegitimiert, ist das eine. Dass die Reichen und viele CEOs sich ihr gegenüber erhaben fühlen, das andere. Das Dritte – und fatalste – ist jedoch die Entstehung einer fast allmächtigen globalen Plutokratie, die über die Mittel verfügt, sich im Zweifel das System auch kaufen zu können, das ihr beliebt. Oder die sich das jedenfalls einbildet. Denn zwei Jahrzehnte forcierter Globalisierung haben nicht nur Superreiche hervorgebracht, sondern eine Kaste von Hyperreichen. »Im Jahre 2013 betrug die Zahl der Doppelmilliardäre 735, deren gesamter Reichtum betrug 4,5 Billionen Dollar. Damit haben sich sowohl die Anzahl an Hyperreichen wie auch ihr realer Reichtum verfünffacht.«[5] Ihr Anteil am Wohlstand der Welt hat sich verdoppelt. Da im selben Zeitraum die Einkünfte der Mittelschicht in den westlichen Ländern stagnierten, ergibt sich folgendes Bild: Je unzufriedener und am Ende wütender die vielen wurden, desto reicher und mächtiger wurden die wenigen. So erklärt sich ein Teil der gewaltigen Spannungen, unter denen die westlichen Demokratien derzeit stehen.

Da die Hälfte des obersten einen Prozent amerikanische Staatsbürger sind, liegt auch nahe, dass diese Spannung in den USA als Erstes zur Explosion kam. Weil bei den Präsidentschaftswahlen eine aus europäischer Sicht naheliegende sozialdemokratische Alternative vom System ausgeschlossen wurde, konnten die unzufriedenen Wähler nur zwischen zwei Varianten wählen, die beide zugunsten der Hyperreichen Politik machen würden: die liberale oder die autoritäre, die Apologeten des demokratisch-republikanischen Systems oder die Systemzerstörer.

Interessant und folgenreich ist dabei, dass mächtige Protagonisten wie der Medienmogul Rupert Murdoch offenbar einen strategischen Wechsel vorgenommen haben. Hatte er bis vor Kurzem noch die Einwanderung unterstützt, die ja für die großen Unternehmen unter anderem niedrige Löhne verheißen, so entschied er sich am Ende gleichwohl für Donald Trump. Der wiederum macht Stimmung gegen Einwanderer und verspricht seinen Wählern, diesen zum Nachteil der unteren Mittelschichten in den sich entwickelnden Ländern zu helfen. So wie viele weiße Wähler vom Klassenbewusstsein zum Ressentiment übergewechselt sind, so denken viele Reiche nicht mehr im engen ökonomischen Kalkül, also in kleiner Münze, sondern daran, dass die Ungleichheitsbedingungen insgesamt erhalten werden sollen.

Mit der Machtübernahme autoritär und umstürzlerisch gestimmter Teile der Super- und Hyperreichen in den USA tritt nun etwas zunächst sehr Überraschendes hervor: eine Konvergenz der Systeme. Während der Globalisierungsschub der vergangenen beiden Dekaden in China und Russland vor allem dazu geführt hat, dass sich die politisch Mächtigen auch ökonomisch über die Maßen bereichern konnten, übernehmen die ökonomisch Mächtigen in den USA nun in nie gekannter Offenheit die politische Macht. Trumps Kabinett der Milliardäre und Finanzjongleure ließ hier kaum noch Fragen offen, und wer doch noch Illusionen hegte, der wurde binnen weniger Wochen nach der Vereidigung des Präsidenten eines Besseren belehrt: Maßnahmen zugunsten der Wallstreet und der Reichen am Fließband, wie die neuerliche Deregulierung der Finanzmärkte, so als hätte es die Finanzkrise nie gegeben.

Drei ökonomisch und politisch sehr verschiedene Systeme, drei Staaten mit ganz unterschiedlichen Herausforderungen wie eben China, Russland und die USA konvergieren also in einem ganz entscheidenden Punkt, in der autokratischen Fusion von politischer und ökonomischer Macht.

Damit stirbt eine Illusion der 2000er-Jahre: Nicht die Marktwirtschaft zieht die Demokratie nach sich, sondern die Ungleichheit die Diktatur.

Man kann diesen tief beunruhigenden Vorgang vielleicht damit erklären: Die Globalisierung hat den Reichen so viele Mittel in die Hand gegeben, dass die Verführung, diese Mittel zum Schutz und zum Ausbau der eigenen Position zu nutzen, allzu groß wurde. So erklärt sich vielleicht auch, dass die meisten Menschen weniger Probleme mit dem fantastischen Einkommen von Fußballern, Popstars und Schauspielern haben als mit dem von Managern und Unternehmern. Denn zum einen handelt es sich um einen anderen Grad von Obszönität, weil Fußballspieler zumindest nicht für schlechte Spiele belohnt werden, sondern zur Strafe auf der Ersatzbank landen, während Manager wie Martin Winterkorn von VW oder Josef Ackermann von der Deutschen Bank für das Desaster, das sie angerichtet haben, mit absurden Boni belohnt werden. Zum anderen, und das ist der entscheidende Punkt, nutzen Popstars, Schauspieler oder Fußballer ihr Geld nicht dazu, Politiker zu Vorträgen einzuladen und ihnen dafür 100 000 Dollar zu zahlen; sie halten sich auch keine Lobbyisten, die dafür sorgen, dass das Steuerrecht noch weiter liberalisiert wird. Ebenso wenig kaufen sie sich Fernsehsender, um damit die Öffentlichkeit zu lenken. Nein, diese harmlosen Reichen schaffen sich komplizierte und aufwendige Konsummaschinen aus Privatflugzeugen, Angestellten, Autos, Scheidungen und dergleichen. Da entsteht keine Machtkonzentration, da wird bloß brav verpulvert. (Dass wir Sportbegeisterten um unseres Vergnügens willen gern darüber hinwegsehen, wie sehr die immensen Summen etwa im Fußballgeschäft auch dazu dienen, korrupte Strukturen zu nähren, steht auf einem anderen Blatt.)

Nun ist der Kampf um Demokratie und Autokratie selbst in den USA noch längst nicht verloren, noch kann sich die Demokratie die Macht zurückholen, allerdings wohl nur, wenn ökonomisch den zu Recht unzufriedenen Mittelschichten ein sozialdemokratisches oder sozialistisches Angebot gemacht wird. Ein junger Sanders wäre dafür nötig oder ein neuer Obama, der sich gegenüber den Reichen nicht bloß, wie im obigen Zitat, in Sarkasmus übt, sondern bereit und fähig ist, ihnen auch wirklich etwas wegzunehmen.

Doch gilt nicht nur für die USA: Es geht nicht mehr nur darum, mehr Gerechtigkeit zu üben, sondern es geht auch darum, die internationalen Hyperreichen regelrecht zu entwaffnen. Der demokratische Staat sollte immer stärker sein als alle Reichen zusammen.

Wem das alles zu sozialistisch klingt, der sollte sich eines vor Augen halten: Das Angebot, das beispielsweise Donald Trump seinen Wählern macht, nämlich den Wohlstand von den Chinesen »zurückzuholen«, birgt eine eminente Kriegsgefahr in sich. Denn selbst eine leidlich gut funktionierende Autokratie wie die chinesische wirkt stabiler, als sie ist, jedenfalls kann sie es sich um keinen Preis leisten, die eigenen Mittelschichten mit verschlechterten »Deals« zugunsten des amerikanischen Rust Belt zu provozieren. Zumal die chinesische Mittelschicht von der Globalisierung zwar weit mehr profitiert hat als die amerikanische, aber immer noch deutlich ärmer ist als diese.

Einzig der Aufstieg von vielen Millionen Chinesen aus der Armut in einen bescheidenen Wohlstand sowie die Hoffnung vieler weiterer Millionen Chinesen, dies auch irgendwann zu erreichen, legitimiert die Herrschaft der Partei und der zu ihr gehörenden Oligarchen – nicht die ausgehöhlte kommunistische Ideologie, nicht der leidlich wiederbelebte Konfuzianismus. Trumps Nationalismus evoziert den chinesischen, und der Austragungsort dafür ist womöglich nicht der Weltmarkt, sondern das Südchinesische Meer. Den Reichen im Westen deutlich mehr zu nehmen als bisher, das ist insofern nicht mehr nur eine Frage der Gerechtigkeit, es geht dabei tatsächlich sogar um präventive Kriegsvermeidung.

Wenn aber Teile der Hyperreichen oder des Kapitals bereit sind, das Band zwischen Demokratie und Profit zu lockern oder gar zu durchschneiden, was bedeutet das dann für die liberale, weltoffene, sozialdemokratische Linke im Westen?

Aus heutiger Sicht liegt es auf der Hand, dass die Sozialdemokratie irgendwann im Zuge des letzten Globalisierungsschubs große Teile ihrer Wählerschaft verloren hat. Bill Clinton, Tony Blair und Gerhard Schröder haben darauf gesetzt, dass ein mehr oder weniger entfesseltes Wachstum auch ihren traditionellen Wählerinnen und Wählern zugutekommen würde. Diese Vermutung hat sich nicht bewahrheitet, und der Preis, den sie dafür zahlten, nämlich der Deregulierung der Finanzmärkte zuzustimmen, war extrem hoch. Nicht zuletzt damit hat sich der linke Liberalismus an den Neoliberalismus verkauft, was langfristig natürlich eine verheerende Wirkung auf die Linke im Westen hatte. Fast alle sozialdemokratischen Parteien in Europa stecken deswegen bis heute in einer tiefen Krise, jetzt, da man sie bräuchte wie lange nicht mehr. Am überzeugendsten sind die alten Männer, die am Sozialismus festgehalten haben und heute Kultstatus erlangen. Zu ihnen gehören Bernie Sanders und der britische Labourchef Jeremy Corbyn. Ebenfalls für einige Zeit erfolgreich sind die jungen Männer mit ihren neuen Parteien links von den verbrauchten sozialistischen Parteien ihrer Länder. Die Rede ist von dem Griechen Alexis Tsipras und dem Spanier Pablo Iglesias. Schließlich sind die alten sozialdemokratischen Parteien beispielsweise in Deutschland und möglicherweise in Italien noch handlungsfähig. Was bislang fehlt, das ist eine Kraft, die diese drei Stränge zusammenführt. Das Potenzial liegt jedenfalls bereit.

Allerdings waren und sind es nicht die linken Regierungschefs allein, die sich ihrer Klientel entfremdet haben, es waren schon auch die sie tragenden Parteien und Milieus. Didier Eribon hat seinen eigenen kulturellen »Klassenverrat« in *Rückkehr nach Reims* einer schonungslosen Selbstbefragung unterzogen. Lange hatte er geglaubt, er habe sich von seiner Arbeiterfamilie entfernt, weil er als schwuler junger Mann mit der Homophobie seines Milieus und vor allem mit der seines Vaters nicht klarkommen konnte. Heute denkt er dazu: »Aber war es nicht genau diese Annahme, die mir – neben aller Wahrheit, die zweifellos in ihr steckt – eine ehrenwerte und theoretisch kaum anfechtbare Rechtfertigung lieferte, dem Gedanken auszuweichen, dass ich ebenso sehr mit meinem Milieu als sozialer Klasse gebrochen hatte.«[6] Dass der Wunsch, zu »denen da oben« zu gehören und die Spuren der eigenen Vergangenheit abzustreifen, in den 90er- und den 2000er-Jahren stark war, kann man sich heute kaum noch vorstellen, da so manch einer an der Rebottropisierung der eigenen Biografie arbeitet. Aber so war es, und Gerhard Schröder ist auch dafür ein sehr prägnantes Beispiel.

Der Akzentwechsel vom Verteilungskampf zu Fragen der Identität hatte aber einen weiteren schlagenden Vorteil: Er machte die Sache für Linke und Liberale leichter. Denn die Gleichberechtigung von Frauen oder die Integration von Migranten in die Betriebe und Institutionen liegt letztlich im Interesse der Unternehmen selbst. Diversität ist schlichtweg effektiver, der – bis heute auch völlig richtige – Einsatz dafür nimmt den Eignern und Aktionären einer Firma nichts weg, eher im Gegenteil. Anders ist es bei Lohn, Urlaub etc. Im einen Fall kämpft man gegen Vorurteile, im anderen gegen Interessen.

Die globalisierungsbedingte Geldschwemme stellte für die Linke eine weitere Verführung dar. Da stets genug Geld vorhanden zu sein schien, setzte die Linke auf Staatsverschuldung und Gelddrucken anstatt auf Kampf und Verteilung.

Wenn also die Entfesselung des Reichtums so wenig zu mehr Gerechtigkeit geholfen hat wie das Gelddrucken, wenn der Schwenk zu Identitätsfragen das Vakuum erst geschaffen hat, in dem sich jetzt die autoritären Bedürfnisse ausleben, was hilft dann? Zunächst mal: Honeymoon is over. Der Verteilungskampf kehrt zurück, die erneute Politisierung der Gerechtigkeitsfrage ist in vollem Gang, die Reichen stehen wieder unter Legitimitätsdruck, die Linke kann sich dem nicht entziehen. Allerdings gibt es auch kein Zurück zur Borniertheit des Klassenkampfs. Der demokratische Unternehmer ist ein natürlicher Verbündeter. Auch diese Unternehmer gibt es, und es werden mehr. Es kann aber auch kein Zurück geben zu den Zeiten des Sekundärwiderspruchs, als neben der Klassenfrage alles andere zweitrangig sein sollte, egal ob es dabei um Gender oder um Ökologie ging. Die soziale oder Klassenfrage wird für die Linke nicht noch einmal alles überstrahlen können, aber sie wird wieder einen gebührenden Platz einnehmen.

In den letzten Jahren wurde wieder vermehrt über die Methoden diskutiert, wie man den »treulosen« Reichen beikommen kann, die »ihr« Geld am Fiskus vorbeischleusen oder die ihre Unternehmen ins Ausland verlagern, wenn daheim die Umweltstandards oder die Löhne zu hoch sind. Tatsächlich sind diese Fragen alles andere als trivial, weil die Globalisierung dem Kapital, dem »scheuen Reh« (Karl Marx), ungeahnte Möglichkeiten bietet, sich dem Zugriff demokratischer Staaten zu entziehen. Abseits einer Instrumentendebatte soll eines festgehalten werden: Der Druck auf die Politik, hier alles Menschenmögliche zu unternehmen, war in den vergangenen beiden Jahrzehnten auch noch nicht wirklich hoch, alles war eingehüllt in die Illusion der steigenden Boote. Jetzt, da nicht mehr nur eine Wahl zu verlieren ist, sondern das Wählen überhaupt, jetzt, da die obszöne Ungleichheit nicht nur die Gerechtigkeitsgefühle verletzt, sondern die Gleichheit aller vor dem Gesetz unterminiert, steht mehr auf dem Spiel. Am Ende wird der Wille zur Demokratie einen Weg zur Gerechtigkeit finden.

Die Mehrheit wieder zur Mehrheit machen – wie die Autoritären zu schlagen sind

Niemand hätte das vor zwei oder drei Jahren für möglich gehalten, aber nun ist es eben so: Dies ist der politische Ernstfall unserer Biografie, zugleich der Verteidigungsfall der Demokratie. Und zunächst mal, das darf man ruhig zugeben, ist das für alle ein Schock. Ein Schock, der zudem nicht aufhört zu wirken, weil die Erosion einer gewohnten Welt nach wie vor schneller vonstattengeht, als man sich daran gewöhnen kann, und weil das Verstehen das Geschehen vorerst nicht einzuholen vermag. Das Erste, was in dieser Lage zu üben wäre, ist also Demut. Denn auch in diesem Punkt waren wir verwöhnt: Die politische Welt schien uns schließlich auch deshalb recht begreifbar, weil wir vieles ausblenden konnten. Regionen, Gruppen, Gefühle und Aspekte, die uns nichts anhaben konnten, brauchten uns auch nur wenig beschäftigen, sie konnten uns darum nicht verwirren. Nun können sie es. Die Illusionen, mit denen der Westen die Welt überzogen hatte, wurden weggerissen. Die Milieus, die nicht zur Wahl gingen, dafür aber ins

Dschungelcamp, drängen nun in die politische Arena, sie verändern Mehrheiten und verändern die von uns gemachten Spielregeln. Nicht zu fassen.

Wenn die liberalen, gebildeten Schichten in den reichen Ländern die Welt nicht mehr verstehen – weil sie die Welt nicht mehr beherrschen –, müssen sie diese nun in Teilen neu durchdringen. Das wäre dann die zweite Übung: die Bereitschaft, neu zu lernen, mehr zu lernen. Und das ohne die Erwartung, jemals wieder so viel Kontrolle zu haben wie zuvor. Daher lautet die dritte Übung: die Kontingenztoleranz erhöhen, aushalten lernen, dass die Dinge nicht logisch ablaufen. Der Zufall und das Unberechenbare sind keine Majestätsbeleidigung, sondern Ausdruck einer neuen Lebendigkeit und Freiheit – auch einer Freiheit von uns. Dass dies alles oft mit einer hässlichen Fratze geschieht und mit Ressentiments beladen ist, sollte kein Grund sein, sich erhaben zu fühlen oder diese Gegenbewegung abzutun. »When they go low, we go high« (Michelle Obama) – das sind die Sprüche, mit denen man sich ungewollt über jene erhebt, die weniger gebildet oder anders gebildet sind oder die eine andere Moral vertreten. Was als höhere Moral und als höherer Anspruch an sich selbst gemeint war, kommt rüber als Manifestation einer Überlegenheit.

Auch diese oft wiederholte Erklärung für den neuen Populismus zeugt nicht von Neugier, sondern nur von Arroganz: Die Welt, so heißt es, sei so komplex geworden, dass viele Menschen sich nach einfachen Lösungen sehnen und denen hinterherlaufen, die sie ihnen bieten. Es wirkt selbstgerecht, wenn Menschen diese Erklärung heranziehen, die gelernt haben, mit Komplexität zu hantieren. Und dies nicht nur, aber auch, um sich sozial zu unterscheiden. Tatsächlich war die Welt gemessen an den Informationsmöglichkeiten und dem Bildungsstand der meisten Menschen in den 60er-Jahren auch nicht weniger komplex. Und Politik, auch demokratische, hat immer die Aufgabe, diese Komplexität zu reduzieren, das politische Spiel für alle zugänglich zu halten.

Eine andere beliebte Erklärung besteht in dem Hinweis auf die Angst vor der Globalisierung. Das stimmt ganz sicher, nur sind es nicht allein die anderen, die Angst haben. Vielmehr hat das liberale Bildungsbürgertum gerade am meisten Angst – und zwar vor den Populisten. Und: Dieses Milieu fürchtet sich heimlich selbst vor der Globalisierung. Wer hat denn seine Kinder in den Chinesischunterricht geschickt, damit die lieben Kleinen sich später auf dem Weltmarkt behaupten können? Wer hat denn die Schuljahre verkürzt aus Angst, dass die eigenen Kinder, deren Lebenserwartung bei etwa hundert Jahren liegen dürfte, wegen eines Jahres zu viel Schule den Anschluss an die »fleißigen Asiaten« verlieren? Wer dreht denn im Supermarkt fünfmal die Verpackung auf der Suche nach gefährlichen Inhaltsstoffen? Wer hat Angst davor, sich die beruflichen

Optionen zu versauen, wenn das ein oder andere Kind zur Unzeit das Licht der Welt erblickt? Ja, über Angst muss geredet werden, man sollte nur nicht so tun, als litten darunter nur die anderen, als würde der irrationale Faktor am Abitur-Äquator haltmachen.

Es gibt noch eine weitere Übung, die vor dem Kampf gegen die Autoritären absolviert werden müsste: das Machtbekenntnis. Eine hoch geschätzte Kollegin, Carolin Emcke, erhielt im vergangenen Jahr den Friedenspreis des Deutschen Buchhandels. In ihrer Dankesrede sagte sie sehr kluge Dinge über den Hass und die Ausgrenzung. Nicht so weise war möglicherweise, dass sie sich als Opfer darstellte, u.a. weil sie Journalistin ist und dafür beschimpft, bedroht und beleidigt wird. Das alles ist sicher nicht abzustreiten, nur wirkt es befremdlich, wenn eine der bekanntesten Journalistinnen des Landes einen renommierten Preis bekommt und dann von sich und ihresgleichen als Opfer spricht. Mehr Establishment geht doch eigentlich gar nicht als Carolin Emcke. Oder auch als der Autor dieses Buches.

Toleranz, das vergisst unsereiner leicht, verlangt jemandem, der zehn Stunden oder länger langweilige und überharte Arbeit zu verrichten hat, mehr ab als jemandem, der für seine geistige Offenheit bezahlt und mit großen, ruhigen Wohnungen belohnt wird.

Dahinter steckt noch mehr. Gerade das eher grüne Milieu kommt ja biografisch aus einer Minderheitenposition. In den 70er- und 80er-Jahren mussten sie das ganze Spektrum moderner Liberalität erst hineintragen in die Mehrheit, manche scheinen dabei den Zeitpunkt verpasst zu haben, da dieses Minderheitenprogramm zur Mehrheitsmeinung aufstieg und schließlich über viele Jahre hinweg sogar zur Regierungspolitik. Vielleicht lag es daran, dass an der Spitze dieser im Grunde liberal und grün gestimmten Regierungen eine Christdemokratin stand, vielleicht gelang es dem siegreichen Milieu deswegen so lange, sich über seine Siege hinwegzutäuschen, weil das alles in einer schwarzen Verpackung präsentiert wurde. Fakt ist jedoch, dass Angela Merkel beinahe eine grüne Kanzlerin war; je länger sie regierte, desto klarer. Mit ihr wurde ab 2005 die rotgrüne Ära nicht etwa beendet, sondern in die andere Hälfte der deutschen Gesellschaft getragen. Diese etwas schräge Konstellation erlaubte es den grünen Hegemonen, sich auch weiterhin als Minderheit, als rebellisch, als frech und kratzbürstig, als nicht ganz und gar verantwortlich darzustellen – oder eben als Opfer. Es gab jedoch Menschen in Deutschland, die früh gemerkt haben, dass Deutschland eine grüne Republik geworden ist – all jene nämlich, denen das nicht passte. Ihnen muss es als eine ungeheure Provokation vorgekommen sein, dass da eine Kanzlerin, die eigentlich eine »Schwarze« hätte sein sollen, überwiegend grüne Politik machte, während sich die Grünen und die sie tragenden Gruppen und Milieus noch immer als Opposition aufführten. Es ist also schon eine Frage des

Respekts vor dem Gegner, sich zur eigenen Macht zu bekennen: Ja, wir liberalen, nicht autoritären, gebildeten Ökotypen dominieren die Universitäten und die Beamtenapparate, wir geben den Ton an in den Medien und schreiben die meisten Bücher, wir bestimmen, was in den Museen gezeigt wird und welche Filme auf den Index kommen. Das alles ist nun schon so lange der Fall, dass es zumindest aus hygienischen Gründen gut ist, wenn diese Hegemonie nun attackiert wird. Es könnte sogar so sein, dass wir zwischenzeitlich bequem geworden sind, weil wir dachten, diese Macht nur noch ausbauen und weiterentwickeln, aber nicht mehr erarbeiten und verdienen zu müssen. Noch haben die liberalen Kräfte, jedenfalls in Deutschland, die Mehrheit. Aber sie haben sie nicht mehr sicher. Nun geht es darum, aus der Mehrheit wieder eine Mehrheit zu machen und den Angriff der Autoritären abzuwehren.

Dann soll also wieder gekämpft werden, warum nicht, so haben wir ja auch angefangen. Womöglich können wir es noch.

Die älteren, jene zumindest, die schon seit Jahrzehnten politisch denken, können auf Kampferfahrungen zurückgreifen, auch wenn sie dabei nie vergessen dürfen, dass sie jetzt aus der Macht heraus kämpfen. Für die Jüngeren ist die Lage etwas komplizierter. Sie erleben zurzeit den vielleicht extremsten biografischen Bruch. Groß geworden sind sie mit dem Bewusstsein, dass alles im Großen und Ganzen gut läuft, sogar die eigenen Eltern sind einigermaßen in Ordnung, wenn man ehrlich ist. Politisch brauchten sie nicht wirklich zu handeln, dafür war die Welt zu gut, in der sie lebten. Das hat sich im Handumdrehen geändert. Unversehens sieht sich die unpolitischste Generation, die dieses Land je erlebt hat, in die politischste Lage versetzt, die es seit 1945 gibt.

Beides zusammen, das Noch-mal-kämpfen-Müssen der Älteren und das Noch-nie-gekämpft-Haben der Jüngeren, stellt zunächst mal eine Überforderung dar, der viele mit Ausweichbewegungen und Kurzschlussreaktionen begegnen. Darum soll nach den Vorübungen für den Kampf nun von den möglichen Fehlern die Rede sein, die einem dabei unterlaufen können.

Spätestens seit Beginn der Flüchtlingskrise im Sommer 2015 trieb mich eine Frage immer wieder um: Was passiert eigentlich, wenn die großen Fragen auf die feinen Unterschiede treffen, mit denen sich eine gut funktionierende Gesellschaft – zu Recht – beschäftigt? Was wird aus den Diskussionen um Vegetarismus und Veganismus, um Postfeminismus und Ultrafeminismus, aus Transgender und Transsexualität, wenn auf einmal die Geschichte in schweren Stiefeln um die Ecke kommt, wenn unerhörte Worte die Runde machen wie zum Beispiel: Krieg.

Eines sonnigen Tages traf ich mich in einem Lokal an der Spree mit einer Bekannten, um an ihr diese Frage auszuprobieren. Sie ist Ende zwanzig, radikale Feministin, hatte gerade ihre Dissertation über ein Genderthema geschrieben und klapperte mit ihrem ungewöhnlich gearbeiteten Ring. Als ich sie fragte, was es mit diesem Ring auf sich habe, antwortete sie mir, das sei ein Erkennungszeichen für Sadomasochismus. Ich fragte sie, ob ich das richtig verstanden hätte, dass sie eine sadomasochistische heterosexuelle radikalfeministische Doktorin sei. Genau, antwortete sie, das müsse ja wohl auch möglich sein. Ohne Zweifel muss es das. Aber, so fragte ich zurück, wie gehen Sie mit all diesen feinen Unterschieden um, jetzt, da eine Bewegung immer stärker wird, die Ihnen allen unterschiedslos den Hals umdrehen möchte? Tja, antwortete sie da nach kurzem Nachdenken, wir machen einfach so weiter, die Stadtmauern müssen andere verteidigen. Diese anderen, wer soll das sein? Na, die Politik und die einflussreichen Medienmacher. Ach so.

Dieser Auffassung bin ich oft begegnet in der letzten Zeit, viele, gerade Frauen, argumentierten, dass sie sich auf diesen Steinzeit-Chauvinismus à la AfD gar nicht erst einlassen wollten, »darüber«, so sagte es eine Kollegin, »bin ich hinaus«. Aber natürlich kann es keine derartige Arbeitsteilung geben, es existieren eben keine Stadtmauern, eine Neuauflage »machtgeschützter Innerlichkeit« (Thomas Mann) wäre auch gar nicht erstrebenswert. Denn, und das gehört zu den großen Missverständnissen in der öffentlichen Debatte, es lebt eben nicht jeder in seiner Blase, es ist vielmehr umgekehrt. Auch die *ZEIT* lesen heute Menschen, die diese Zeitung nur in der Absicht studieren, etwas zu entdecken, was sich gegen die Redaktion verwenden lässt. Dann werden geeignete Zitate aus dem Blatt vervielfältigt und in den sozialen Medien unter den Wortführern der neuen Rechten verbreitet. In Wahrheit sind alle Stadtmauern aus Glas, die draußen sehen alles, was drinnen vorgeht. Deswegen muss man sich erklären und sich behaupten, immer neu.

Ist es wünschenswert, dass die Liberalen jetzt die Reihen schließen, dass sie eine Wagenburg bauen, um die Trumps und Le Pens und Petrys und Farages abzuwehren? Nein, das kann man nicht wollen, denn die Weltoffenheit in der Wagenburg, das kann nicht gelingen. Diejenigen, die vom Disput untereinander leben, stellen den Streit ein, bis der große Gegner geschlagen ist? Damit schlagen sie sich nur selbst, indem sie sich ihrer stärksten Waffe berauben.

Ist es überhaupt denkbar, dass alle Errungenschaften der letzten zwei Jahrzehnte verteidigt werden? Nein, auch das ist nicht denkbar. Da die Progressiven die meisten Machtpositionen innehaben, lässt sich ihr Kampf um die »Errungenschaften« allzu leicht als Kampf um ihre Privilegien denunzieren. Mitunter sogar zu Recht. Die liberalen Milieus müssen sich eben auch eingestehen, dass die Welt, die sie an vorderster Stelle mit geschaffen haben, nicht nur seitens der Autoritären unter Beschuss steht, sondern auch durch die Realität. So vieles war nur für gutes Wetter gemacht, viel Radikalität ist aber auch verloren gegangen. Wenn die Liberalen keine bessere Welt mehr wollen, dann können sie die Welt, wie sie ist, auch nicht bewahren.

Neben der Steigerung ihrer moralischen und intellektuellen Arroganz gibt es eine komplementäre Tendenz, die mindestens so nutzlos ist: die pausenlose Selbstbezichtigung. Im Kern ist natürlich etwas Wahres dran: Wenn die kulturelle und politische Lage sich so rasch und so unerwartet zuungunsten eines liberalen, demokratischen Denkens verändert, dann muss etwas schiefgelaufen sein. Und es ist jede Mühe wert, sich mit diesen Fehlern zu befassen. Doch wird man die Fehler der Vergangenheit nicht durch fortgesetzte Selbstanklage zum Verschwinden bringen, eine Begnadigung durch den politischen Gegner als Belohnung für öffentliche Reue sollte man ebenso wenig erwarten. Auch zu glauben, dass die Liberalen und ihre relative Dominanz die autoritären Bewegungen gewissermaßen verursacht haben, ist maßlos überzogen. Niemand wird in Deutschland daran gehindert, jeden Tag Schweinefleisch zu essen, jeder ist frei, zu jeder Jahreszeit Weihnachtslieder zu singen, wenn er sie denn kennt; und die Behauptung, die vor Kurzem einer der großen linken Selbstbezichtiger, der Philosoph Slavoj Zižek, aufgestellt hat, die Titelseiten der Zeitungen seien jahrelang voll gewesen mit Genderfragen anstelle von wirklich wichtigen Themen, ist schlicht kontrafaktisch. In Deutschland arbeitet keine einzige große Zeitung mit dem Binnen-I oder gar dem Gender-*. Das sind alles Randphänomene, denen von zwei Minderheiten überproportional viel Aufmerksamkeit geschenkt wird – von denen, die pedantisch auf Correctness bestehen, und von denen, die sie dafür hassen. Deswegen redet auch ein AfD-Parteitag lieber über den »Gender-Wahnsinn« als über Beitragsbemessungsgrenzen. Nebenbei gesagt ist unter den überwiegend männlichen liberalen Kritikern der Political Correctness eine gewisse Erleichterung darüber zu erkennen, dass jetzt wieder mit weniger Rücksicht auf Frauen und andere »Minderheiten« geredet werden darf. Da wird dann aus der Selbstkritik schnell Kollaboration. Dieser Verführung jedenfalls sollte man doch widerstehen können, weil beispielsweise der Feminismus, recht verstanden, auch die Männer befreit. Oder gilt das neuerdings auch nicht mehr? Also: keine Deals mit der Dunkelheit.

Die neue Kritik an der Political Correctness zielt ja auch gar nicht auf die Übertreibungen, die es auf diesem Feld ohne Zweifel gibt, diese Kritik will etwas ganz anderes: Sie möchte zurück hinter die neue eine Welt, sie will diese Eins-zu-eins-Gesellschaft nicht, wo die Kopftuchmädchen sofort anfangen zu widersprechen, wenn von »Kopftuchmädchen« die Rede ist, wo der Türke das Gesicht verzieht, wenn man alles Geschummelte für »getürkt« hält.

Im Grunde braucht man nicht weniger Correctness, sondern mehr. Denn – und das muss man leider einräumen – so sehr sich die Medien über eine angemessene

Sprache bei Transpersonen und Afrodeutschen Gedanken machen, so wenig tun sie es bei, ja – wie soll man sagen: den Abgehängten? Den Globalisierungsverlierern? Der Unterschicht? Den Marginalisierten? Seit wir uns abgewöhnt haben, die Herrschaft durch Geld und Besitz beim Namen zu nennen, gibt es für die Unterdrückten und Ausgebeuteten keine Bezeichnung mehr, die sie nicht herabsetzt.

Sensibler zu sein für Übertreibungen und barocke Tendenzen im liberalen Diskurs oder Habitus, das soll wohl sein, Abstriche in der Sache zu machen, das wäre jetzt genau das Falsche. Die Erwärmung des Klimas, das Abschmelzen der Arktis, die Klimaflüchtlinge – das alles würde es ja auch dann noch geben, wenn sich Ökologen und Antiökologen in der Mitte treffen und einen »Kompromiss« schließen würden. In Wahrheit ist es ja ohnehin umgekehrt: Das, was bisher an ökologischer Wende in Gang gesetzt wurde, das ist schon der faule Kompromiss, den die Menschen mit sich geschlossen haben und der noch lange nicht ausreichen wird, um eine radikale Verschlechterung in den nächsten Jahrzehnten zu verhindern. Es gibt hier eben eine Kraft, die gegenüber allen politischen Kompromissen völlig indifferent ist: die Natur. Sie setzt den Maßstab, sie sagt uns eigentlich klipp und klar, dass noch mehr geschehen muss, nicht weniger.

Die neue Elitenscham ist, davon abgesehen, sowieso genauso selfserving wie vorher die Elitenarroganz. Niemand wird uns abnehmen, dass wir nicht lieben, was wir sind.

Auch auf anderen Feldern bringt es im Ringen mit den Autoritären nichts, wenn Abstriche gemacht werden – beispielsweise beim Thema Homosexualität. Die Idee, dass öffentlich sichtbare Gleichgeschlechtlichkeit oder staatlich legitimierte Homoehen den Heterosexuellen etwas wegnehmen könnten, ist so abwegig, dass man hier schon aus intellektueller Selbstachtung nicht nachgeben kann. Der wichtigere Grund für eine gewisse Unnachgiebigkeit ist aber folgender: Natürlich ist es gut und richtig, wenn jetzt wieder mehr darüber gesprochen wird, wie die Lage der Arbeiter und der Paketboten verbessert werden kann. Nur, auch Arbeiter haben schwule Söhne und auch Paketboten lesbische Töchter. Mehr noch, viele von ihnen haben sogar schwule und lesbische Anteile, doch, ja. Ihnen hilft es gar nichts, wenn jetzt wieder ein bisschen mehr Ausgrenzung erlaubt wird.

Und noch eines wird bei diesen fehlgeleiteten Defensiv-Taktiken vergessen: Deutschland ist nicht Amerika, Deutschland ist in vielerlei Hinsicht das Gegenteil von Amerika. Die Eliten sind hier wesentlich weniger abgehoben als dort, auch die politischen. Die soziale Ungleichheit ist weitaus weniger drastisch. Die Political Correctness weist nur sehr selten Übertreibungen der Art auf, wie sie in manchen amerikanischen Eliteuniversitäten gang und gäbe sind. Und die Autoritären haben hier nicht, wie in den USA, fast fünfzig, sondern nicht einmal zwanzig Prozent der Wählerstimmen. Darum muss man aus den Fehlern der amerikanischen Linken lernen, aber auch aus dem, was in Deutschland richtig läuft.

Dennoch neigt man hierzulande dazu, jene potenziell zwanzig Prozent für die AfD so zu behandeln, als stünden diese Leute kurz davor, die Mehrheit zu erobern. Das tun sie nicht, es kommt der deutschen Öffentlichkeit nur so vor, weil sie an diesem Punkt aus historischen Gründen extrem sensibel ist. Doch muss man heute einfach akzeptieren, dass das Tabu allein nicht mehr wirkt, auf die Vorabkontaminierung des rechten Spektrums kann man sich nicht mehr verlassen. Jeder Versuch, die AfD wieder vollständig hinter diesem Tabu verschwinden zu lassen, muss scheitern. Allerdings führt auch das Ziel der CSU, rechts von ihr keine demokratisch legitimierte Kraft zuzulassen, zur Überanpassung an rechte Parolen und Ressentiments. Man muss akzeptieren, dass es die AfD gibt, aber man muss nichts von dem akzeptieren, was sie fordert. Man muss hinnehmen, dass sie demokratisch gewählt wird, ohne dass sie selbst unbedingt demokratisch ist. Das sind Widersprüche, die durch BRD-Nostalgie gewiss nicht zum Verschwinden gebracht werden können.

Die Kluft, die es in Deutschland zwischen der gefühlten und der realen Bedeutung der AfD gibt, führt zu einer merkwürdig schrägen Haltung der Mehrheitsgesellschaft. Sie verhält sich nicht, wie es den gewählten Machthabern eben gebührt – verantwortlich, ruhig und aufmerksam. An die Stelle eines freundlichen Machtbewusstseins treten Ohnmachtsfantasien. »Warum lesen die Menschen keine Zeitungen mehr?«, »Warum vertrauen sie den Medien nicht mehr?«, »Warum sind die Öffentlich-Rechtlichen in der Krise?«, »Warum haben immer weniger Menschen Vertrauen in den Staat?« Diese Fragen sind durchweg falsch gestellt. Die großen Zeitungen haben Probleme mit ihrem Geschäftsmodell, aber sie haben heute wesentlich mehr Leserinnen und Leser als vor zehn Jahren, wenn man ihre Onlineplattformen hinzurechnet. Und das Vertrauen in die Qualitätsmedien hat sogar noch zugenommen – allerdings auch die Zahl der Kritiker, es handelt sich schlicht um eine Polarisierung der Öffentlichkeit, nicht um eine Delegitimierung der Qualitätsmedien. Kein Grund, sich zufrieden zurückzulehnen, aber auch keiner, in Sack und Asche zu gehen. Das öffentlich-rechtliche Fernsehen verzeichnet seinerseits steigende Zuschauerzahlen, und die Tatsache, dass sie nun öfter und härter kritisiert werden, kann eher als ein Zeichen von diskursiver Gesundheit gewertet werden. Nicht zuletzt ergeben alle Umfragen, die in den letzten Jahren gemacht wurden, dass die Deutschen, gemessen an den Umständen, ein geradezu immenses Vertrauen in diesen Staat haben.

Wer die Krise überzeichnet und darüber in vorauseilende Kapitulation verfällt, den muss man darum immer fragen, womit er den jetzigen Zustand der Republik vergleicht. Mit seinem Wunschbild? Mit dem Bild von der alten Bundesrepublik, das ihm noch in Erinnerung ist? Oder aber: mit allen anderen Ländern in der westlichen Hemisphäre?

Und nun zu den Gegnern selbst, zu ihren fundamentalen Schwächen.

Schwäche Nummer 1: Sie brauchen uns.

Vielleicht markiert die vierte Januarwoche dieses Jahres schon den Höhepunkt dieser Internationale der Nationalisten. Da geschah am Freitag, dem 20., in Washington das ebenso Vorhersehbare wie Surreale: Donald Trump wurde als 45. Präsident der USA vereidigt und bedankte sich mit einer kämpferischen, zerstörerischen und in weiten Teilen faschistischen Rede. Zwei Tage später trafen sich, vom großen Sieg ihres amerikanischen Geistesverwandten illuminiert, in Koblenz die führenden europäischen Rechtspopulisten. Marine Le Pen war dabei, Frauke Petry, Geert Wilders und einige andere. Die Stimmung war prächtig und man konnte den Eindruck gewinnen, mit diesen Politikern zieht die neue Zeit. Oder die alte Zeit, jedenfalls waren sie in der Vorhand. Man darf die Bedeutung, den der schiere Erfolg für diese Bewegung hat, nicht unterschätzen. Sie denken in Nullsummen, in Revanche-Kategorien und im Schema von

Sieg und Niederlage – da macht es etwas aus, wenn sie Siege erringen. Und Siege, das sind für sie nicht: weniger Flüchtlinge oder weniger Terroranschläge. Um solche Dinge geht es vielleicht einem Teil ihrer Bewegung, den Anführern geht es um Siege über das liberale Establishment, daher Donald Trumps öffentliches Triumphieren. Aber hier liegt auch die Schwäche dieser Formationen. Sie sind zu sehr auf uns fixiert. Unsere Nervosität macht sie sicher, unsere Angst gibt ihnen Kraft, unsere Empörung zeigt ihnen, dass sie auf dem richtigen Weg sind. Wenn aber die liberalen Kräfte diesseits und jenseits des Atlantiks wieder zu sich gekommen sein werden, wenn sie ihren Schock überwunden haben werden, dann wird sich dieser Effekt umkehren. Die Autoritären brauchen nämlich uns, um lebendig zu sein, wir brauchen aber nicht sie. Man kann diese Parteien schlagen mit interessiertem Desinteresse.

Schwäche Nummer 2: Sie sind so pessimistisch.

Die Fröhlichkeit, die sie zurzeit bisweilen ausstrahlen, verdankt sich nur ihrem Erfolg, nicht ihrem Weltbild. Meine Diskussionen mit Trump-Anhängern oder AfD-Anführern hinterließen bei mir immer wieder eine Frage: Warum sind diese Menschen so traurig, was macht sie so verzagt? Durchgängig ist von Untergängen und Bedrohungen historischen Ausmaßes die

Rede. Völker sterben aus, große Kriege sind unvermeidbar. Wie ängstlich muss jemand sein, der glaubt, die Minderheit der Homosexuellen könne die heterosexuelle Mehrheit des Volkes und die Familie zerstören (und wolle dies überhaupt), wenn man sie nicht aus der Öffentlichkeit fernhält? Wie ungläubig muss jemand sein, wenn er meint, die Zuwanderung von ein paar Millionen Muslimen könnte die Christlichkeit des Abendlandes gefährden? Die Rechtspopulisten brauchen in Wahrheit keine Macht, sie brauchen Trost.

Schwäche Nummer 3: Sie versprechen den Armen und geben den Reichen.

Damit teilen sie einen Grundwiderspruch mit den Liberalen. Auch sie wissen nämlich nicht, wie sie die Profite, die sich aus der Globalisierung ziehen lassen, mit deren unübersehbaren Nachteilen vermitteln sollen. Darum haben sowohl die Republikaner in den USA als auch die AfD in Deutschland eine neoliberale Seite, die gern »die Wirtschaft« stärken und die Reichen noch reicher machen würde. Auf der anderen Seite geben sie ihren oft ökonomisch gebeutelten Anhängern ein sozialistisches Versprechen, das beim Front National besonders ausgeprägt ist. Beides ist aber logisch und erst recht praktisch nur schwer zu vereinbaren und wird zu inneren Konflikten und Entzauberung führen.

Schwäche Nummer 4: Ach, der Holocaust.

Im Grunde wissen die Chefs der rechtspopulistischen Bewegungen, dass sie sich von jeder Form des Geschichtsrevisionismus, des Antisemitismus und der Holocaustleugnung fernhalten müssen. Sie sind sich darüber im Klaren, dass es politisch weitaus wirksamer ist, den Islam abzulehnen, weil er antisemitisch ist, als sich selbst als antisemitisch zu zeigen. Und doch geht da immer wieder eine Hand zum Honigtopf – sogar in Deutschland, wo solches besonders kontraproduktiv ist. Da spricht die glatte Frau Petry dann davon, der Begriff »völkisch« sollte wiederbelebt werden, ihr Parteifreund Björn Höcke nennt das Berliner Stelenfeld, das an den Völkermord an den Juden erinnert, ein »Denkmal der Schande«. Sie können es nicht lassen, und solange sie es nicht lassen können, werden sie, zumindest in Deutschland, nicht in die Nähe einer Mehrheit kommen. Dieses Tabu kann man umschiffen, brechen kann man es nicht.

Schwäche Nummer 5: Nationalismus kann nicht international sein.

Das fünfte Kardinalproblem der Autoritären liegt in ihrem Nationalismus. Wenn in Europa rechtspopulistische Politiker gejubelt haben, als Trump seine erste Rede als US-Präsident hielt, haben sie nicht klar gedacht, denn die Parole »America First« ist auch für europäische Nationalisten keine gute Nachricht, es ist vielmehr eine Kampfansage. Solange die Autoritären im Westen überwiegend in der Opposition sind, können sie im Chor vom Nationalismus schwärmen; je mehr von ihnen regieren, desto öfter geraten sie sich in die Haare. Die Internationale der Nationalisten ist eine endliche Veranstaltung.

Schwäche Nummer 6: Die Macht frisst sie auf.

Sosehr Donald Trump den europäischen Rechten Rückenwind gegeben hat, so sehr wird er sie Glaubwürdigkeit kosten, je länger er regiert. Während die anstürmenden Autoritären in Europa noch mit bloßen Versprechungen arbeiten können, so zeigt ihr Freund im Weißen Haus auf der größten Bühne der Welt, was passiert, wenn einer von ihnen regiert. Trump kann sich da nur entzaubern. Selbst wenn er alle seine Wahlversprechen wahr macht, so wird er damit so viele »Kollateralschäden« anrichten, auch in den Augen seiner Anhänger, dass seine permanenten Selbstbelobigungen früher oder später wie blanker Hohn wirken werden. Was die Sache für die europäische Rechte noch schwieriger macht: Trump ist in seinem ganzen Stil ausgesprochen amerikanisch, das mag dort ankommen, hier wird sich das Vergnügen der Leute in Grenzen halten. Selbst die

Sympathie vieler Europäer mit Putin wird unter dem Trump-Phänomen leiden, weil ihnen zwei solcher Prototypen autoritärer Politik dann doch zu viel sind.

Schwäche Nummer 7: Sie machen den Ängstlichen nur noch mehr Angst.

Stephen Bannon, Donald Trumps Chefideologe, ist vielleicht der ehrlichste unter den Autoritären, wenn er zugibt, sein Ziel sei die Zerstörung. Dieser Mann ist ein Revolutionär, die ganze Bewegung ist revolutionär, auch wenn nicht alle ihre Anführer das zugeben. Denn es braucht mindestens so viel politische Gewalt und umstürzlerische Energie, um die Zeit zurückzudrehen, wie sie nach vorn zu treiben. Es ist eben keine Kleinigkeit, der Globalisierung in die Speichen greifen zu wollen, Völker zu entmischen, pluralistische Gesellschaften zu vereinheitlichen »im Namen des Blutes«, wie Trump es formuliert hat. Wenn die Autoritären nicht aufgehalten werden, dann werden sie absichtlich oder einfach als Folge ihrer undurchdachten Politik alles, was die westlichen Gesellschaften in den vergangenen Jahrzehnten einigermaßen stabil und friedlich gehalten hat, zertrümmern: die NATO, die EU, die UNO, die Charta der Menschenrechte, die Gewaltenteilung, die liberale Öffentlichkeit. Und schon diese unvollständige Liste zeigt das zentrale Paradox rechter, nationalistischer und autoritärer Politik: Sie holt die Menschen ab, die sich vor Veränderungen und Ungewissheiten fürchten – nur um ihnen noch viel mehr Veränderungen und Ungewissheiten zu bringen, als es die Liberalen je gewagt hätten.

All dies sind Schwächen, die sich nicht einfach ausbügeln lassen, es sind Webfehler, die in der Sache selbst liegen. Darum kann dieser neue Autoritarismus sich auch nicht mäßigen oder seriös-konservativ werden, er kann diese fundamentalen Widersprüche nur durch rasche Vorwärtsbewegung überspielen, er kann sie durch Schlachtenlärm übertönen. Aber wenn die Liberalen geduldig auf diese Schwächen zielen, wenn sie sich nicht zu Koalkoholikern des Autoritarismus machen, dann wird deren Aufschwung irgendwann enden. Besser früher.

Literatur zum Thema

Tamim Ansary, Die unbekannte Mitte der Welt. Globalgeschichte aus islamischer Sicht. Frankfurt u. a. 2010

James Barr, A Line in the Sand. Britain, France and the Struggle that shaped the Middle East. New York City 2016

William Burr/Jeffrey P. Kinball, Nixon's Nuclear Spector. The Secret Alert of 1969, Madam Diplomacy and the Vietnam War. Kansas 2015

Ed Conway – The Summit. Bretton Woods 1944. New York City 2014

Didier Eribon, Rückkehr nach Reims. Berlin 2016

Gerd Koenen, Der Russland-Komplex. Die Deutschen und der Osten 1900-1945. München 2005

Torben Lütjen, Partei der Extreme: Die Republikaner. Bielefeld 2016

Michael Mandelbaum, Mission Failure. America and the World in the Post-Cold War Era. New York City 2016

Ulrich Menzel, Die Ordnung der Welt. Berlin 2015

Luuk van Middelaar, Vom Kontinent zur Union. Geschichte und Gegenwart des vereinten Europa. Berlin 2016

Branko Milanovic, Global Inequality. A New Aproach fort he Age of Globalization. Cambridge u. a. 2016

John Nixon, Debriefing The President. The Interrogation of Saddam Hussein New York City 2016

Ana Lilia Pérez, Kokainmeere. Die Wege des weltweiten Drogenhandels. München 2014

Alex Perry, In Afrika. Reise in die Zukunft. Frankfurt 2016

Hardeep Singh Puri, Perilious Interventions. New York City 2016

Eugene Rogan, The Fall of the Ottomans. The Great War in the Middle East. New York City 2015

Adam Tooze, Sintflut. Die Neuordnung der Welt 1916-1931. München 2015

Yaroslav Trofimov, The Siege of Mecca. The 1979 Uprise at Islam's Holiest Shrine. London 2008

J.D. Vance, Hillbilly Elegy. A Memoir of a Family and Culture in Crises. New York City 2016

Anmerkungen

Im Zentrum des Bebens – warum gut ist, was geschieht

1. S. 27, The Economist, The way ahead, 8.10.2016

Abschied von Amerika – Befreiung vom Atlantizismus

1. S. 62, Die Zeit, Abschied von den USA, Nr. 3, 2017
2. S. 65, Vance, J.D., Hillbilly Elegy, S. 188–189
3. S. 66, ibd., S. 189
4. S. 66, ibd., S. 189
5. S. 73, The Atlantic, The Obama Doctrine, April 2016
6. S. 76, Menzel, Ulrich, Die Ordnung der Welt, S. 988
7. S. 87, Mandelbaum, Michael, Mission Failure. America and the World in the Post-Cold War Era, S. 370
8. S. 87, New York Times, Hillary Clinton, »Smart Power« and a Dictator's Fall, 27.2.2016
9. S. 88, The Atlantic, The Lessons of Henry Kissinger, Dezember 2016
10. S. 88, ibd.
11. S. 89, The Atlantic, The Obama Doctrine, April 2016
12. S. 90, Tooze, Adam, Sintflut. Die Neuordnung der Welt 1916–1931, S. 39
13. S. 90, ibd., S. 39
14. S. 98, Die Welt, Donald Trump rüttelt an den Grundfesten des Westens, 16.1.2017

Russische Verführung, deutscher Komplex

1. S. 160, Koenen, Gerd, Der Russland-Komplex, S. 9
2. S. 176, FAZ, 28.1.2017

Wir und Die – warum eine Politik ohne Moral keinen Erfolg hat

1. S. 208, Tamim, Ansary, Die unbekannte Mitte der Welt, S. 19
2. S. 208, ibd., S. 19
3. S. 213, Rogan, Eugene, The Fall of the Ottomans, S. 72
4. S. 217, Perry, Alex, In Afrika. Reise in die Zukunft, S. 304
5. S. 217, ibd., S. 304
6. S. 217, ibd., S. 303
7. S. 223, Trofimov, Yaroslav, The Siege of Mecca, S. 100
8. S. 223, ibd., S. 245
9. S. 229, Mandelbaum, Michael, Mission Failure, S. 208
10. S. 248, Puri, Hardeep Singh, Perilous Interventions, S. 33–34

Die neue Plutokratie – verraten die Reichen die Armen?

1. S. 258, Eribon, Didier, Rückkehr nach Reims, S. 45
2. S. 258, ibd., S. 92
3. S. 258, The Economist, The way ahead, 8.10.2016
4. S. 259, Milanovic, Branko, Global Inequality. A new Approach for the Age of Globalization, S. 24
5. S. 262, ibd., S. 43–44
6. S. 269, Eribon, Didier, Rückkehr nach Reims, S. 22